dtv

Shiatsu ist eine sanfte Fingerdruckmassage aus der traditionellen japanischen Medizin. Wie bei Akupunktur oder Qigong arbeitet man dabei mit der Körperenergie, dem Ki, das sich in Leitbahnen durch den Organismus bewegt. Die heilsame Massage aktiviert die Selbstheilungsskräfte des Körpers, lindert Beschwerden und baut psychische Spannungen ab. Ob bei Kopfschmerzen, Menstruationsbeschwerden oder bei einer anstrengenden Geburt, eine Shiatsu-Massage bringt Erleichterung. Aber auch für das allgemeine Wohlbefinden, für die Schönheit oder zur Steigerung der Libido können die heilsamen Berührungen eingesetzt werden. Zahlreiche Zeichnungen zeigen, wo sich die zu massierenden Energiepunkte und die Leitbahnen befinden. Fundierte Informationen zu Geschichte, Philosophie, Grundlagen und Wirkungsweise des Shiatsu sowie detaillierte Anleitungen, wie die Massagetechnik in der Praxis ausgeführt wird, machen dieses Handbuch zu einem wertvollen Leitfaden für Anfänger und Fortgeschrittene, die ihre Kenntnisse vertiefen wollen.

Ray Ridolfi ist Mitbegründer und Leiter der British School of Shiatsu-Do. *Susanne Franzen* ist langjährige Shiatsu-Praktikerin und arbeitet ebenfalls in der School of Shiatsu-Do in London.

Ray Ridolfi
Susanne Franzen

Das große Shiatsu-Handbuch für Frauen

Aus dem Englischen
von Henriette Zeltner

Mit Zeichnungen
von Peter Cox

Deutscher Taschenbuch Verlag

Wichtiger Hinweis

Die in diesem Buch dargestellten Techniken sollten mit gesundem Menschenverstand und Umsicht praktiziert werden. Um eventuelle Schäden auszuschließen, für die weder der Verlag noch die Autoren haften, sollte man sich in allen Zweifelsfällen an einen erfahrenen Shiatsu-Lehrer oder Arzt wenden.

Deutsche Erstausgabe
März 1998
Deutscher Taschenbuch Verlag GmbH & Co. KG, München

Titel der englischen Originalausgabe:
Shiatsu for Women
Thorsons, HarperCollinsPublishers Ltd., London 1996
ISBN 1-85538-482-5
Deutschsprachige Ausgabe:

Umschlagkonzept: Balk & Brumshagen
Umschlagbild: © Robin Matthews
Satz: OREOS GmbH, Waakirchen
Gesetzt aus der Stone Serif und Stone Sans (Quark XPpress 3.32)
Druck und Bindung: Kösel, Kempten
Gedruckt auf säurefreiem, chlorfrei gebleichtem Papier
Printed in Germany · ISBN 3-423-36065-8

Inhalt

Vorwort

Wollen Sie Ihr Leben selbst in die Hand nehmen, frei von körperlichen und seelischen Beeinträchtigungen? Sie haben die Möglichkeit dazu. Zu wissen, wie Sie häufigen Erkrankungen vorbeugen, sich gezielt und schnell vom physischen und emotionalen Streß des Alltags erholen – das sind nur zwei der vielen Vorteile, die Sie aus Ihrer Beschäftigung mit Shiatsu ziehen können.

Shiatsu ist eine einfache Technik, die schon in Ihren Fingerspitzen steckt. Shiatsu ist Berührung. Als Frau sind Sie es vielleicht ohnehin gewöhnt, sich durch Berührung auszudrücken. Möglicherweise wissen Sie schon, wie erfüllend der fürsorgliche Ausdruck einer Berührung sein kann. Seit Jahrhunderten suchen die Menschen nach effektiven Möglichkeiten, einander in schweren Zeiten zu helfen. Historisch gesehen haben Frauen schon immer mehr Verantwortung bei der täglichen Sorge für sich selbst, ihre Kinder und Männer übernommen, besonders im Krankheitsfall. Berührung ist in dieser Hinsicht sehr hilfreich. Berührung kann vielerlei ausdrücken: Angst, Wut, Liebe, Sympathie, Mitleid oder Verlangen – die Absicht, die dahintersteht, bestimmt, wie die Berührung empfunden wird.

Zu uns kommen mehr Frauen als Männer zu einer individuellen Shiatsu-Behandlung. Etwa zwei Drittel der Studenten unserer Shiatsu-Schule sind Frauen. 68 Prozent unserer Absolventen sind weiblich. Wir glauben, daß diese Begeisterung ein Beweis für die natürliche Neigung und angeborene Fähigkeit von Frauen ist, Verantwortung für ihr eigenes Wohlbefinden zu übernehmen. Dazu kommen die Freude an der Berührung und die Befriedigung, sich und anderen zu helfen. Zusammengenommen sind dies beste Voraussetzungen, leicht und schnell die Grundlagen des Shiatsu zu erlernen.

Sie können diese Form der Berührung zu einer präzisen Therapie verfeinern. Sie können sie aber auch einfach anwenden, um selbst gesund zu bleiben und mit einigen Ihrer häufigsten, hartnäckigsten Beschwerden fertig zu werden. Shiatsu wird Sie sicher nicht von Ihrem unausstehlichen Chef befreien, aber vielleicht verändert es die Art und Weise, wie Sie mit ihm und anderen alltäglichen Streßauslösern umgehen.

Shiatsu ist eine fernöstliche Heilmethode, eine Kombination aus Körpertechniken, der Diagnose von Anzeichen und Symptomen und einer philosophischen Grundlage. Shiatsu ist einerseits grundsätzlich anders als die westliche Physiotherapie, hat aber in mancherlei Hinsicht auch Ähnlichkeit mit ihr. Was Philosophie und Diagnose anbelangt, ist es allerdings näher mit der Akupunktur verwandt. Viele Mediziner und Angehörige medizinverwandter Berufe beschäftigen sich mit Shiatsu, um ihr Verständnis von »Energie/Energetik« (dem Zusammenspiel von physischen und metaphysischen Systemen im Körper) und den Beziehungen zwischen Körper, Geist und Seele zu verbessern.

Wenn Ihre prämenstruellen Rückenschmerzen Sie die ganze Nacht nicht schlafen lassen und Ihnen und Ihrer Umgebung das Leben schwer machen, dann ist das nicht ein rein physisches Problem. Es tut auf allen Ebenen weh, und Ihr ganzes Leben wird davon beeinträchtigt.

Shiatsu hat eine viel größere Wirkung, als die meisten Menschen meinen. Jeder, der mit Shiatsu arbeitet, schätzt die körperliche und emotionale Stärke, die sich im Verlauf der Behandlung einstellt. Ihre äußere Erscheinung wirkt wahrscheinlich lebendiger und kraftvoller, und vielleicht sehen Sie sogar jünger aus. Ein solcher Effekt ist zwar begrüßenswert, aber es handelt sich dabei nur um die oberflächlichen physischen Reaktionen. Die tiefergehende Wirkung wird sich jedoch in Ihrem Bewußtsein und Ihrem Verständnis von Ihrem Platz in der Umwelt und Gesellschaft niederschlagen. Das ist es, was die Buddhisten »Großer Geist« nennen – ein Geisteszustand, in dem sich das Individuum des Platzes bewußt wird, den es im »großen Ganzen« der Gesellschaft und Natur einnimmt, und auch der Wirkung, die jede einzelne seiner Handlungen, so klein sie auch sein mag, auf das »große Ganze« hat. Wenn sich alle Menschen dieser Beziehungen stärker bewußt wären, würden wir in einer gesünderen und glücklicheren Welt leben.

Shiatsu aktiviert die natürlichen Selbstheilungsmechanismen des Körpers, um Veränderungen für einen besseren Gesundheitszustand anzuregen. Zu diesen Veränderungen kann es gehören, Gifte und aufgestaute Emotionen abzubauen, was nicht unbedingt ein angenehmer Vorgang ist. Jeder Mensch ist anders, und deshalb ist auch jede Shiatsu-Behandlung unterschiedlich. Aus diesem Grund können wir in diesem Buch nur allgemeine Vorschläge für die Selbstbehandlung geben. Die Wirksamkeit einzelner Behandlungsvorschläge kann individuell variieren.

Einige der vielen positiven Wirkungen, die Sie durch Shiatsu erfahren werden, sind:

- eine Verbesserung Ihres allgemeinen Gesundheitszustands und Ihres Wohlbefindens
- emotionales und psychisches Gleichgewicht
- Nachlassen der prämenstruellen Spannung
- Verlangsamung des Alterungsprozesses
- besserer Hauttonus und kräftigeres Haar
- mehr Gelenkigkeit und eine bessere Haltung
- weniger Streß und ein stabileres Nervenkostüm
- mehr Vitalität
- gesteigerte Libido und mehr Spaß am Sex
- eine problemlosere Schwangerschaft und Geburt

Sie praktizieren die Grundlagen des Shiatsu schon Ihr ganzes Leben lang. Berühren, berührt werden, sich wünschen, berührt oder nicht berührt zu werden – all das hängt von Ihrer Stimmung und Einstellung ab. Stellen Sie sich vor, daß jemand, den Sie mögen, Sie herzlich umarmt. Entspannen Sie sich oder werden Sie steif, grinsen beflissentlich und lassen es über sich ergehen? Berühren und berührt werden ist während der Kindheit so bedeutend, daß manchen später jede Berührung schwerfällt und irgendwie ein Tabu darstellt. Das ist traurig, trifft aber leider auf ziemlich viele Menschen zu. Beim Shiatsu geht es darum, auf sanfte, fürsorgliche Weise Aufmerksamkeit zu schenken oder zu empfangen. Es bewirkt, daß Sie sich gut fühlen. Es ist Ihre Chance, sich selbst mit liebevoller Zärtlichkeit zu behandeln und anderen ein bißchen davon abzugeben. Shiatsu bietet Ihnen einen einfachen Weg, Ihre natürlichen Fähigkeiten zur Selbstheilung zu entwickeln, ja zu einem veränderten, fürsorglichen Menschen zu werden. Im Shiatsu gibt es ein Sprichwort, das sagt: »Deine Shiatsu-Technik wird nur von deiner eigenen Vorstellung begrenzt.« *Sie* haben es in der Hand, Ihrer Vorstellung freien Lauf zu lassen.

Natürlich bedarf es Zeit und Übung, um die Techniken und die Philosophie des Shiatsu zu erlernen. Das Gute daran ist aber, daß schon das Üben Ihrer Gesundheit nützt, sowohl physisch als auch psychisch. Vielleicht sind Sie daran interessiert, alles Wissenswerte über die Traditionelle Chinesische Medizin zu erfahren (die von »bösen schädlichen Einflüssen« spricht, die Ihre Wehrenergie, *Wei Ki,* durchdringen und Ihr *Ki,* Ihre Lebensenergie, verletzen). Oder Sie widmen sich mit

Vergnügen der Taoistischen Philosophie von Yin und Yang. Vielleicht ist Ihnen dieses ganze Hintergrundwissen aber auch herzlich gleichgültig und Sie wollen einfach nur wissen, was Sie gegen die Schmerzen während Ihrer Periode tun können. All das können Sie erreichen, wenn Sie Shiatsu lernen. Shiatsu ist nämlich sehr »anwenderfreundlich«.

Die Sprache in diesem Buch

Wir haben versucht, dieses Buch so verständlich wie möglich zu schreiben, und zwar für absolute Shiatsu-Neulinge ebenso wie für Fortgeschrittene und Therapeuten. Trotzdem gibt es aber ein paar Fälle, für die Klärungsbedarf besteht.

Wenn es um die physische und energetische Unterscheidung von Organ und Funktion geht, haben wir zum Beispiel »Leber« für das Organ und »<u>Leber</u>« für die energetische Funktion verwendet.

Die Terminologie der traditionellen fernöstlichen Medizin, die eine bestimmte Atmosphäre sowie Informationen vermittelt, steht oft neben dem bei uns gebräuchlichen Ausdruck.

Am Ende des Buches finden Sie ein Glossar mit den häufigsten Begriffen, das Ihnen schon beim Lesen helfen kann.

Für wen ist dieses Buch gedacht?

Dieses benutzerfreundliche Handbuch enthält die grundlegenden Informationen zur Selbstbehandlung. Es ist vor allem für Frauen gedacht, kann aber natürlich auch von ihren Partnern benutzt werden, um die Beziehung durch die Sprache der Berührung zu stärken. Außerdem soll es Studenten und Therapeuten helfen, ihr Wissen über die Behandlung von Frauen zu vertiefen.

Bitte beachten Sie!

Dieses Buch ist nicht als Grundlage für die Diagnose oder Behandlung von Krankheiten ohne vorherige professionelle Ausbildung gedacht. Es kann und soll keinen Ersatz für eine medizinische Untersuchung oder Behandlung darstellen. Im Krankheitsfall raten wir allen Leserinnen und Lesern, zunächst den Rat einer Ärztin oder eines Arztes einzuholen.

Kapitel 1

Einführung

Was ist Shiatsu?

Shiatsu ist eine zeitgemäße Körpertherapie, die auf allen Energie-Ebenen Ihres Körpers wirkt: der physischen, der emotionalen und spirituellen. Sie hat sich aus der mehrere tausend Jahre alten Medizingeschichte des Fernen Ostens entwickelt, insbesondere aus der traditionellen japanischen Medizin. »Shiatsu« heißt wörtlich »Fingerdruck«. Die Behandlung selbst und ihr philosophischer Hintergrund sind denen der Akupunktur sehr ähnlich. Wie die Akupunktur arbeitet das Shiatsu mit Meridianen (Energieleitbahnen), Tsubo (Druckpunkten) und ähnlichen Diagnosemethoden; es werden aber keine Nadeln verwendet. Im Gegensatz zu vielen anderen Körpertherapien bleibt man bei der Shiatsu-Behandlung bekleidet. Für viele Patienten spielt das durchaus eine Rolle.

Shiatsu als »Fingerdruck« zu beschreiben ist etwas irreführend, da der Therapeut seine Daumen, Hände, Ellbogen, Unterarme, Knie und manchmal sogar seine Füße bei der Behandlung einsetzt.

Shiatsu basiert auf einem Anatomieverständnis, wonach die Energie, das Ki, auf den Meridianen den ganzen Körper und alle Organe durchströmt. Diese Meridiane sind elektromagnetische Kanäle, auf denen spezielle Punkte mit hoher elektrischer Ladung, die Tsubo, liegen. Eine Kombination aus der Stimulierung dieser Druckpunkte, der Meridiane und bestimmter Körperbereiche durch Dehnung, Abtasten und andere Techniken soll das Ki in den Meridianen zum Fließen bringen. Diese Druck- und Dehntechniken regen die Selbstheilungskräfte an, bringen den Körper wieder ins Gleichgewicht und lösen seelische und körperliche Spannungen.

Geschichte und Philosophie

Historisch sind die Philosophie und die praktische Anwendung der westlichen Medizin gut dokumentiert. Seit der Zeit des Hippokrates (460–377 v. Chr.), dem »Vater der Medizin«, hat man Richtlinien für die Behandlung von Krankheiten niedergeschrieben, die sich von den Grundsätzen der Traditionellen Chinesischen Medizin gar nicht so fundamental unterscheiden. Die Anwendung natürlicher Heilmethoden, unter anderem bewußte Ernährung, Heilpflanzenkunde und Massage, wurde allgemein gefördert.

Das ›Nei Ching‹ (Buch des Inneren) ist der erste überlieferte Text zur Chinesischen Medizin. Es wurde um 100 v. Chr. geschrieben und stellt eine Materialsammlung von Huang Ti, dem Gelben Kaiser, dar. Die Entwicklung verschiedener Therapieformen wie Akupunktur, Anwendung von Heilkräutern, Moxibustion (das Abbrennen von Kräuterkegeln auf oder nahe an der Haut) und Amma (chinesische Massage) erfolgte aufgrund bestimmter geographischer und kultureller Gegebenheiten. In den südlichen und östlichen Regionen Chinas war die Akupunktur besonders verbreitet. Im von der Landwirtschaft geprägten Westen sorgte die Verfügbarkeit von Kräutern für die Beliebtheit von Heilpflanzen. In den kalten Bergregionen des Nordens war die Moxibustion bei der Bekämpfung von Erkältungskrankheiten wirkungsvoller (siehe S. 97f.). In Zentralchina behandelte man gesundheitliche Beschwerden vor allem mit Amma und ausgleichenden Bewegungsübungen.

Zwischen China und Japan gibt es eine lange historische Beziehung. Reisen, Handel, interkulturelle Ehen und Kriege trugen dazu bei, daß die japanische Kultur die Traditionelle Chinesische Medizin beeinflußte und für die Verwendung im eigenen Land weiterentwickelte. Japanische Massage, Anma genannt, wird seit Jahrhunderten angewandt, um viele Beschwerden, Schmerzen und ernste Erkrankungen zu behandeln. Aber obwohl die Grundlagen des Shiatsu den tausendjährigen Prinzipien der Chinesischen Medizin entspringen, hat erst im 20. Jahrhundert Tokujiro Namikoshi, der Begründer des ersten Shiatsu-Stils, wie wir ihn heute kennen, die Diagnose- und Behandlungs-Philosophie der Akupunktur kombiniert, um diese wirkungsvolle Heilkunst zu kreieren.

Das Shiatsu, das in Japan ausgeübt wird, unterscheidet sich von den Shiatsu-Stilen, die im Westen praktiziert werden. Das liegt vor allem an den unterschiedlichen kulturell bedingten Einstellungen zum

Heilen. Das japanische Shiatsu ist mehr physischer Natur und bedient sich vieler tiefenwirksamer und manipulativer Techniken, kombiniert mit starken Dehnungen. Ein Mensch aus dem Westen würde diese Form der Behandlung wahrscheinlich als zu schmerzhaft empfinden. Wegen der großen Bedeutung der »Gesichtsbewahrung« in Japan wird der Shiatsu-Empfänger dort normalerweise seinem Therapeuten gegenüber keine emotionalen oder psychologischen Probleme erwähnen; die Behandlung ist auf die physische Ebene beschränkt und auf dieser Ebene auch sehr intensiv. Emotionale Probleme sollen dort im Privaten, mit der Familie, ausgehandelt werden. Hier im Westen dagegen offenbart man in vielen Therapien seine tiefsten Geheimnisse und Sorgen, läßt sie analysieren und hoffnungsvoll behandeln. Beim Shiatsu geht es darum, daß Sie »Ihr Potential ausleben« und für alle Möglichkeiten, die Sie haben, offen sind.

> Im Geist des Anfängers gibt es viele Möglichkeiten,
> in dem des Experten nur wenige.
>
> *Shunryu Suzuki*[1]

Im Westen findet man verschiedene Shiatsu-Stile wie Barfuß-Shiatsu, Makrobiotisches Shiatsu, den Namikoshi-Stil, Ohashiatsu®, Shiatsu-Do™, Zen-Shiatsu, Heil-Shiatsu und Bewegungs-Shiatsu. All diese Therapien sind richtig und wirkungsvoll und basieren auf den Prinzipien des Shiatsu, betonen aber unterschiedliche Aspekte der Technik oder Philosophie. In Japan gibt es eine Unterscheidung zwischen Shiatsu-Massage, einer entspannenden und stärkenden Massagetechnik, und Shiatsu-Therapie, die angewandt wird, um ernstere Beschwerden zu behandeln.

Über 87 000 eingetragene Shiatsu-Therapeuten praktizieren heute in Japan. Schon diese Tatsache spricht unserer Meinung nach für die Wirksamkeit dieser Methode bei der Vorbeugung und Behandlung von Erkrankungen. In der japanischen Schwerindustrie wird den Arbeitern Shiatsu als kostenlose Gesundheitsvorsorge angeboten, und die meisten japanischen Familien kennen und nutzen die einfachen Massagetechniken des Shiatsu zu Hause.

Warum sich Shiatsu besonders für Frauen eignet

Frauen scheinen sich von Shiatsu besonders angezogen zu fühlen. Es kommen viel mehr Frauen als Männer zu einer Behandlung, und die Mehrzahl derjenigen, die Shiatsu studieren, sind ebenfalls Frauen. Wir denken, daß das daran liegen könnte, daß Frauen sich in der Regel ihres Körpers stärker bewußt sind und ihnen mehr daran liegt, sich wohlzufühlen. Männer dagegen tendieren häufig dazu, Anzeichen und Symptome eines Ungleichgewichts viel länger zu ignorieren.

Da sie eine regelmäßige (und schwer zu übersehende) innere Uhr in Gestalt der Menstruation besitzen, haben Frauen auch den Vorteil, deutliche Zeichen zu bekommen, wenn »unerklärliche« Veränderungen auftreten. Lassen Sie uns das als Vorteil ansehen, denn dasselbe System kann Ihnen auch signalisieren, wenn sich Ihr Gesundheitszustand bessert.

Natürlich haben auch Männer verschiedene Beschwerden, die mit ihren Fortpflanzungsorganen zu tun haben, und die meisten Shiatsu-Übungen und Vorschläge für einen anderen Lebensstil in diesem Buch werden ihnen ebenso gut tun. Die psycho-emotionalen Bedingungen, von denen bereits die Rede war, sind in vielen Bereichen dieselben und hängen mit dem Selbstbild und Selbstwertgefühl zusammen. Daneben gibt es aber auch psychisch-emotionale Phänomene, die – naturgemäß – nur bei Frauen oder nur bei Männern auftreten.

Wie Shiatsu traditionell von den Japanerinnen angewandt wurde

Sowohl in Japan als auch in China haben Frauen traditionell Shiatsu und Massage (als Anma oder Amma bezeichnet) sowie pflanzliche Heilmittel angewandt, um häufige Beschwerden zu lindern.

Wie sich die Shiatsu-Behandlung über die Jahre verändert hat, kann man zum Beispiel daran sehen, daß es im modernen japanischen und im westlichen Shiatsu eine Reihe von Druckpunkten gibt, die aufgrund des Risikos einer Fehlgeburt in der Frühphase einer Schwangerschaft nicht behandelt werden. In früheren fernöstlichen

Gesellschaften stimulierten schwangere Frauen dagegen gerade diese Punkte, um sicherzustellen, daß nur starke Kinder geboren würden. Wenn eine Frau daraufhin eine Fehlgeburt hatte, sah man das als positives Ereignis und als Hinweis darauf, daß die Frau ihren Gesundheitszustand verbessern mußte, bevor sie erneut schwanger wurde. Man glaubte, daß die Stimulation dieser gefährlichen Punkte sich sogar positiv auf die Schwangerschaft auswirken würde, wenn der Geist des Kindes stark und entschlossen wäre.

Die Grundlagen des Shiatsu

Ihr Lebenspotential

Das Leben ist kein Mysterium.
Es ist eine Kunst,
die wir noch nicht ganz entdeckt haben.
Anonym

Es ist vielleicht schwer, eine wissenschaftliche oder gar philosophische Definition von »Leben« zu geben, aber es ist ziemlich einfach, Charakteristika zu benennen, die auf alle Formen des Lebens zutreffen. So existieren Lebewesen nicht, bevor sie geboren werden, und sie hören auf zu existieren, wenn sie sterben. »Leben« ist räumlich und zeitlich begrenzt und vollkommen abhängig von der Existenz anderen Lebens.

Wir entstehen durch vielfache Zellteilung. Bei der Empfängnis beginnt eine einzige Zelle, sich zu teilen und Milliarden von Zellen zu erzeugen, die sich zu einem menschlichen Wesen entwickeln. Diese Milliarden von Zellen arbeiten zusammen, um eine ganze Einheit zu bilden und als ein Ganzes zu existieren. Umgeben sind diese Milliarden Zellen von einer Membran, die Innen und Außen trennt. Bei uns Menschen dient diese Membran unserem physischen und emotionalen Schutz und als Kommunikationsmittel mit anderen und unserer äußeren Umgebung.

Obwohl wir alle als Individuen existieren, hängt unser Überleben von anderen Individuen ab. Um am Leben zu bleiben, brauchen wir den Austausch individualspezifischer aktiver Energie, Ki genannt, mit anderen Individuen.

Ihre Lebensenergie – das Ki

Grundsätzlich besitzen wir alle eine »Lebenskraft« oder Energie, die die physikalische Struktur schafft und für physische, emotionale, mentale und spirituelle Stabilität sorgt. Ihr Körper ist das gegenwärtige »Gefäß« der physikalischen Manifestation Ihres Geistes (siehe Abb. 1.1). Diese Lebensenergie (im Japanischen Ki und im Chinesischen Qi oder Chi genannt) sorgt für ein homöostatisches Gleichgewicht in Ihrem Körper (Gleichgewicht des inneren Milieus). Wenn das Ki durch äußere Traumata, wie zum Beispiel eine Verletzung, oder durch innere Traumata, wie Angst oder Streß, beeinträchtigt wird, löst das bestimmte Symptome aus. Der Shiatsu-Therapeut schätzt die Verteilung des Ki im Körper ein und korrigiert das Ungleichgewicht entsprechend.

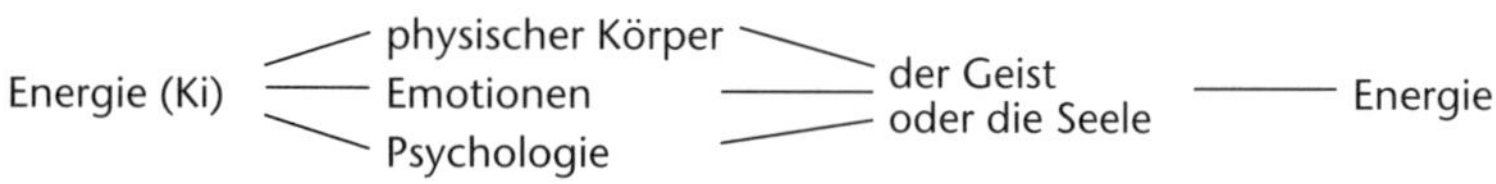

Abb. 1.1 Energie schafft die Struktur, die den Geist »beherbergt«

Die Idee des Ki mag Ihnen zunächst ein wenig schwer nachvollziehbar erscheinen, aber auf ihr basiert das medizinische Denken des Fernen Ostens. Das Wort »Ki« kommt vom chinesischen Konzept des Qi oder Chi, das im Westen durch Akupunktur und Tai Chi schon ein wenig bekannt ist. Das chinesische Wort »Qi« kann man mit »Atem« übersetzen. In einem japanischen Wörterbuch stößt man unter dem Eintrag »Ki« auf die Begriffe Geist, Seele, Herz und auf Hunderte von Ausdrücken, in denen das Wort Ki vorkommt (bei den meisten handelt es sich um einfache Beschreibungen menschlicher Stimmungen, Einstellungen und Charakterzüge). So läßt sich zum Beispiel *byoki,* das japanische Wort für Krankheit, mit »gestörtes Ki« übersetzen; *genki* bedeutet »Quelle des Ki« oder einfach »Gesundheit«.

Ki ist die »Information«, die Ihr Körper braucht, um im Gleichgewicht zu bleiben. Mit »Information« ist hier die Kommunikation zwischen den einzelnen Körperbereichen gemeint, die als ein Ganzes zusammenwirken. Es ist viel leichter, Ki zu demonstrieren, als zu versuchen, es zu messen oder einzufangen. Es gibt eine Vielzahl von Übungen, bei denen Sie Ihr Ki spüren und die Wirkung des Ki auf Ihren Körper erfühlen können (siehe die Do-In-Übungen in Kapitel 7).

Das Ki ist eine real existierende Kraft, die aus elektrischen, magnetischen Infraschallschwingungen und Infrarotwellen besteht. Sie läßt sich intuitiv wahrnehmen und mit Hilfe der Willenskraft steuern. So wie die Luft, die wir zum Atmen brauchen, und das Wasser, das unser Körper benötigt, ist das Ki eine unverzichtbare Quelle unserer Vitalität. Es ist die Kraft in uns, die uns Antrieb gibt, die uns vorwärts bewegt. In der fernöstlichen Medizin betrachtet man das Ki als unsere Lebens-Kraft oder Lebens-Essenz, die den Körper erhält und nährt und so auch Geist und Seele beeinflußt. Der menschliche Körper läßt sich nicht in individuelle Teile aufsplitten, die unabhängig voneinander funktionieren: Der Körper ist ein Feld sich ständig bewegender Energie, die durch die Zellen, Muskeln und Organe zirkuliert.

Ki ist überall. Es bewegt und verändert sich von einem Moment zum anderen und kann leicht täglich neu erzeugt werden. Sobald wir geboren sind, beginnen wir zu essen, zu trinken und zu atmen. Schon zu diesem frühen Zeitpunkt beginnen unsere Lungen, unser Magen und unsere Milz aus Nahrung und Luft Ki zu produzieren, um uns mit der Energie, die wir für unsere täglichen Aktivitäten benötigen, zu versorgen. Das Ki ist für uns lebende Individuen von essentieller Bedeutung – wenn das Ki uns verläßt, sterben wir.

Das Fundament oder Jing

Die Chinesische Medizin betrachtet das Funktionieren von Körper und Seele als Ergebnis des Zusammenwirkens bestimmter vitaler Substanzen. Diese Substanzen unterscheiden sich durch den Grad ihrer Manifestation, von absolut materiellen wie den Körpersäften bis zu den eher immateriellen wie dem Ki, von dem bereits die Rede war. Es gibt noch eine weitere Grundsubstanz, die eine sehr wichtige Rolle in unserem Wachstum und unserer Entwicklung spielt, und zwar Jing oder das Struktivpotential. Jing ist eine wertvolle Substanz, die wir teilweise von unseren Eltern erben, teilweise durch das Ki aus der Nahrung gewinnen. Diese organische Substanz, die die Grundlage für Wachstum, Fortpflanzung und Entwicklung bildet, wird in den Nieren gespeichert. Sie steuert unsere Geschlechtsreife und Fortpflanzungsfähigkeit und ist auch die Basis einer erfolgreichen Empfängnis und Schwangerschaft. Während Ki die Fähigkeit zu aktivieren und zu bewegen darstellt, ist Jing eine dichtere Form von Energie. Ki ist eine leichtere Schwingung, Jing eine reinere, fast flüssige Substanz von hoher Potenz (vergleichbar mit den Potenzen der ätherischen Öle in der Aromatherapie).

Abb. 1.2
Lungen-Meridian
(Lu) Metall (Yin)

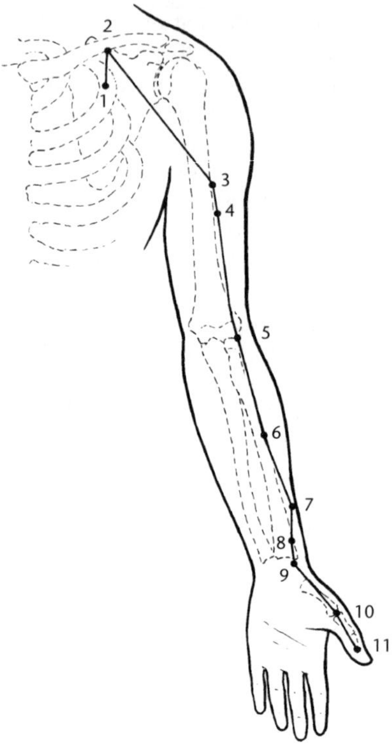

Entsprechend dem ersten Kapitel der ›Einfachen Fragen‹ von Huang Ti, dem Gelben Kaiser, fließt das Jing bei Frauen in Sieben-Jahres-Zyklen:

Die Nieren-Energie ist bei einem Mädchen im Alter von sieben Jahren im Überfluß vorhanden, ihre Milchzähne werden durch bleibende ersetzt, ihr Haar wächst verstärkt. Mit 14 fällt der Tau des Himmels (Menstruation), das »Führende Gefäß« beginnt zu fließen, das »Penetrierende Gefäß« blüht, die Perioden kommen regelmäßig und das Mädchen kann empfangen. Mit 21 hat das Nieren-Jing seinen Höhepunkt erreicht, die Weisheitszähne brechen durch, das Wachstum ist abgeschlossen. Mit 28 werden die Sehnen und Knochen stark, das Haar wächst am kräftigsten, und der Körper ist insgesamt stark und blühend. Ab 35 beginnen die »Strahlenden Yang-Kanäle« schwächer zu werden, der Teint beginnt zu welken, das Haar fällt aus. Mit 42 sind die drei Yang-Kanäle schwach, das Gesicht

Abb. 1.3
Dickdarm-Meridian
(Di) Metall (Yang)

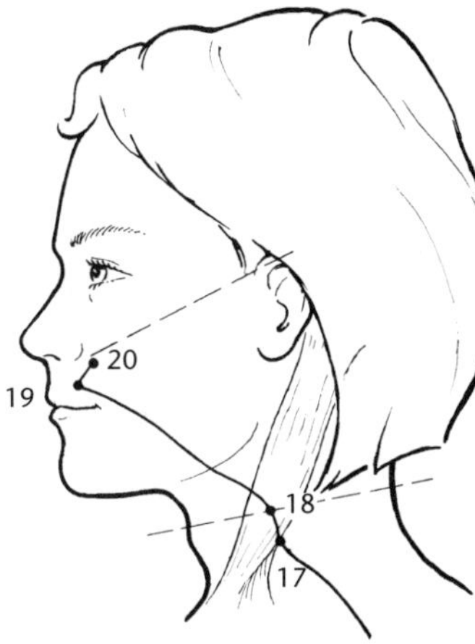

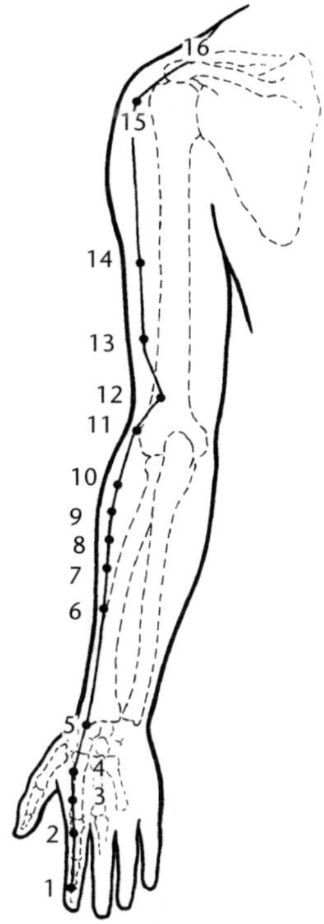

verdunkelt sich, und das Haar beginnt zu ergrauen. Im Alter von 49 ist das »Führende Gefäß« leer, das »Penetrierende Gefäß« ist erschöpft, der Tau des Himmels trocknet, die Erd-Passage (Uterus) ist nicht mehr geöffnet, so daß Schwäche und Unfruchtbarkeit sich einstellen.[2]

Die Produktion des Ki

Wir produzieren Ki bei der Aufnahme und Verwertung von Luft, Essen und Trinken. Kombinieren Sie diese Stoffe mit der bereits erwähnten Nieren-Energie und schon haben Sie Ihre Ki (Energie)-Quelle. Die Nieren-Energie fungiert als Katalysator, der einen Filterungsvorgang auslöst, bei dem die Luft auf die Erd-Energien (Essen und Trinken) stößt. Diese Filterung schickt eine »Energieblase« durch Ihren ganzen Körper, die sich mit den vorhandenen Energien jedes Organs mischt, um ein homöostatisches Ki-Gleichgewicht zu erzeugen. Das Ki hat sechs grundlegende Funktionen: wärmen, transpor-

Abb. 1.4
Magen-Meridian
(Ma) Erde (Yang)

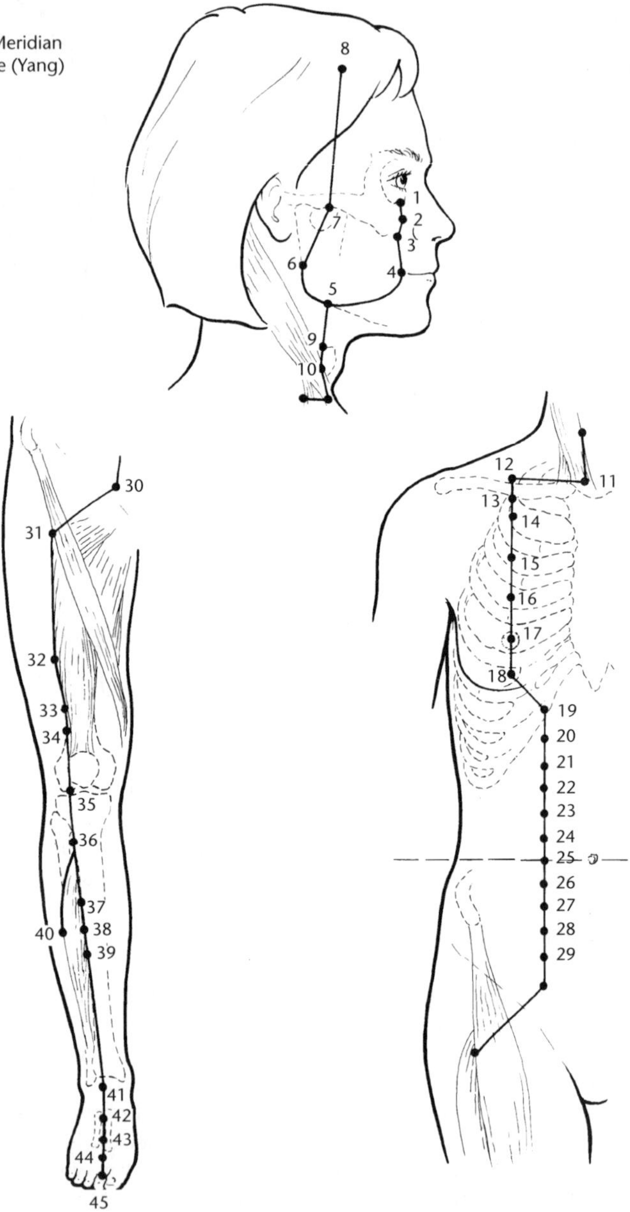

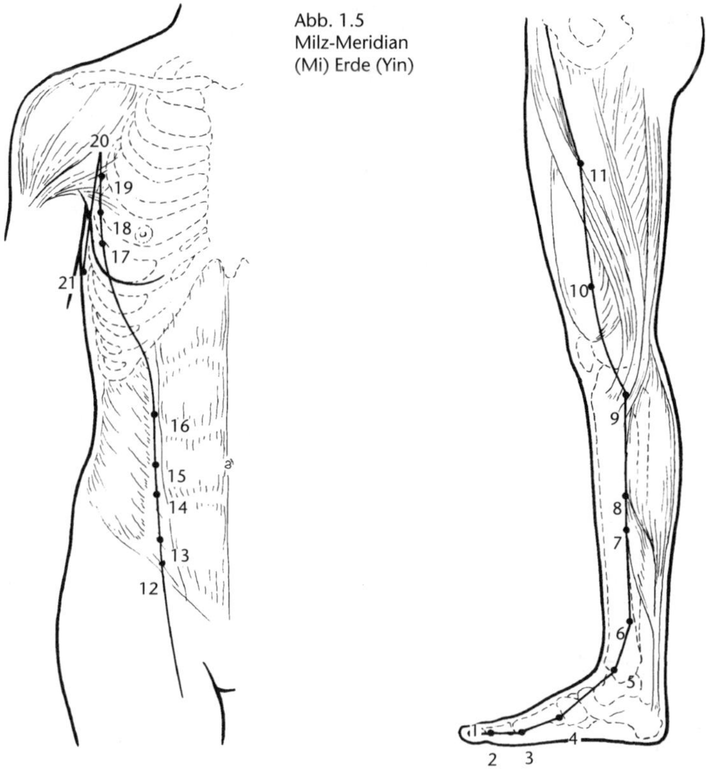

Abb. 1.5
Milz-Meridian
(Mi) Erde (Yin)

tieren, transformieren, unterstützen, nähren und das Ki Ihrer Organe (das von den inneren Organen erzeugt, gespeichert, verteilt und verbraucht wird) in Ihrer inneren Umgebung schützen.

Yin und Yang

Die fernöstliche Philosophie basiert auf der Vorstellung, daß die Menschen ein integraler Bestandteil des Universums sind. So wie Bäume, Wolken und Tiere sind auch wir den Gesetzen der Natur unterworfen. Wenn Sie den Gesetzen der Natur entsprechend leben und sich den verschiedenen wechselnden Zyklen anpassen, wird die Qualität

Abb. 1.6
Herz-Meridian
(He) Feuer (Yin)

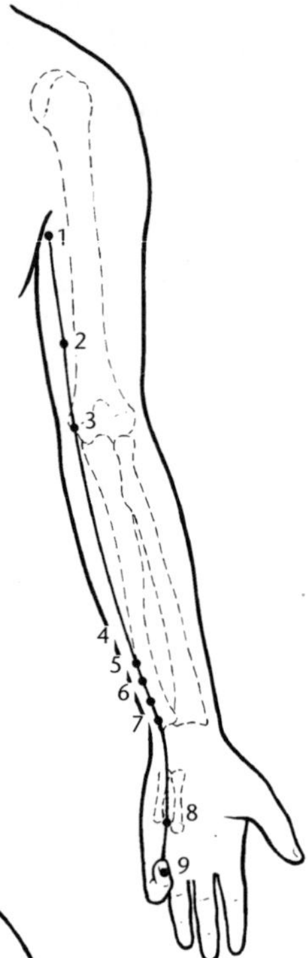

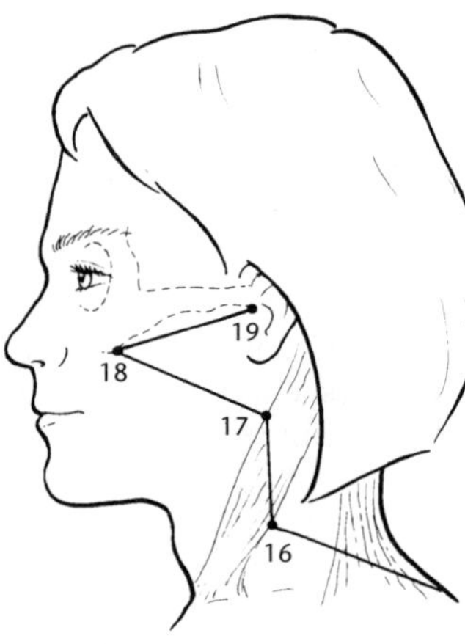

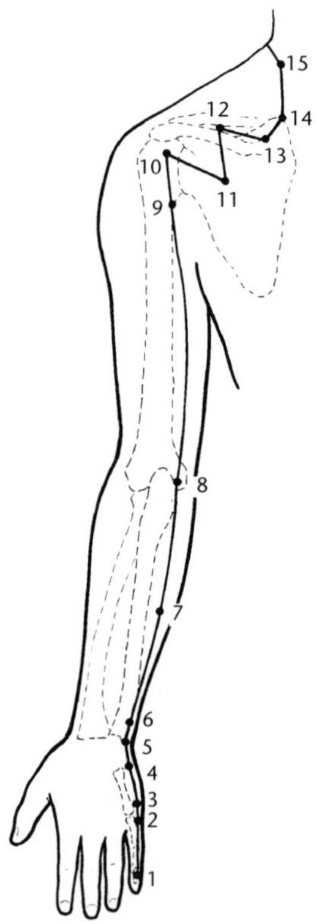

Abb. 1.7
Dünndarm-Meridian
(Dü) Feuer (Yang)

Ihres Ki erhalten bleiben, und Sie werden gesund und produktiv sein. Wenn Sie das nicht tun, ist die Wahrscheinlichkeit, daß Sie krank werden, größer.

Die fernöstliche Medizin folgt einem Grundprinzip, das besagt, alles wird beeinflußt von und ist Teil des natürlichen Phänomens Yin und Yang. Die Yin-Yang-Theorie behauptet, daß alle Dinge grundsätzlich aus diesen zwei entgegengesetzten, zugleich aber komplementären Aspekten bestehen und daß alle Phänomene sich selbst von Natur aus zu komplementären Gegensatzpaaren gruppieren. Nichts ist nur Yin oder Yang, alles besteht in unterschiedlichem Grad aus beiden. Nichts ist neutral, weder Yin noch Yang dominieren. Dies ist der Prozeß der Veränderung. Alles in der Natur befindet sich immer im Zustand der Veränderung, nichts ist vollkommen statisch: Der Tag wird zur Nacht und diese wieder zum Tag; die Jahreszeiten wechseln in einem ununterbrochenen Zyklus der Veränderung; wir Menschen werden geboren, leben und sterben schließlich. Alles hat seinen Zyklus.

Wenn alles von Yin und Yang geprägt ist, dann auch Sie. Yang gilt als die männlichere oder maskulinere Kraft, Yin als die weiblichere. Aber wie bereits gesagt, besteht alles aus beiden Kräften in unterschiedlichem Verhältnis. Die fernöstliche Philosophie beschreibt Yin als den Schatten (Kühle) und Yang als den Sonnenschein (Hitze). Der Schatten steht analog zur Nacht und dem Mond, Sonnenschein analog zum Tageslicht und dem Einfluß der Sonne.

Verschiedene Teile des Körpers sind eher Yang, andere haben eher Yin-Qualität. Der obere Teil Ihres Körpers, der Rücken und die Haut (Ihre äußere Oberfläche) gelten eher als Yang-Regionen; der untere Teil Ihres Körpers, der Bauch und die Knochen (tief in Ihrem Körper) sind eher Yin. Im allgemeinen kann man sagen, daß die oberen Regionen und diejenigen, die näher an der Oberfläche liegen, eher Yang sind, während die inneren und tiefergelegenen Teile des Körpers eher Yin sind. Yin gilt auch als weicher und offener (etwa der Bauch), Yang als härter und beschützender (etwa der Rücken).

Yin ist das »Wasser« Ihres Körpers. Das bezieht sich auf die kühlende Funktion des Yin und auf seine Speicherfähigkeit. Yin wird in den Organen gespeichert sowie in den Gelenken und Bändern. Yang ist die Feuer-Seite des Körpers. Das bezieht sich auf die Wärmeerzeugung und die Aktivierung und Umwandlung des gespeicherten Ki in lebensnotwendige Bewegung. Ki steht auch für Bewegung und wirkt störend, wenn es zurückgehalten wird.

Was Ihre inneren und Ihre Fortpflanzungsorgane angeht, so sind diese vor allem von Yin-Energie geprägt, da sie tiefer im Inneren des Körpers liegen und eine dichtere Struktur aufweisen, besonders die primären Organe, die Eierstöcke.

Die primären männlichen Geschlechtsorgane stehen eher unter Yang-Einfluß, befinden sich (insbesondere die Hoden) außerhalb des Körpers und weisen eine weniger dichte Struktur auf.

Das Energiesystem

Das Ki zirkuliert auf bestimmten Wegen oder Energiekanälen durch Ihren Körper, die *Meridiane* oder *Leitbahnen* heißen. Die Meridiane funktionieren wie ein effizientes Bewässerungssystem, indem sie dafür sorgen, daß alle körperlichen Funktionen ausgeführt werden, wenn der Energiefluß nicht gestört ist. Es gibt zwölf Hauptleitbahnen und fünf *Außergewöhnliche Gefäße* (Näheres dazu in Kapitel 5), derer man sich im Shiatsu bedient (siehe Abb. 1.2 bis 1.17); jede davon versorgt ein bestimmtes inneres Organ oder System mit Energie. Die Außergewöhnlichen Gefäße kontrollieren und regulieren die zwölf Hauptmeridiane.

Die Meridiane sind nach den inneren Organen benannt, für die sie zuständig sind. Sie sind symmetrisch, d.h., es gibt identische Leitbahnen in den beiden Hälften Ihres Körpers. Die Meridiane verbinden die verschiedenen Körperregionen miteinander und sichern die richtige Verteilung von Ki in Ihrem ganzen Körper. Wenn Sie gesund sind, fließt das Ki ungehindert, und die Energie wird gleichmäßig über das Leitbahnsystem verteilt.

Die zwölf Meridiane und organischen Funktionen bilden sechs Yin- und sechs Yang-Paare:

Yin	**Yang**
Lunge (Lu)	Dickdarm (Di)
Milz (Mi)	Magen (Ma)
Herz (He)	Dünndarm (Dü)
Niere (Ni)	Blase (Bl)
Perikard (Pe)	Dreifacherwärmer (DE)
Leber (Le)	Gallenblase (Gbl)

Sollte ein Meridian blockiert sein, erkrankt das damit verbundene innere Organ oder System oder verursacht Streß. Krankheit ist ein Zeichen dafür, daß die Energie innerhalb dieses Meridians aus dem

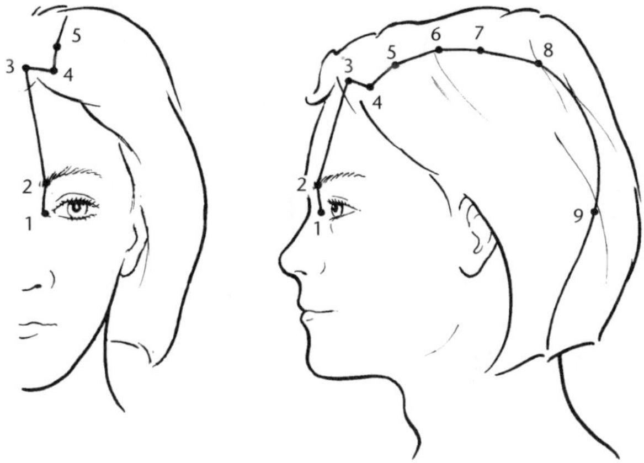

Abb. 1.8
Blasen-Meridian
(Bl) Wasser (Yang)

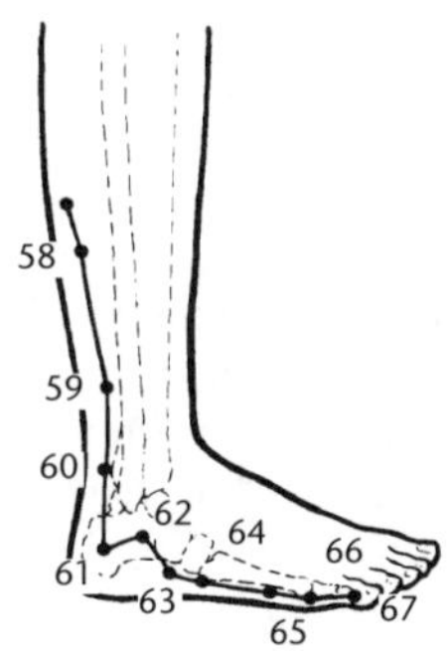

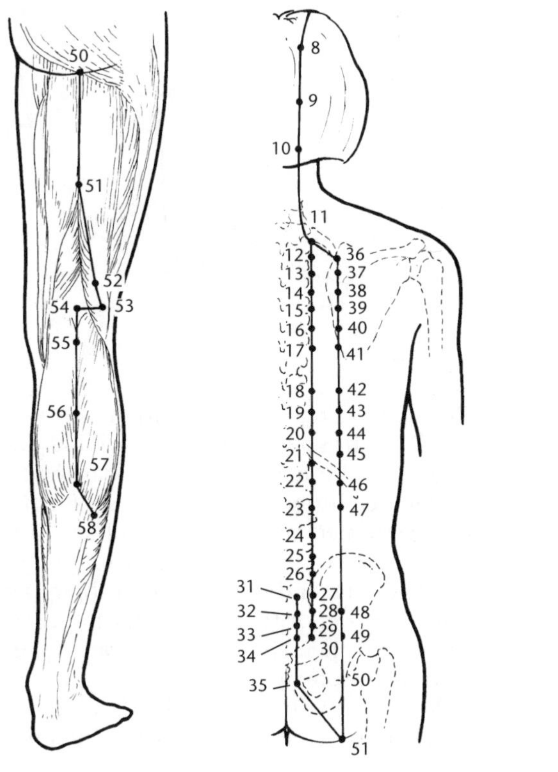

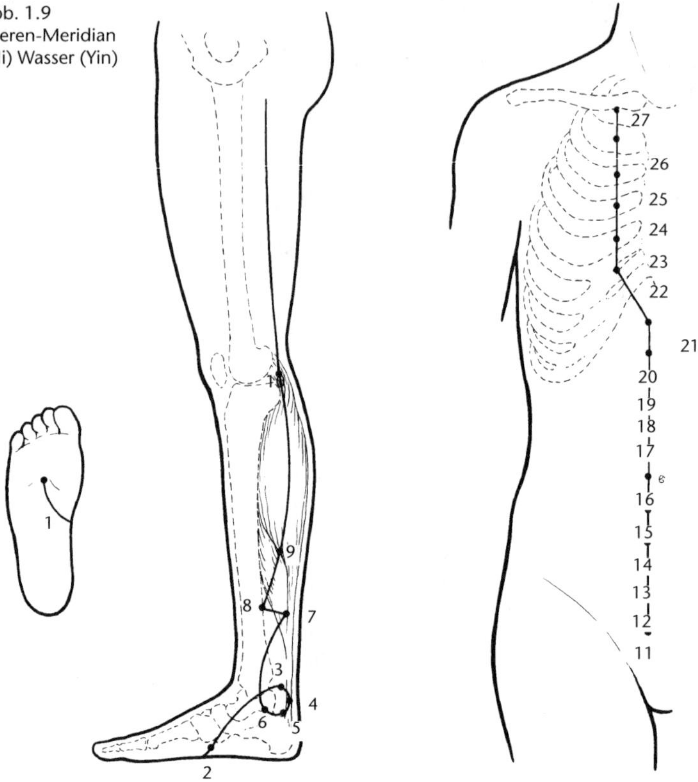

Abb. 1.9
Nieren-Meridian
(Ni) Wasser (Yin)

Gleichgewicht geraten ist. Entlang der Meridiane finden Sie Punkte, die mit mehr Energie geladen sind und die wir Druckpunkte oder japanisch Tsubo nennen. Hier ist das Ki am leichtesten zu erreichen. Wir werden Ihnen im Verlauf dieses Buches zeigen, wie Sie Druck auf diese verschiedenen Punkte ausüben können, um das darin fließende Ki zu verändern oder wieder ins Gleichgewicht zu bringen. Alle Druckpunkte sind entsprechend ihrer Lage numeriert, Le 3 ist beispielsweise der dritte Punkt auf dem Leber-Meridian. Die Punkte tragen entsprechend ihrer Funktion auch spezifische Namen (die wir jedoch nicht so häufig verwenden).

Wenn wir von der Energie (Ki) eines Organs des Leitbahnsystems sprechen, beziehen wir uns auf seine Energiespeicher- und Energie-

Abb. 1.10
Perikard-Meridian
(Pe) Feuer (Yin)

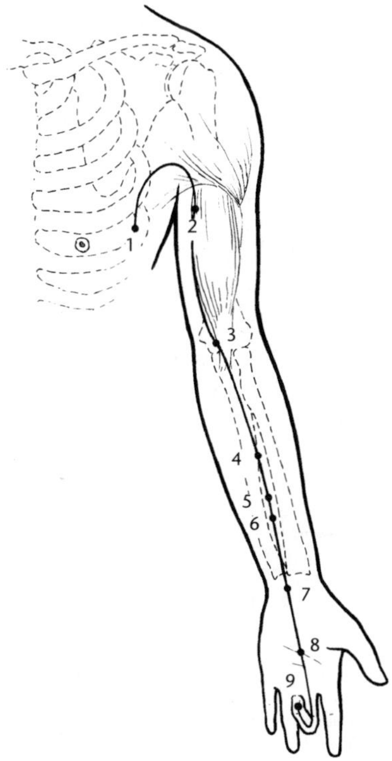

produktionsfunktion oder seine Aktivierungsfunktion, sofern es sich um einen *Ki-Mangel* (fehlende Vitalität) oder *Ki-Überfluß* (zuviel Vitalität) handelt. Diese beiden Zustände können Symptome der Disharmonie hervorrufen. Sie sind Zeichen einer Stagnation des Ki, d.h., das Ki kann nicht ungestört und frei fließen – so wie es für die Gesundheit eines Organismus erforderlich wäre. Um gesund zu bleiben, brauchen Sie die richtige Produktion, Speicherung und effektive Verwendung des Ki in Bewegung.

Anders ausgedrückt: Stellen Sie sich einen abgeschlossenen vollen Getreidespeicher vor, umgeben von einer hungernden Bevölkerung, der der passende Schlüssel zum Schloß des Speichers fehlt. Das Getreide ist Yin (die gespeicherte Energie), der Schlüssel, die Aktivität,

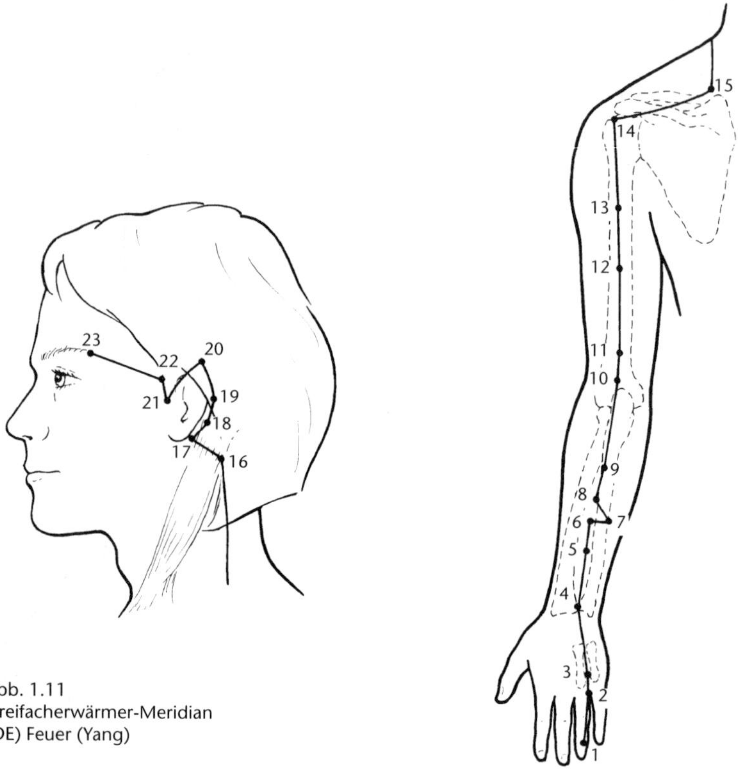

Abb. 1.11
Dreifacherwärmer-Meridian
(DE) Feuer (Yang)

die nötig ist, um das Yin freizulassen, wäre Yang. Dies ist ein Beispiel für einen Überfluß an Ki.

Wenn wir zum Beispiel den Ausdruck Milz-Ki verwenden, beziehen wir uns auf die Funktion des Magen-Meridians und des Organs im Zusammenhang mit seiner Effizienz in bezug auf andere Organe oder Meridiane oder ein Körpergewebe wie das »Fleisch« (Muskeln). Dies ist Ausdruck seiner Gesundheit und Vitalität oder seiner Disharmonie. Ein »rebellierendes Magen-Ki« ist der Ausdruck für eine Aufwärtsbewegung der Energie, die sich als Erbrechen äußert.

Jedes Organ hat eine Yin- und eine Yang-Funktion. Leber-Yin be-

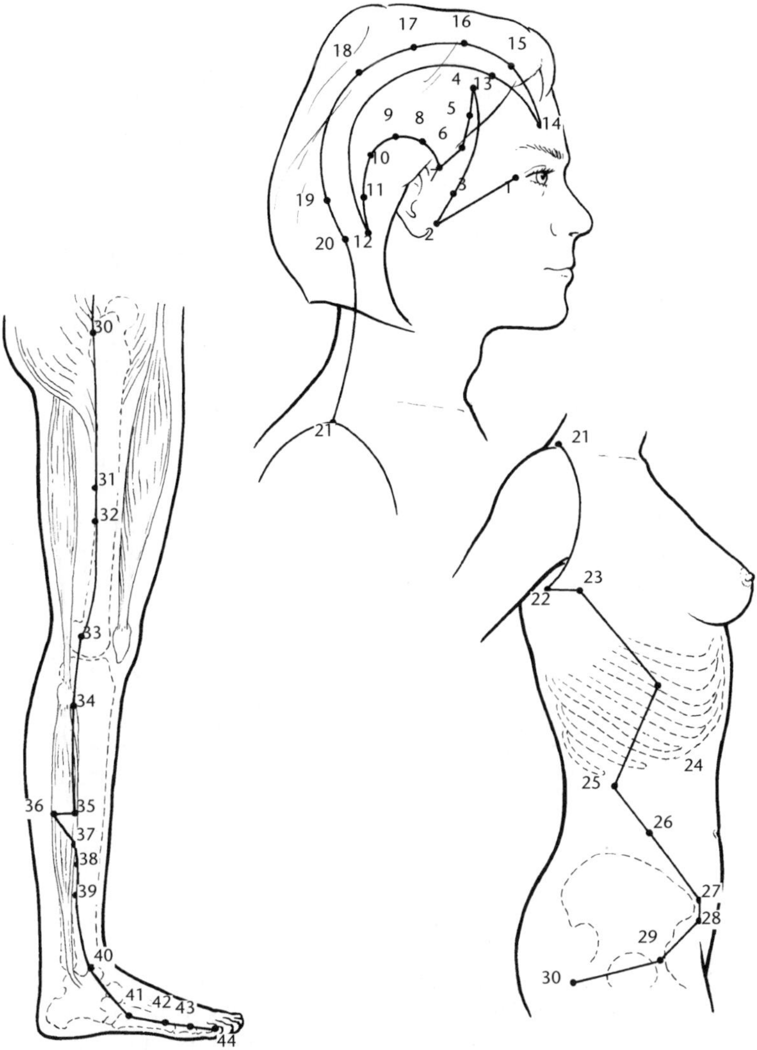

Abb. 1.12
Gallenblasen-Meridian
(Gbl) Holz (Yang)

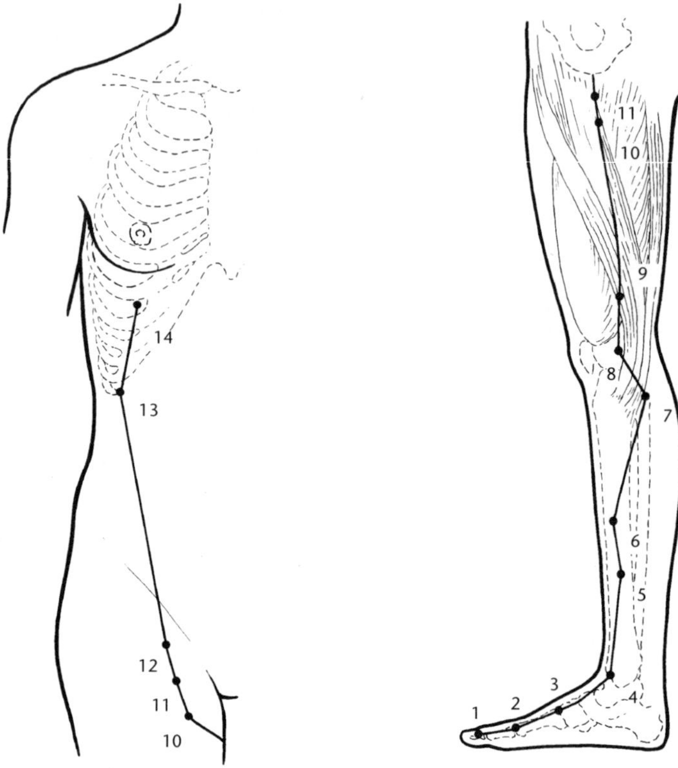

Abb. 1.13
Leber-Meridian
(Le) Holz (Yin)

zeichnet beispielsweise die Fähigkeit der Leber, Ki und Blut zu speichern. Wie im Beispiel mit dem Getreidespeicher könnte ohne die aktivierende Funktion des Leber-Yang das gespeicherte Ki und Blut vom Körper nicht genutzt werden.

Die Yang-Funktion des Organs oder Meridians bezieht sich auch auf die emotionalen Äußerungen, die vage, immateriell und nicht »dicht« sind, wie die Organe selbst. So sind Wutanfälle ein anderes Beispiel für das Leber-Yang.

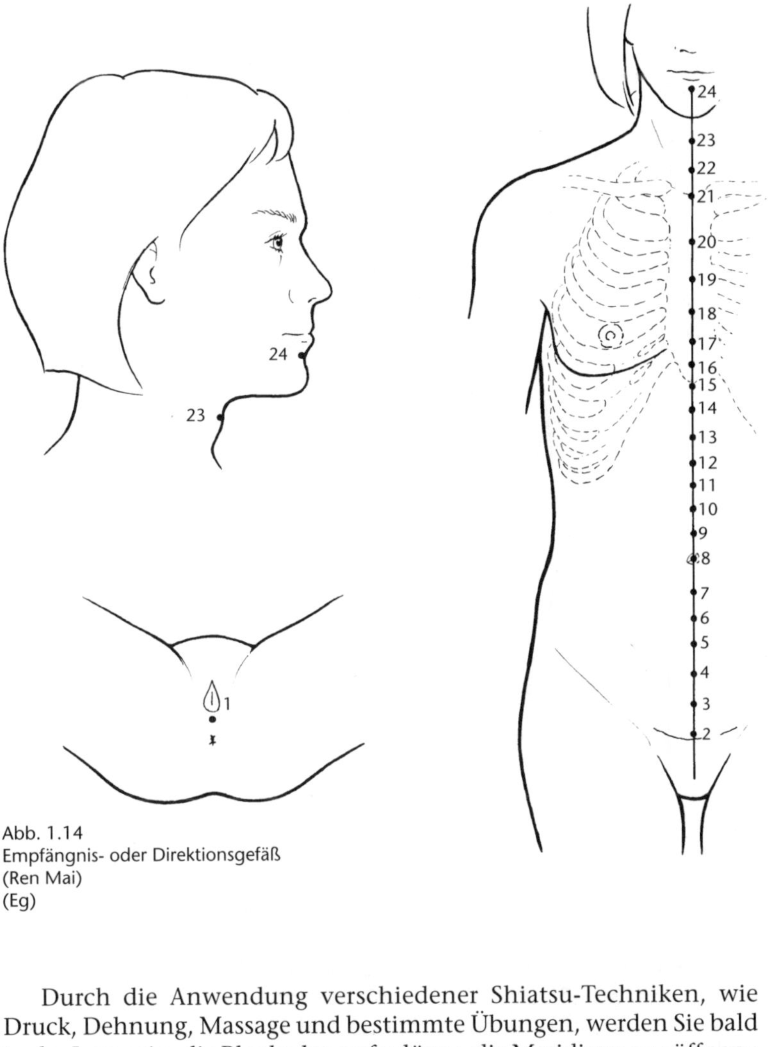

Abb. 1.14
Empfängnis- oder Direktionsgefäß
(Ren Mai)
(Eg)

Durch die Anwendung verschiedener Shiatsu-Techniken, wie Druck, Dehnung, Massage und bestimmte Übungen, werden Sie bald in der Lage sein, die Blockaden aufzulösen, die Meridiane zu »öffnen« und sich selbst mit neuer Energie zu laden.

Der Atem des Lebens – Luft als Energie
Die Atmung ist eine fundamentale Lebensfunktion. Alle Lebewesen brauchen Sauerstoff zum Überleben, und die Qualität und Quantität

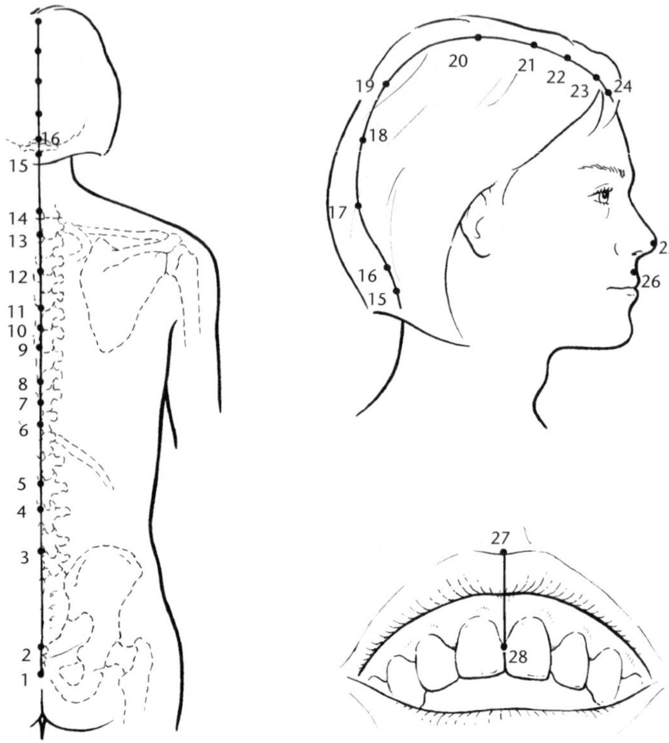

Abb. 1.15
Lenkergefäß
(Du Mai)
(Lg)

des ihnen zur Verfügung stehenden Sauerstoffs hat direkte Auswirkungen auf ihre Vitalität. Die Energie, die man durch die Atmung aufnimmt, heißt »Luft-Ki« und wird durch die Lungen in eine verwendbare Form gebracht.

Es gibt innere und äußere Faktoren, die das Lungen-Ki beeinträchtigen können. Luftverschmutzung, Rauchen, Klimaanlagen und falsche Ernährung (besonders Milchprodukte) wirken sich allesamt negativ auf das Atempotential aus. Die dramatisch wachsende Zahl von asthmakranken Kindern und Erwachsenen ist vor allem auf die-

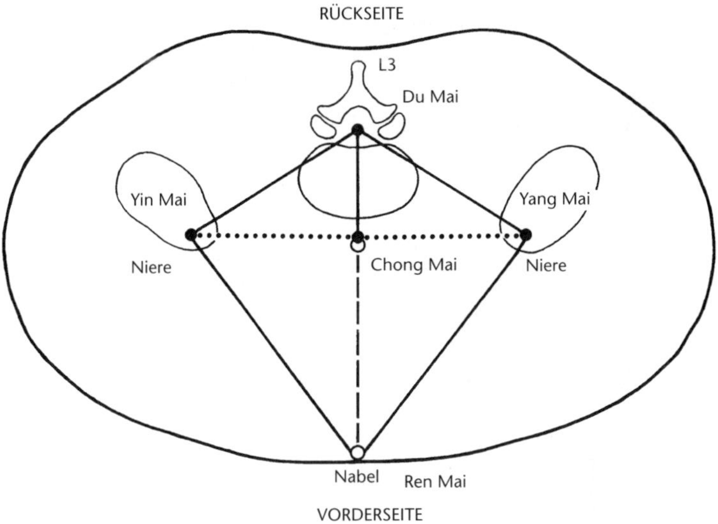

Abb. 1.16
Die fünf Mai-Leitbahnen (mit inneren Verbindungen). Querschnitt auf Taillenhöhe
[Niere, Niere, Nabel]

se äußeren Faktoren zurückzuführen. Die inneren Faktoren haben mit Ihren Emotionen zu tun. Trauer, Traurigkeit und Depression wohnen alle in der Brust und beeinträchtigen das *Shen* (Ihren Geist oder Ihre Seele), was sich auf die Haltung auswirkt, die wiederum die Strukturen der körperlichen Organe beeinflußt. So entsteht ein Teufelskreis. Die Ausdrücke »sich etwas vom Hals schaffen« und »etwas ausspucken« spielen auf unterdrückte Gefühle an und beziehen sich auf ein gestautes Brust-Ki, genauer: Lungen-Ki.

Der Atmungsreflex wird im Stammhirn (der Medulla oblongata) ausgelöst, das motorische Botschaften an die Lungen schickt, damit diese aktiv werden. Die Lungen nehmen die Luft in sich auf und frischen das Blut auf, indem sie es mit Sauerstoff anreichern. Dieses sauerstoffreiche (Ki-geladene) Blut wird ins Gehirn gepumpt, das der größte Blutkonsument im Körper ist, und sorgt für die Vitalität der motorischen und sensorischen Nervenfunktionen. Je besser die Qualität des Blutes ist, desto besser sind die Reaktionen des Nerven-

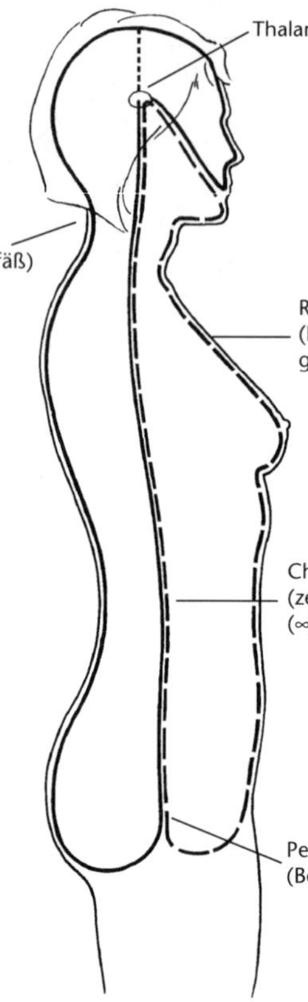

Abb. 1.17
Du Mai, Chong Mai und Ren Mai

Links (Yang) Mai und rechts (Yin) Mai

systems. Wenn Sie also nicht richtig atmen (d.h. flach und schnell) oder verschmutzte Luft einatmen, wird Ihr Gehirn von qualitativ schlechterem Blut versorgt, das das Potential Ihres Körpers vermindert. Schlechte Atmung entspricht schlechter Hirnleistung und schlechter Organaktivität – atmen Sie also tief durch und wecken Sie Ihr Gehirn.

Nahrung ist Ihr Brennstoff – das Feuer in Ihrem Blut
Die wichtigste Quelle zur Ki-Aufnahme ist die Nahrung. Während die Lungen Luft aufnehmen, kommen Speisen und Getränke in den Magen. Die Nahrung wird von der Milz in eine Essenz umgewandelt, die

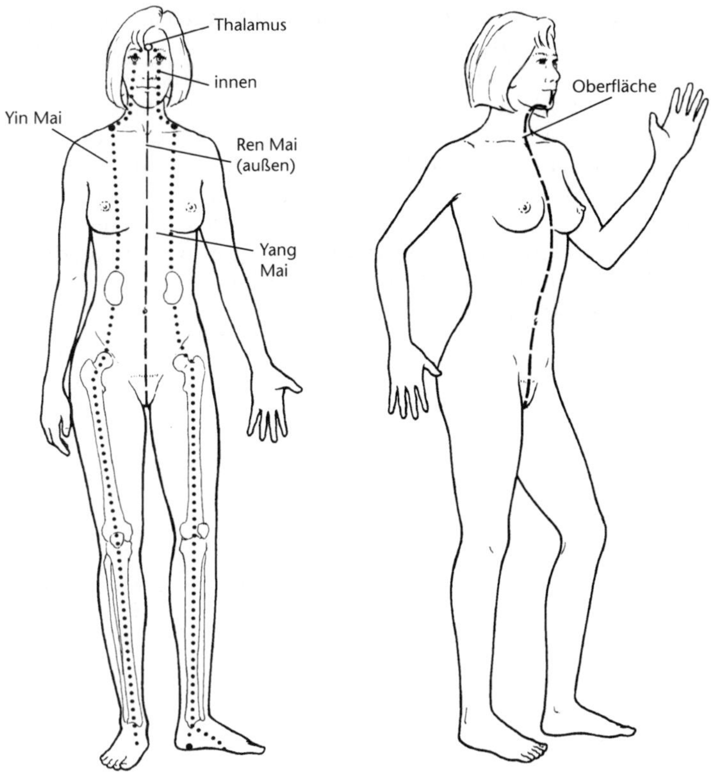

als Baustein bei der Bildung von Blut dient und »Nährendes Ki« genannt wird. »Blut« hat hier eine andere Bedeutung als die rote Flüssigkeit in unseren Adern nach dem Verständnis der westlichen Medizin; es wird als gereinigtes Ki verstanden. Die Essenz sickert in die Lunge, wo sie sich mit dem Lungennebel mischt und vom Yang des Herzens entzündet wird. Das Herz wiederum aktiviert die Substanzen, die es dem Blut ermöglichen, durch unseren Körper zu zirkulieren. Die Chinesen bezeichnen diesen Prozeß als »Stempel des Rots des Feuers«, den das Herz dem Blut aufdrückt.

Falsche Ernährung sorgt für eine schlechte Qualität des Bluts, und da Blut eine Fundamentale Substanz des Körpers ist, werden dadurch die Aktivitäten des Körpers (unter anderem auch die Funktionsfähigkeit des Fortpflanzungsapparats) eingeschränkt. Fehlerhafte Ernährung ist zu einem Großteil verantwortlich für Erkrankungen und Beschwerden wie Diabetes, Asthma, Herzkrankheiten, Hautprobleme, Verdauungsstörungen und Unfruchtbarkeit. Die Milz ist davon am stärksten betroffen und beeinflußt das Selbstbild und die Selbstsicherheit. Ein Ungleichgewicht der Milz kann sich in Heißhunger auf Süßigkeiten niederschlagen, einer Verringerung des Selbstvertrauens, Lymphstauungen, im Nachlassen des Muskeltonus, schlaffem, druckempfindlichem Gewebe, Zynismus oder dem Bedürfnis, bemuttert, aber nicht erdrückt zu werden.

Kapitel 2

Was Shiatsu bei Ihnen bewirken kann

Wie Shiatsu hilft

Es ist einfach, die Grundlagen des Shiatsu zu erlernen, da es so viel Spaß macht und man sich einfach sehr wohl dabei fühlt. Der Aspekt der Eigenverantwortung ist auch sehr wichtig, da er Ihren Wert als eigenständige Person anerkennt und es Ihnen ermöglicht, wo nötig, für Veränderungen zu sorgen. Die Kombination aus Selbstbehandlungstechniken, Stretch-Übungen und Do-In-Übungen (siehe Kapitel 7) wird Ihnen helfen, Ihren körperlichen und mentalen Gesundheitszustand zu verbessern. Zu den einfachen Folgen werden das Nachlassen von Gelenksteife und Muskelverspannungen gehören, eine verbesserte Beweglichkeit und Gelenkigkeit, stabilere Knochen, ein gestärktes Immunsystem, eine bessere Entgiftung und weniger Müdigkeit.

Die Wirkungen können körperlich und/oder emotional sein. Shiatsu hat auch einen Einfluß auf Ihr Denken – nicht nur über sich selbst, sondern auch über das Leben im allgemeinen. Shiatsu beeinflußt Ihr Wohlbefinden, und zwar bei jeder Frau auf unterschiedliche Weise. Das Energiesystem steht im Mittelpunkt des Interesses und spielt eine wichtigere Rolle als physiologische Aspekte. Die Physiologie des Shiatsu beruht auf Yin und Yang, die keine westliche Entsprechung haben, was aber nicht bedeutet, daß sie physisch oder emotional nicht wahrnehmbar wären.

Wobei Shiatsu Frauen hilft:

- Streßabbau
- Stärkung von Körper, Geist und Seele
- Verbesserung des gesamten Gesundheitszustands und Wohlbefindens
- Erhöhung des Hauttonus durch Stimulierung und Revitalisierung der Haut

- Verbesserung der Muskelelastizität
- Verbesserung der Haltung
- Beruhigung des Nervensystems
- Verbesserung der Verdauung
- Stimulierung der Blut- und Lymphzirkulation
- Erreichen eines emotionalen und psychischen Gleichgewichts
- Nachlassen der prämenstruellen Spannung
- Verlangsamung des Alterungsprozesses
- Kräftigung der Haare
- Stärkung der Widerstandsfähigkeit
- Steigerung der Libido und der sexuellen Lust
- Förderung einer problemlosen Schwangerschaft und Erleichterung der Geburt
- Nachlassen von Schmerzen und Beschwerden, insbesondere von Rücken- und Nackenschmerzen
- Vorbeugung von häufigen Erkrankungen
- Verstehen des Körperrhythmus und mehr Körperbewußtsein

Emotionaler und psychischer Nutzen

Ist Ihre Muskulatur steif und verspannt? Fühlen Sie sich bis an die Schmerzgrenze erschöpft? Nähern sich Ihre Schultern langsam den Ohren, weil sich Ihre Nackenmuskeln so verkrampfen? Ja, das ist genau die Spannung, die zuviel Streß auslöst. Wenn Sie lernen, Ihre Haltung in alltäglichen Situationen – Sitzen, Stehen, Arbeiten, Schlafen – zu verbessern, können Sie diese Spannung entscheidend reduzieren. Wenn Sie lernen, Ihre innere Haltung zu verbessern, können Sie damit Ihre Reaktionen auf Streß sowohl in körperlicher als auch in seelischer Hinsicht beeinflussen. Mit Shiatsu werden Sie diese Fähigkeiten erlernen.

Krampft sich Ihr Bauch zusammen und rebelliert Ihre Blase, wenn Sie im Streß sind? Lassen Sie die Schultern hängen und schmerzt Ihr Rücken, wenn Sie deprimiert sind? All das sind physische Reaktionen auf emotionalen Streß, die Sie mit Ihrem Geist und gezielten Körperübungen kontrollieren können. Bedenken Sie, daß Sie jeden Tag vielfältigem Streß ausgesetzt sind: Lärm und Luftverschmutzung, Verkehrschaos, familiäre Auseinandersetzungen – um nur ein paar Beispiele zu nennen. Was Sie vielleicht von anderen Menschen unterscheidet, ist die Art und Weise, wie Sie auf diesen täglichen Streß reagieren. Geben Sie sich selbst die Macht zu wählen: »Will ich mich darüber aufregen oder nicht?« Indem Sie sich selbst diese Frage stellen, erlangen Sie Kontrolle über sich. Man empfindet Streß oft wie einen Angriff (daher auch der Ausdruck »Panikattacke«), gerade weil man diese Kontrolle verloren hat.

Im Shiatsu unterscheiden wir nicht zwischen den abgeschlossenen Einheiten Geist und Körper. Streß, der den Geist betrifft, löst körperliche Symptome aus, und physischer Streß resultiert auch in psychischen Symptomen. Wer dann Hilfe bei einer Therapie sucht, die – im Gegensatz zu Shiatsu – nur das körperliche oder nur das seelische Gleichgewicht im Sinn hat, vernachlässigt die untrennbare Verbundenheit von Körper, Geist und Seele.

Stimmungsschwankungen von einem Tag auf den anderen sind nichts Ungewöhnliches, und Ihre Stimmungen werden von vielen Faktoren beeinflußt: etwa vom Wetter, der Arbeit, der Familie oder den Mondphasen. Wenn Sie das Gefühl haben, in einem Schema emotionaler Ausdrucksformen festzustecken oder Ihre Gefühle gar nicht ausdrücken zu können, dann sind diese Muster zu festgefahren. Von diesem Moment an bezeichnet man sie als psychologische Muster – die so tief verwurzelt und fest etabliert sind, daß sie Ihre Reaktionen bestimmen. Ihre Stimmungsschwankungen sind Zeichen eines stagnierenden Ki. Shiatsu wird Ihnen dabei helfen, diese Stagnation zu lösen und tiefere, bisher zurückgehaltene Emotionen und Traumata Ihrer Vergangenheit zu befreien.

In diesem Buch nehmen wir immer wieder Bezug auf Ihr gehemmtes oder befreites Potential. »Potential« meint hier Ihren Appetit auf Lust am Leben, auf die Verwirklichung Ihrer Träume oder Ihres Schicksals. Sind Sie glücklich in Ihrer Beziehung, in Ihrem Job? Fühlen Sie sich wie auf einem Gleis, unfähig, Ihre Richtung, Ihr Glück selbst zu bestimmen? Dann haben Sie die Einschränkungen Ihres Potentials immerhin schon erkannt. Sie haben die Wahl – ermächtigen Sie sich entweder selbst, das zu tun, was Sie in Ihrem Leben erreichen wollen, oder entmachten Sie sich selbst und lassen Sie sich dann von anderen entmachten. Für viele Menschen ist das der größte Nutzen von Shiatsu – das Ziel und die Erfahrung, sich selbst Macht zu verleihen.

Physischer Nutzen

Revitalisierung der Haut

Ihre Haut besitzt die Fähigkeit zu atmen und wirkt außerdem als Schutzschicht gegen das Eindringen von Pathogenen (Umwelteinflüssen wie Feuchtigkeit, Kälte, Hitze, Wind und Trockenheit). Diese beiden Funktionen unterliegen der Kontrolle des Defensiven Ki des Körpers, auch *Wei Ki* genannt. Es wird mit den Eigenschaften »stark und mutig« in Verbindung gebracht und schützt uns in emotionaler und physischer Hinsicht. Das Wei Ki wird von der Lungenfunktion kontrolliert und reguliert das Öffnen und Schließen der Hautporen. Ihre Fähigkeit zur Entgiftung und zur Beseitigung von Abfallstoffen (der »unreinen« Energie, die nach der Verwertung der aufgenommenen Luft und Nahrung übrigbleibt) spiegelt sich im Zustand Ihrer Haut wider. Shiatsu wird die Qualität Ihres Lungen-Ki steigern und so Giftstoffe effektiver eliminieren; Ihre Haut bekommt dadurch einen rosigen Schimmer, und Sie werden sich einfach besser fühlen.

Stärkung des Muskelapparats

Ihre Muskeln geben Ihnen die Möglichkeit, sich zu bewegen. Ihre Hauptfunktionen sind Fortbewegung, Schutz und Wärmeerzeugung. Die Richtung, die Ihr Leben nimmt, hängt auch von der Bewegungsfreiheit Ihrer Muskeln ab. Steife und verspannte Muskeln spiegeln möglicherweise die Einstellung wider, die Sie gegenüber den Hürden in Ihrem Leben haben, und sind bezeichnend für die Flexibilität Ihres Denkens und Fühlens.

Der Muskelapparat steht unter dem Einfluß der Leber- und Milzfunktionen. Das Leber-Ki nährt die stabilisierenden Strukturen der Gelenke – die Bänder, Sehnen und Knorpel. Schwache Gelenke sind generell ein Zeichen für eine Leberschwäche und können durch Überbeanspruchung eines Gelenks oder die Aufnahme von Nahrung, die das Gewebe schwächt – wie zum Beispiel zuviel raffinierter Zucker oder Alkohol –, verursacht sein.

Das Milz-Ki reguliert die Spannung, Elastizität und Gleitfähigkeit des »Fleischs« oder Muskelapparats. Wenn die Milz geschwächt ist, tendieren die Muskeln zur Schlaffheit. Das kommt bei Frauen häufiger vor als bei Männern.

Weil Shiatsu direkt auf der Hautoberfläche wirkt und gleichzeitig bis ins Muskelgewebe vordringt, reagieren die Muskeln auf die Berührung mit Entspannung. Das Stimulieren der Milz- und Leber-Meridiane bewirkt eine bessere Zirkulation von Blut, Ki und Lymphen und eine bessere Versorgung der Muskeln.

Stärkung des Knochengerüsts

Schutz und Halt sind nach Anschauung der westlichen Medizin die primären Funktionen des Skeletts. Die Knochen enthalten Mark, das – physiologisch betrachtet – eine wichtige Rolle bei der Blutproduktion spielt. Die fernöstliche Vorstellung vom Knochenmark ist eine andere. Es ist demnach geschaffen aus der Essenz, einer reinen Form verflüssigter Energie, die in den Nieren gespeichert wird. Die »prähimmlische Essenz« – die Grundlage der menschlichen Entwicklung, erschaffen zum Zeitpunkt der Empfängnis, d.h. dem Zusammentreffen von Eizelle und Spermium (den Energien Yin und Yang) – liefert konstitutionelle Stärke während der embryonalen Entwicklung. Die »posthimmlische Essenz« wird von der richtigen Ernährung und Umwelteinflüssen während der frühen Kindheit bis zu einem Alter von etwa zwei Jahren geliefert. Die Kombination aus »prä-« und »posthimmlischer Essenz« (Ihre konstitutionelle Vitalität und Stärke) wird als Jing bezeichnet. Die Gesundheit Ihrer Eltern zum Zeitpunkt Ihrer Empfängnis und die folgende embryonale Entwicklung und Kindheit sind alle zusammen ausschlaggebend für Ihre konstitutionellen Stärken und Schwächen.

In der fernöstlichen Medizin hält man dieses Mark deshalb für die Ausgangsbasis zur Schaffung des physiologischen Knochenmarks, der Hirn- und Wirbelsäulenstruktur. Man kann also sagen, daß die Gesundheit des Gehirns und der Wirbelsäule, die das Zentralnervensystem bilden, vom Nieren-Ki gewährleistet wird.

Das Nieren-Ki ist auch für die Gesundheit und Erhaltung der Knochen und Zähne zuständig, für das Gehör und das Kopfhaar, und es ist der Sitz des Jing.

Die physische Manifestation des Jing sind die Eizelle der Frau und die Samenzelle des Mannes. Im Verlauf des natürlichen Alterungsprozesses wird das Jing immer weniger und bewirkt das Altern. Die Knochen werden »trocken«, weil das Potential des Marks erschöpft ist; man verliert Zähne; das Haupthaar fällt aus oder ergraut (ein weiterer Hinweis auf die »Austrocknung« der Essenz); die Vitalität des Gehirns ist reduziert, und Aufnahmefähigkeit und Konzentrationsfähigkeit lassen nach. Wenn alle oder einige dieser Symptome verfrüht auftreten, führt der betroffene Mensch sein Leben auf eine Weise, die sein Jing frühzeitig erschöpft. Dies ist häufig der Fall bei Überarbeitung, übermäßigem Streß oder Sex, Alkohol- oder Drogenmißbrauch oder vielen Schwangerschaften.

Shiatsu wird Ihnen helfen, den Verbrauch des Nieren-Jing zu verlangsamen und so auch Ihre Knochen gesund zu erhalten, indem es das Nieren-Ki stärkt. Wenn Sie zudem auf eine gesündere Lebensweise achten – ein ausgewogenes Verhältnis von Arbeit und Freizeit, Bewegung und bewußter Ernährung –, wird auch das Ihr Nieren-Ki stärken.

Anregung des Kreislaufs

Das Herz als Organ, das Herz nach dem Verständnis der fernöstlichen Medizin und das Herz-Lenker-Ki sind verantwortlich für die Regulation der Blutzirkulation und die »Instandhaltung« des Bluts. Das Milz-Ki »hält das Blut an seinem Platz« – d.h., es verhindert sein fahrlässiges Fließen, wie zum Beispiel bei inneren Blutungen oder Blutungen außerhalb der Menstruation. Die Lymphflüssigkeit – verantwortlich für die Beseitigung von Abfallprodukten über Blut und Lymphknoten – wird von der Milz und dem Dreifacherwärmer transportiert und reguliert.

Der Zustand des Herzens und des Herz-Ki (Feuer-Energie) wird durch falsche Ernährung und Bewegungsmangel dramatisch geschwächt. Äußere Einflüsse, wie zum Beispiel extreme »Hitze«, beeinträchtigen das Funktionieren des Herz-Ki und führen zu einem Temperaturanstieg im Körper, Blutandrang in der Brust und im Kopf und im Gegenzug zu einer Unterversorgung des Beckens und der Extremitäten. Dies geschieht für gewöhnlich in überheizten Räumen oder während langer Sonnenbäder. Wenn man sich regelmäßig der »Hitze« aussetzt, kann das auch zu einem Austrocknen der Körperflüssigkeiten führen.

Außerdem gibt es noch die innere »Hitze« des Zorns, der Leidenschaft oder Trauer, die ebenfalls das Herz-Ki verletzen kann. Das Herz ist der Sitz Ihres Geistes oder *Shen.* Shen wird manchmal auch mit Herz/Seele übersetzt und bezieht sich auf Ihr Wohlbefinden. Zorn, der von der Leber reguliert wird, erzeugt Hitze, wenn man ihn unterdrückt. Diese Hitze kann sich schließlich in die Brust hinaufziehen und das Herz verletzen. Ein Beispiel hierfür wäre ein Herzinfarkt, der von einem Zornesausbruch ausgelöst wird. Die Hitze der Leidenschaft kann, abhängig von ihrer Intensität und Zielsetzung, das Herz-Ki nähren oder schädigen. Trauer zehrt am Herz-Ki und »stört das Shen«. Alle diese Umstände können zu Schlafstörungen, erratischen Schwankungen der Körpertemperatur, Konzentrationsstörungen, nervösem Streß, Bluthochdruck, Stimmungsschwankungen und generell zu einem leicht erregbaren Wesen führen. Shiatsu wird Ihnen helfen, Ihr Shen zu beruhigen und so diese Symptome zu verhindern.

Beruhigung des Nervensystems

Ihr Nervensystem besteht aus zwei verschiedenen funktionalen Teilen – dem bewußten oder somatischen und dem unbewußten oder vegetativen Nervensystem –, die vom Nieren- und vom Blasen-Ki reguliert werden. Das somatische Nervensystem kontrolliert Körperfunktionen, von der Bewegung bis zur Blasen- und Darmentleerung. Inkontinenz hängt deshalb teilweise mit dem Verlust der bewußten Kontrolle über die an der Blasenentleerung beteiligten Muskeln zusammen. Das somatische Nervensystem ist auch dafür zuständig, ob Sie Vergnügen oder Schmerz bei einer Sache empfinden. Diese beiden Reaktionen sind ebenfalls kontrollierbar.

Ihr vegetatives Nervensystem ist für körperliche Vorgänge zuständig, wie Atmung, Verdauung, Kreislauf, Hormonhaushalt, urogenitale Funktionen (zum Beispiel Blutreinigung, Beseitigung von Abfallstoffen, Eisprung und Menstruation). Streß kann die Effektivität dieses Teils Ihres Nervensystems extrem beeinträchtigen.

Das vegetative Nervensystem reguliert auch den Instinkt »kämpfen oder fliehen?«, der in Streßsituationen aktiviert wird, um Verletzungen zu vermeiden. Dieser Mechanismus wird von einem Ansteigen des Adrenalinspiegels begleitet, den das Nieren-Ki kontrolliert. Der Anstieg erfolgt bei Gefahr, visueller Erregung, (zum Beispiel bei einem spannenden Film), sexueller Erregung (der Körper ist erwartungsvoll angespannt) und nach der Einnahme von Stimulanzien wie Koffein, Nikotin und bestimmten Drogen.

Adrenalinausschüttung in kleineren Mengen schadet nicht, doch leben in unserer Gesellschaft viele Menschen im Dauerstreß mit konstant hohem Adrenalinspiegel und in ständiger Bereitschaft, auf Gefahr zu reagieren. Dies führt zu einem Mangel an innerem Frieden und Ruhe und zur beständigen Suche nach verstärkter mentaler Stimulation, um Langeweile zu vermeiden. Wenn die Energie in den Nieren- und Blasen-Meridianen durch Shiatsu wieder ins Gleichgewicht findet, hat das einen beruhigenden Effekt auf das Nervensystem. Sie besitzen dann so etwas wie einen Schalter, mit dem Sie vom sympathischen auf das parasympathische Nervensystem umschalten und so alle inneren körperlichen Aktivitäten vermindern können.

Anregung der Verdauung

Ihr Verdauungssystem ist für die Aufnahme und Verarbeitung von Essen und Trinken zuständig. Die Umwandlung von »rein« in »unrein« und der nachfolgende Transport zur Absorption oder Ausscheidung wird vom Magen- und Milz-Ki reguliert.

»Man ist, was man ißt« – dieser Satz ist zutreffender denn je. Nahrung ist die Grundlage der Produktion von Blut. Sie ist die Energiequelle für die Funktionsfähigkeit und das Wachstum des Körpers. Wenn Sie sich als Frau zum Beispiel nicht ausgewogen ernähren, kann Ihr Körper in einen Zustand der »Blutarmut« geraten. Als Symptom geht dann vielleicht die Regelblutung zurück oder bleibt ganz aus. Aus diesem Grund ist es nicht sinnvoll, über einen sehr langen Zeitraum hinweg zu fasten. In Kapitel 10 finden Sie weitere Informationen zur Herstellung des Bluts.

Flüssige und feste Nahrung wird im Magen vermengt, »zerfällt und reift«; daraus entsteht eine gereinigte Substanz oder Essenz. Unreine Stoffe werden weiter zerkleinert und absorbiert beziehungsweise ausgeschieden. Wenn Sie zuviel essen oder zu schnell und zu wenig kauen, überlasten Sie Ihren Verdauungsapparat. Für die maximale Verwertung Ihrer Nahrung spielen die Qualität der Lebensmittel, die Verdauung und die Absorption und die Ausscheidung eine Rolle. Die Verdauung beginnt bereits mit der Speichelproduktion im Mund, wenn Sie jeden Bissen mindestens fünfzigmal kauen. Wenn Sie unter Verstopfung leiden, bedeutet das normalerweise »Trockenheit« (Yin-Mangel), während zuviel »Feuchtigkeit« Durchfall verursacht.

Ein anderer Aspekt der Verdauung ist die Aufnahme und Transformation von »Information«. So kann zum Beispiel Wissensdurst zu geistiger Ermüdung und dem hartnäckigen Verfolgen eines Ziels führen, während der Magen sich in einem Zustand der Überlastung befindet.

Die Beruhigung der Energie im Magen-Meridian mit Hilfe von

Shiatsu wird den Magen wieder ins Gleichgewicht bringen und Symptomen wie Magenverstimmungen, Verstopfung, Colitis (Schleimhautentzündungen) oder Divertikulitis (Divertikelentzündungen) vorbeugen.

Wir leben in einer Gesellschaft, die ein starkes Verlangen nach materiellem Besitz und Status fördert. Dieser besondere Hunger ist ein Streßfaktor – wenn wir die materiellen Ziele nicht erreichen, betrachten wir uns selbst oft als Versager. Überfluß führt zur Stagnation genau wie Überernährung zur Gewichtszunahme, die eine unnötige Last für unseren Körper und Geist bedeutet. Der Buddhismus sagt, es gibt zwei besondere Situationen, die Streß erzeugen: Wenn Sie Ihre Ziele erreichen wollen und die Enttäuschung, wenn Sie sie tatsächlich erreicht haben.

Den Hormonhaushalt ins Gleichgewicht bringen

Ihr endokrines System ist für die Steuerung aller hormonerzeugenden Drüsen und Gewebe zuständig. Einige Ihrer körperlichen Aktivitäten werden durch die Ausschüttung von Hormonen gelenkt, die über den Blutkreislauf transportiert werden. Zusammen mit dem Nervensystem koordinieren die Hormone alle anderen Systeme des Körpers. Hormone sind chemische Botenstoffe im Blut. Da Ihr Blut alle Gewebe des Körpers erreicht, ist der hormonelle Einfluß von fundamentaler Bedeutung für die Homöostase – d.h. die Fähigkeit Ihres Organismus, innerhalb bestimmter physiologischer Grenzen zu bleiben, besonders wenn es zu Veränderungen von außen kommt.

Ihr Hormonsystem besteht aus endokrinen Drüsen, unter denen die Hirnanhangsdrüse (Hypophyse) die wichtigste Rolle spielt. Die anderen Drüsen sind die Schilddrüse, die Nebenschilddrüsen, die Nebennieren, die Zirbeldrüse und die Thymusdrüse. Zusätzlich gibt es im Körper noch einige Organe, die endokrines Gewebe enthalten, aber nicht ausschließlich als Drüsen fungieren. Im weiblichen Körper sind dies der Hypothalamus, die Bauchspeicheldrüse, die Eierstöcke, die Nieren, der Magen und der Dünndarm. Die in der Schwangerschaft gebildete Plazenta enthält ebenfalls endokrines Gewebe.

Außerdem besitzt Ihr Körper noch exokrine Drüsen, die für die Sekretion von Körperflüssigkeiten, etwa Schweiß oder Talg, zuständig sind. Auch die Produktion von Schleim und Verdauungssäften wird von diesen Drüsen gesteuert.

In energetischem Sinn wird Ihr Hormonhaushalt vom Nieren-Ki

gelenkt. Im Gehirn liegt drei bis fünf Zentimeter hinter der Nasenwurzel die Hirnanhangsdrüse. Dies ist die Drüse, die, abgesehen von einigen anderen Steuerungsfunktionen, Ihren Eierstöcken den Befehl zur Ausschüttung der Hormone gibt, die für Ihren Zyklus notwendig sind.

Die sorgsame Erhaltung des Nieren-Jing ist von fundamentaler Bedeutung für ein langes und gesundes körperliches und geistiges Leben. Ihre Eierstöcke und besonders die Eizellen selbst sind Ausdruck des Nieren-Jing. Eine frühe Menopause, Anzeichen der vorzeitigen Erschöpfung des Vorrats an Eizellen, ist zugleich Indikator für die verfrühte Erschöpfung des Nieren-Jing. Einflüsse, die die Nieren-Energie belasten, sind falsche Ernährung, zuviel Arbeit und Sex, der Konsum von Stimulanzien wie Kaffee, Nikotin und Alkohol sowie Geburten. Regelmäßiges Shiatsu, das Ihre Nieren-Energie stärkt und wieder ins Gleichgewicht bringt, beugt einem frühzeitigen Aufbrauchen Ihres Jing vor.

Belebung des Lymph- und Immunsystems

Ihr Lymphsystem sorgt für den Transport von Proteinen und Fetten in Ihren Gefäßen. Es ist auch zuständig für die Filterung von Körperflüssigkeiten, die Produktion von weißen Blutkörperchen und die Immunkontrolle. Es besteht aus Lymphgefäßen, lymphatischem Gewebe und Organen, die Lymphgewebe enthalten. Dieses Gewebe besteht aus einer großen Anzahl weißer Blutkörperchen (Lymphozyten), die eine wichtige Rolle für das Immunsystem spielen. Zu den Organen, die lymphatisches Gewebe enthalten, gehören die Milz, die Thymusdrüse, die über den ganzen Körper verteilten Lymphknoten und die Mandeln. Da die Mandeln bei vielen Menschen schon in der Kindheit entfernt werden, ist das Energiezentrum in dieser Körperregion, das für die verbale Kommunikation und das Ausdrücken von Gefühlen und Gedanken verantwortlich ist, leider oft blockiert. Bei diesen Menschen treten auch häufiger Beschwerden der oberen Atemwege auf.

Die Funktion der Milz, Energie zu transformieren und zu transportieren, ist der wichtigste Faktor, der unser Lymphsystem beeinflußt. Deshalb weisen geschwollene Lymphknoten in den Achselhöhlen oder in der Leistengegend auf Störungen des Milz-Ki hin. Ödeme und ein Blähbauch zeigen einen Stillstand von Leber- und Nieren-Ki an. Meist liegt in so einem Fall auch eine Störung des Lungen-Ki vor, da die Lungen die Qualität des Ki bestimmen.

Es ist eine verbreitete Reaktion auf die Shiatsu-Behandlung, daß es zunächst zu Ausscheidungsreaktionen kommt, die wir »Entladungen« nennen. Diese können sich in Form von Kopfschmerzen, Geschwüren, Muskelschmerzen, Grippesymptomen oder verstärkter Müdigkeit äußern. Diese Reaktionen sind Hinweise darauf, daß die in Ihrem Körper befindlichen Giftstoffe von Ihrem neu belebten Lymphsystem aktiviert und über die Blutbahn ausgeschieden werden. Lassen Sie sich von diesen Entladungen nicht beunruhigen und machen Sie sich klar, daß hier ein Reinigungsprozeß in Ihrem Organismus vonstatten geht, der Ihnen guttut.

Kapitel 3

Shiatsu-Techniken

Wann Sie Shiatsu nicht anwenden sollten (Kontraindikationen)

Bei sich selbst oder einer Freundin Shiatsu anzuwenden, ist zugleich entspannend und vergnüglich. Es kann eine Menge Spaß machen und eine förderliche und heilende Wirkung haben. Trotzdem ist es wichtig, daß Sie, bevor Sie anfangen, wissen, was Sie tun und lassen sollten, um unnötiges Mißbehagen oder Streß zu vermeiden.

Sie können eine Shiatsu-Behandlung so oft anwenden und empfangen, wie Sie möchten. Es hilft bei einer Vielzahl von Beschwerden oder dient einfach zur Entspannung und zum Streßabbau. Es gibt jedoch Zeiten oder Umstände, in denen Shiatsu nicht geeignet ist oder in denen Sie einen professionellen Therapeuten oder einen Arzt aufsuchen sollten. Die erste Regel ist: Hören Sie auf Ihren gesunden Menschenverstand.

Sie müssen sowohl Ihren eigenen Zustand als auch den des Empfängers berücksichtigen. Sehen Sie von Shiatsu ab, wenn die potentielle Empfängerin

- hohes Fieber hat
- sich in einem Rausch- oder Vergiftungszustand befindet
- gerade gegessen hat – seit der letzten Mahlzeit sollten mindestens zwei Stunden vergangen sein
- unter chronisch hohem Blutdruck leidet – konsultieren Sie in so einem Fall vorher einen Arzt
- Leukämie hat
- sich im ersten Drittel einer Schwangerschaft befindet – konsultieren Sie in so einem Fall vorher einen Arzt
- an einer ansteckenden Hautkrankheit oder einer durch Tröpfcheninfektion übertragbaren Krankheit leidet (AIDS gehört hier nicht dazu, da beim Shiatsu keine Körperflüssigkeiten ausgetauscht werden)

Beachten Sie auch folgende Punkte:

- Wenn die Empfängerin erst vor kurzem operiert wurde, wenden Sie keine Techniken mit direktem Druck auf das Gewebe an.
- Wenn die Empfängerin gerade menstruiert, üben Sie keinen starken Druck auf den Bauch aus.
- Wenn die Empfängerin ein Intrauterinpessar (Spirale) trägt, üben Sie keinen starken Druck auf den Unterbauch aus.
- Wenn die Empfängerin unter Krampfadern leidet, üben Sie keinen direkten Druck auf die Venen aus.

Geben Sie keine Shiatsu-Massage, wenn Sie selbst

- sich sehr erschöpft fühlen oder in einem Rauschzustand befinden
- an einer durch Hautkontakt oder Speicheltröpfchen übertragbaren Krankheit leiden
- eigentlich keine Lust dazu haben – fragen Sie sich selbst, warum das so ist.

Shiatsu geben – Freunde werden

Es ist natürlich sehr praktisch, einen Partner zur Verfügung zu haben, wenn Sie Ihre Shiatsu-Techniken üben oder, was sicher häufiger der Fall ist, eine Shiatsu-Behandlung gegen Ihre eigenen Beschwerden und Streß bekommen möchten. Sie können natürlich mit einem Kissen und sogar mit einem Haustier üben, aber dabei entsteht nicht dasselbe Gefühl wie bei einem lebendigen, menschlichen freiwilligen Partner.

Wenn Sie ein kleines Kind haben, fordern Sie es auf, über die Rückseite Ihrer Beine, Ihren Po und Ihren Rücken zu gehen (niemals direkt auf der Wirbelsäule). Das macht Spaß und tut auch sehr gut. Kinder mit Shiatsu zu behandeln, ist leicht, schafft Vertrauen und ist sehr lohnend.

Wenn Sie Shiatsu gegen Ihre üblichen Menstruationsbeschwerden oder die Ihrer Tochter oder einer Freundin anwenden, werden Sie merken, daß es sowohl physisch als auch psychisch hilft.

1 + 1 = 1? Von Trennung und Vereinigung

Shiatsu eignet sich großartig dazu, eine Beziehung aufzubauen. Zwei Menschen mit völlig verschiedenen Lebensweisen und Hintergründen können sich zu einer Shiatsu-Behandlung treffen. Einer von Ihnen oder beide sind dazu bereit, einige Techniken auszuprobieren, wirklich zu experimentieren, und Sie können sich vorstellen, daß das eine entspannende Erfahrung sein wird. Sie beginnen mit unterschiedlichen Vorstellungen oder Erwartungen als Individuen. Es ist Ihre Aufgabe, einander die guten Absichten mitzuteilen. Da einer dem anderen vermutlich helfen will, handelt es sich auf alle Fälle um eine zweigleisige Kommunikation.

Leerer Geist oder »Baby-Geist«

Wenn Sie und Ihr Partner ruhig nebeneinandersitzen, machen Sie ein paar tiefe Atemzüge und entspannen Sie Ihren Geist. Versuchen Sie in einen Zustand des leeren Geists oder »Baby-Geists« zu gelangen – wie ein Baby, das zum ersten Mal eine Rassel sieht und berührt, den Geist frei von Ablenkungen und in seinem ganzen Sein auf diese Rassel konzentriert und fokussiert. Der Geist ist dann leer und aufnahmefähig für neue Informationen.

Wenn Sie eine Hand sanft auf dem Kreuzbein Ihres Partners ruhen lassen, spüren Sie seine Atmung, Körpertemperatur, An- oder Entspannung. Das ist die sogenannte Einstimmung auf Ihren Partner. Eine Voraussetzung für den »leeren« Geist ist, Ihr Ego loszulassen und Ihre Gedanken an das Selbst zu zerstreuen. Füllen Sie Ihren Geist statt dessen mit Gedanken an Ihren Partner – ist seine Atmung gleichmäßig und tief, ist der Teil des Körpers, den Sie spüren, warm und kräftig, fühlen Sie, wie er sich unter Ihrer Berührung entspannt? Wenn Ihrem Partner Ihre ganze Aufmerksamkeit gehört, sind Sie nicht länger zwei getrennte Individuen – Ihr Ki hat sich berührt, und je weiter die Behandlung fortschreitet, desto mehr werden Sie »in Stimmung« geraten. Viele Menschen haben danach das Bedürfnis, einander zu umarmen, weil eine neue Beziehung zwischen ihnen entstanden ist.

Ihre Behandlungsweise

Die erste Überlegung, wenn man Shiatsu anwenden will, ist, *wie* man den anderen berührt. *Berührung* kann entspannend, stimulierend oder auch schmerzhaft sein. Verschiedene Menschen und verschiedene Symptome verlangen eine unterschiedliche Behandlungsweise und unterschiedliche Techniken. Soll es eine tiefe, das Gewebe stimulierende oder eher eine bewegungsorientierte Behandlung aus Schaukel- und Dehnübungen sein, die »überschüssiges« Ki zerstreut? Oder ist eher eine von Ruhe geprägte Behandlung mit sanfteren Halteübungen gefragt, die ein bereits erschöpftes, von »Mangel« geprägtes System wieder aufbauen soll, indem sie seine Reserven sammelt? Zu letzterer Methode können sogar Techniken gehören, bei denen man »körperfern«, auf der ätherischen Ebene des Ki, arbeitet.

Ihre Behandlungsweise ist ein wichtiger Punkt, aber in der Regel genügt es, wenn Sie sich auf Ihren gesunden Menschenverstand verlassen. Würden Sie sich beispielsweise Ihre neunzigjährige gebrechliche und etwas skeptische Großmutter vornehmen und denken: »Ok, ich werd' sie ein bißchen auf dem Futon herumrollen, sie dann schaukeln, bis ihr die Zähne klappern und schließlich noch ein paar Sumo-Ringer-Dehnübungen mit ihr machen.«? Das ist ja nun nicht gerade das Naheliegendste und würde Ihrer Großmutter sicher auch mehr schaden als nützen, denn es würde ihr ohnehin nur noch »mangelhaft« vorhandenes Ki regelrecht aus ihr herausschütteln. Wenn Sie eine sportliche, bewegliche Person behandeln, deren Vorstellung von Entspannung zum Beispiel aus 40 Liegestützen zwischen Müsli und Frühstücksei besteht, jemand, der eine gelegentliche »richtig gute, richtig starke« Dehnung schätzt, dann können Sie eine bewegungsorientierte Behandlung durchführen.

Der Mensch, den Sie normalerweise behandeln, wird vermutlich irgendwo zwischen diesen beiden Extremen liegen und entsprechend ein bißchen von beiden Behandlungsmethoden benötigen. Denken Sie immer daran, Ihren Partner zu *fragen,* ob es sich gut anfühlt.

Berührung und Druck

Wenn Sie am Ende der Behandlung den Eindruck haben, Ihre Berührung fühle sich an wie eine ermutigende, nachdrückliche Umarmung, dann können Sie mit sich zufrieden sein. Wenn Ihr Partner Ihre Berührung genauso empfindet, um so besser. Versuchen Sie, Ihre Hände als »Verlängerung« Ihres Herzens zu benutzen. Lassen Sie Ihre Hand den Konturen der Muskeln Ihres Partners folgen. Üben können Sie das beim Händeschütteln – achten Sie einmal darauf, wie sich die Hände dabei ineinander schmiegen. Nutzen Sie die gleiche Art des Körperkontakts beim Shiatsu. Bei Techniken, wo es darum geht, auf Energien zu »lauschen«, darf Ihre Berührung nur ganz leicht sein, bei solchen mit Tiefenwirkung auf das Gewebe dagegen sehr fest.

Das Umschalten

Beim Shiatsu sind immer beide Hände in Kontakt mit dem Empfänger. Die eine Hand ist die »zuhörende« und befindet sich konstant an einem Ort. Die andere ist der »Sender«, der aktive Partner, der ausführt, was die lauschende Hand ihm aufträgt. Das Gleichgewicht der beiden Hände stellt die Grundlage des Shiatsu dar.

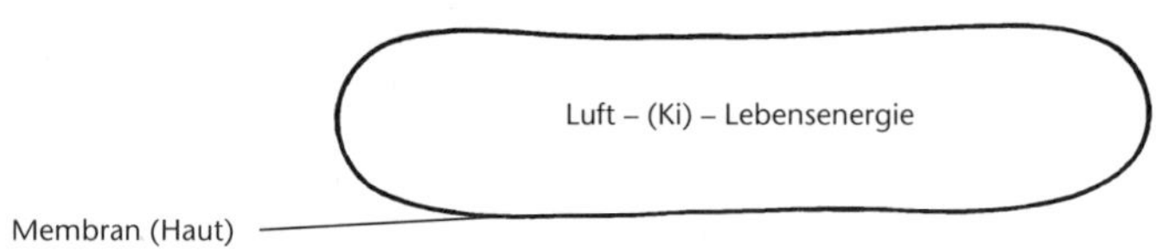

Stellen Sie sich vor, Ihre Hände ruhten auf einem länglich geformten Ballon. Wenn Sie nur mit einer Hand draufdrücken, entsteht eine Verformung, und der Ballon gibt dem Druck nach. Die Verformung stellt ein Ungleichgewicht dar und schafft eine Region des Übermaßes, eine Zone mit aufgestautem Ki, und eine entsprechende Region des Mangels, wo das Ki fehlt (siehe Abb. 3.1). Während Sie Druck mit der ersten Hand (der Zuhörer-Hand) ausüben, beginnen Sie gleichzeitig, den entsprechenden Druck in Ihre Sende-Hand zu schicken, mit dem Ziel, eine Art Druckausgleich zwischen beiden zu erzeugen. Das Er-

Abb. 3.1
Ki-Überschuß und
Ki-Mangel

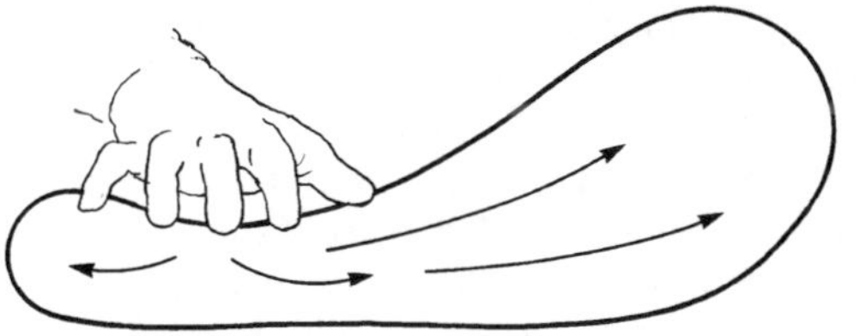

Der Druck einer Hand stört den Fluß des Ki

Abb. 3.2
Ki im Gleichgewicht

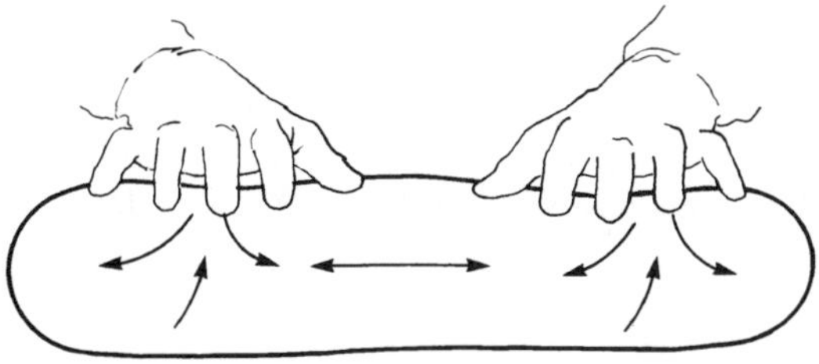

Der Druck der zwei Hände sorgt für ein Gleichgewicht des Ki

gebnis ist, daß der Ballon sich kaum verformt und Sie an beiden Händen ungefähr den gleichen Druckwiderstand spüren (siehe Abb. 3.2).

An diesem Punkt geschieht etwas Interessantes mit Ihrem vegetativen Nervensystem, den unbewußt gesteuerten Nerven, die Funktionen wie die Atmung oder die Darmperistaltik steuern. Es schaltet von Abwehrhaltung (seinem aktivierten Zustand) auf einen verlangsamten, ruhigen, passiven Modus um. Das vegetative Nervensystem besteht aus zwei wichtigen Komponenten, dem Sympathikus und dem Parasympathikus. In einfachen Worten ist der Sympathikus dafür zuständig, Sie in die Gänge und zum Handeln zu bringen (Yang), der Parasympathikus dagegen eher für Entspannung und das Fühlen.

Wenn Sie aggressiv berührt werden, geht der Sympathikus in Verteidigungsstellung und sorgt für die Festigung des Muskelgewebes und das Zurückschalten der Organfunktionen, in Vorbereitung auf potentiellen Schmerz. Der Instinkt »Fliehen oder kämpfen« wird aktiviert. Wei Ki (die wilde und couragierte Wehrenergie) wird stimuliert und ist im Übermaß vorhanden. Sollte die Berührung jedoch sanft und liebevoll sein, wird der Körper sie von Beginn an als solche dechiffrieren und die Absichten hinter der Berührung erkennen. Sobald es davon überzeugt ist, daß keine Gefahr droht, tritt das sympathische Nervensystem zurück und überläßt bereitwillig dem Parasympathikus das Feld, der für Entspannung und Offenheit sorgt. Dies ist der Punkt, an dem der Heilungsprozeß beginnt und den wir als Umschalten bezeichnen.

Das Umschalten geschieht bei diesem Wechsel zwischen den beiden Systemen, und die Reaktion ist an dem Meridian oder Tsubo (Druckpunkt), den Sie gerade bearbeiten, als Pulsieren oder Nachgeben zu spüren. Normalerweise spürt Ihre zuhörende Hand es zuerst, dann folgt die Sende-Hand. Manche Menschen vergleichen dieses Gefühl mit dem Sichöffnen einer Blüte oder dem Schmelzen von Butter. Das Gefühl ist Erleichterung nach anfänglicher Spannung. Wo Überfluß (auf Japanisch *Jitsu*) herrscht, wird das Umschalten ziemlich schnell passieren, da hier eine Menge Ki in Bewegung ist. Wenn Ki-Mangel (*Kyo*) vorliegt, wird das Umschalten langsamer vonstatten gehen, während sich der Übergang von der Leere zum Gleichgewicht vollzieht.

Das Tsubo

Die Intensität des Drucks, den Sie ausüben, hängt vom Zustand des Muskels, des Fleischs und der Meridian-Energie ab. Ein Mensch mit kräftigen Muskeln und einem generell ausgeglichenen Energie-Haushalt wird stärkeren, tieferen Druck als wohltuend empfinden, den ein untrainierter bereits als schmerzhaft registrieren würde. Fragen Sie Ihren Partner danach, was er als angenehm empfindet. Das hängt auch vom Zustand der Meridiane und Druckpunkte ab.

Die Druckpunkte (auf japanisch *Tsubo*, was soviel bedeutet wie Vase) sind Bereiche konzentrierter Energie entlang der Meridiane. Manche Tsubo sind fester und widerstandsfähiger (Überfluß), andere weich und nachgiebig (Mangel), wieder andere fühlen sich bei Berührung vibrierend und elastisch an (siehe Abb. 3.3). Stellen Sie sich jeden Tsubo oder Druckpunkt als Vase vor. Legen Sie Ihren Daumen auf die Öffnung der Vase und dringen Sie in sie ein, indem Sie Ihr Körpergewicht und Hara (den Bauch, das physikalische Zentrum Ihres Körpers, den »Ozean des Ki«, das sich hier ansammelt) aufwenden.

Probieren Sie folgende Übung aus, um sich daran zu gewöhnen, mit Ihrem Hara zu arbeiten. Knien Sie sich hin und legen Sie die Hände auf ein Kissen. Ihr Bauch (Hara) ist entspannt, und der Nabel bildet das Zentrum Ihrer Schwerkraft. Atmen Sie aus, während Sie langsam Ihr Gewicht von der linken auf die rechte Hand verlagern. Variieren Sie den Druck, den Sie auf das Kissen ausüben, indem Sie

Abb. 3.3
Ein Tsubo im Gleichgewicht, Ki-Überfluß
und Ki-Mangel

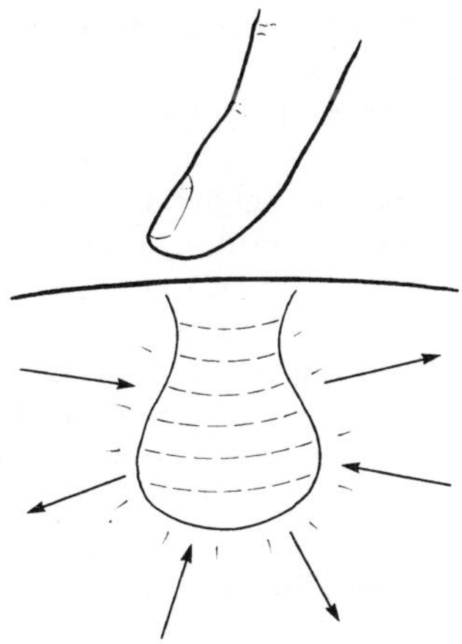

Gleichgewicht: sieben Energieschichten
eines pulsierenden Tsubo mit
fließendem Ki

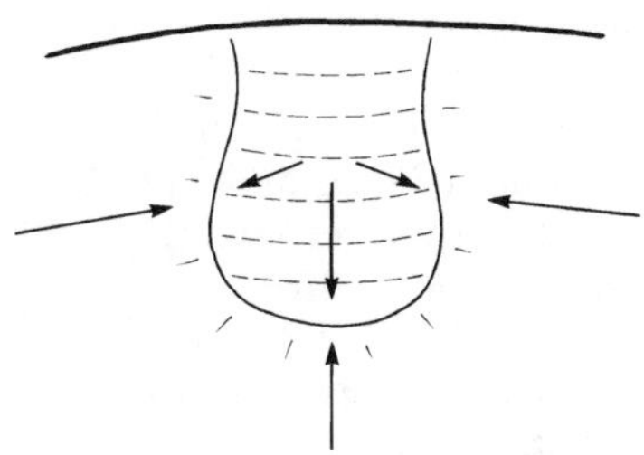

Überfluß: Die Energie staut sich im Tsubo und
verursacht einen Stillstand des Ki – die Aktivität
kommt zum Erliegen

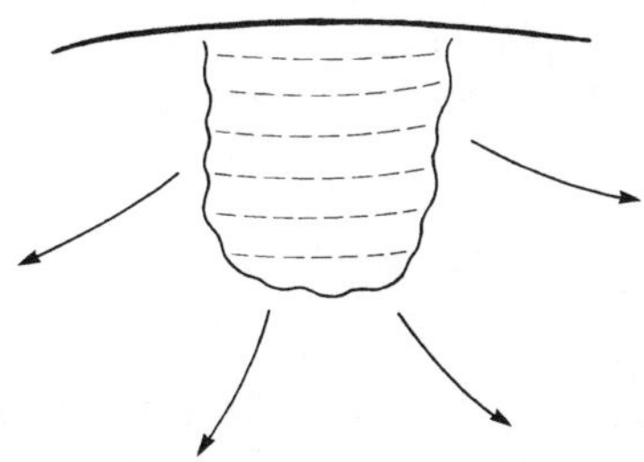

Mangel: Die Energie hat dieses Tsubo verlassen
und einen Ki-Mangel erzeugt

Ihr Gewicht verlagern. Benutzen Sie dabei nicht Ihre Armmuskeln.

Machen Sie diese Übung, bevor Sie, wie oben beschrieben, Druck auf Ihr Tsubo ausüben. Vermeiden Sie es dabei, Muskelkraft einzusetzen, da diese »scharf« ist und das sympathische Nervensystem aktiviert. Üben Sie den Druck so lange aus, bis Sie spüren, wie sich jegliche Spannung löst und Ihr Daumen tiefer auf den Grund des Tsubo sinkt.

Sie müssen den Druck senkrecht auf den Teil des Körpers ausüben, den Sie behandeln, so daß Sie nicht aus Versehen schräg über das Tsubo hinwegrutschen. Wenn Sie den Boden des Tsubo erreicht haben, tritt eine tiefere Form der Entspannung ein, da das blockierte Ki nun fließt wie das Wasser einer bis dahin verschlossenen Quelle.

Die richtige Haltung

Die richtige Haltung ist von entscheidender Bedeutung, um Shiatsu von guter Qualität geben zu können. Wenn Sie sich wohlfühlen und entspannt sind, wird Ihre Behandlung entsprechend verlaufen. Um Entspannung erzeugen zu können, müssen Sie selbst wirklich entspannt sein.

Hier einige Grundregeln:
- Nehmen Sie beim Knien die Knie weit auseinander.
- Halten Sie Ihren Brustkorb offen, den Kopf leicht erhoben.
- Sinken Sie in Ihr Hara.
- Halten Sie die Ellbogen weich gestreckt.
- Bringen Sie Ihre Schultern über Ihre Hände, wenn Sie Druck ausüben.
- Bewegen Sie sich immer durch Ihr Hara und minimieren Sie die Muskelspannung.
- Kontrollieren Sie Ihre Atmung und üben Sie Druck aus, wenn Ihr Partner ausatmet.
- Drücken Sie nie mit zuviel Nachdruck oder gar mit Gewalt.

Ihre Werkzeuge

Daumen
Beim Geben von Shiatsu sind sie Ihre wichtigsten Werkzeuge. Wenn Sie Druck auf ein Tsubo ausüben, tun Sie das eher mit der Fläche als mit der Fingerspitze. Wo immer es möglich ist, halten Sie Ihre Arme

leicht gestreckt, um sicherzugehen, daß Sie Ihr Körpergewicht und nicht Ihre Armmuskeln verwenden. Und versuchen Sie, mit den Schultern über Ihren Daumen zu stehen, während Sie sich in das Tsubo lehnen.

Handflächen und Ellbogen
Sie können Ihren Handballen benutzen, um Druck auf ein Tsubo, einen Meridian oder einen Muskelbereich auszuüben. Stützen Sie sich auf diesen Bereich, wie Sie es mit Ihren Daumen machen würden. Der Druck der Handflächen erreicht ein größeres Gebiet und ist vielleicht weniger sensibel für Sie oder Ihren Partner. Wir verwenden die Handflächen üblicherweise für die Behandlung von Armen, Beinen und manchen Rückenregionen.

Die breite Spitze Ihres Ellbogens und/oder Ihr Unterarm sind manchmal sehr effektiv, wenn es darum geht, tieferen und durchdringenderen Druck auf verspannte Muskeln in den Schultern, an Rücken oder Gesäß auszuüben. Bleiben Sie immer unterhalb Ihrer Schmerzschwelle beziehungsweise der Ihres Partners.

Knie
Ihre Knie können ein sehr nützliches Werkzeug sein, besonders wenn Sie jemanden behandeln, der größer ist als Sie selbst. Wenn Sie beispielsweise ein Knie (der Kontaktpunkt liegt knapp unterhalb Ihrer Kniescheibe) auf dem Gesäß Ihres Partners plazieren und sich hineinlehnen, erzielen Sie einen leichten oder stärkeren Druck in einem relativ großen Gebiet. Mit der Zeit werden Ihre Knie genauso empfindlich für die Wahrnehmung des Umschaltens werden wie Ihre Hände. Kniedruck wird vor allem für die Rückseiten der Beine, das Gesäß und manchmal für bestimmte Bereiche des Rückens verwendet.

Kenbiki – Knettechniken

Bei diesen Techniken wird vor allem die Haut gezogen, gedrückt, gekniffen und gerubbelt, um auf wirkungsvolle Weise die Blut- und Ki-Zirkulation in einem Gebiet anzuregen. Sie wirken tiefer als das einfache Reiben der Hautoberfläche. Ziel ist es, zu stimulieren und die Spannung im subkutanen Gewebe und den Faszien unter der Hautoberfläche zu lösen. Aber es wird nicht nur die Zirkulation beeinflußt, indem man das Herz-Ki aktiviert, sondern auch die sensorischen Nerven, die Talg- und Schweißdrüsen, die für eine geschmeidige, lebendige Haut unabdingbar sind. Die Poren der Haut werden aktiviert und reagieren dann besser auf Veränderungen der äußeren Umgebung.

Diese Techniken wendet man üblicherweise auf die Rückenmuskulatur an, die dazu tendiert, sich zu verkürzen und zu verspannen. Da es sich bei diesen Muskeln fast ausschließlich um »Haltungsmuskeln« handelt, die Ihren Körper aufrecht und im Gleichgewicht halten, verursachen diese Störungen Fehlhaltungen. Die schlagen sich wiederum manchmal in Funktionsstörungen von Organen, insbesondere denen in der Beckenregion nieder.

Die Muskeln entlang der Wirbelsäule zu kneten und zu drücken, ist belebend und entspannend zugleich und fördert die Kommunikation zwischen dem Rückenmarksnerv und den einzelnen Organen (siehe Abb. 3.4 und 3.5).

Dehnungen

Die Dehnung der Meridiane, und damit zugleich auch der Muskeln und Sehnen, hilft, ermüdete und chronisch verkürzte Fasern wieder ins Gleichgewicht zu bringen und blockierte Meridiane wieder zu öffnen. Wie ein Gartenschlauch, in dem das Wasser besser fließt, wenn er gerade ist, so wird ein »verknoteter« Meridian, inmitten von verspanntem Muskelgewebe, durch die Dehnung wieder durchlässiger. Dehnungen müssen mindestens 10 bis 15 Sekunden gehalten werden, um dem »Gewebe-Gedächtnis« das Umschalten von chronischem Widerstand auf Entspannung zu erlauben. Lassen Sie Ihren Partner sich mit ausgestreckten Armen auf den Rücken legen. Setzen Sie sich neben ihn und umschließen Sie seine Handfläche und sein Handgelenk mit sanftem, aber zugleich festem Griff. Ziehen Sie langsam und vorsichtig an seinem Arm, bis Sie den Widerstand der Muskelspannung fühlen. Gehen Sie dabei nicht zu weit, es soll nur eine sanfte Dehnung sein. Achten Sie auf die Schulter und fühlen Sie, wie sich das Schultergelenk öffnet. – Sich in eine Körperregion hineinzudenken, bewegt das Ki.

Wiederholen Sie Dehnübungen regelmäßig, um Ihren Körper in einen stabilen, entspannten Zustand zu bringen (siehe Übungen S. 144–152 in Kapitel 7).

Abb. 3.4 Kenbiki-Techniken

Abb. 3.5 Kenbiki-Techniken

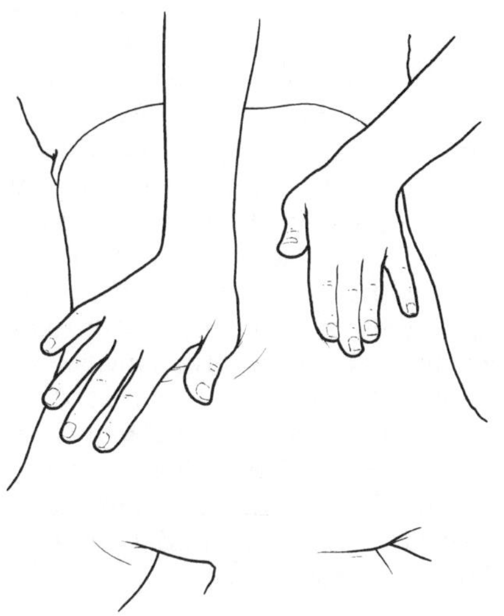

Die Gelenke mobilisieren – Schaukel- und Schütteltechniken

Das Yin (potentielles Ki) ist in den Gelenken gespeichert, die als verbindende oder kommunizierende Pfade dienen und auch dazu, Sie als Einheit zusammenzuhalten. An den Gelenken der Extremitäten liegen die Tsubo enger beieinander, und auch die Meridiane laufen dort zusammen. Bewegungsmangel bewirkt, daß das Yin in den Gelenken bleibt und nicht zu den Muskeln transportiert wird. Steife Gelenke und Muskeln signalisieren ein stagnierendes Ki in den Muskeln und stagnierendes Blut in den Gelenken. Vorsichtiges Schütteln und Schaukeln der Gelenke und Gliedmaßen sorgt allgemein für ein besseres Fließen des Bluts und des Ki durch diese Körperregionen und für zunehmende Beweglichkeit.

Machen Sie dieselbe Übung wie beim Dehnen, doch fügen Sie der Dehnung gleichzeitig eine leichte, schüttelnde Bewegung hinzu. Stellen Sie sich vor, Sie würden ein Handtuch ausschütteln, benutzen Sie dabei jedoch Ihre Arme weniger kraftvoll. Führen Sie die Bewegung mit relativ geringer physischer Aktion des Armes im Geiste weiter aus.

Das Schaukeln ist eine fundamentale Entspannungsmethode von unserer Zeit im Mutterleib an. Als Kind geschaukelt zu werden, konnte Sie (manchmal) beruhigen, und selbst als Erwachsener werden Sie sich vielleicht bei großem Streß selbst ein bißchen schaukeln, um zur Ruhe zu kommen. Sanftes rhythmisches Schaukeln wird im Rahmen der Shiatsu-Behandlung das sympathische Nervensystem beruhigen und so eine tiefere Form der Entspannung und die Ableitung von im Körper aufgestauten Giftstoffen ermöglichen.

Probieren Sie diese Technik mit einem Partner aus. Legen Sie sich dazu mit ausgestreckten, geschlossenen Beinen auf den Rücken. Lassen Sie Ihren Partner Ihre Füße ergreifen und sie sanft in Richtung Ihres Kopfes »schaukeln«; es sollte eine rhythmische, zweiminütige Bewegung sein, wobei etwa eine Bewegung pro Sekunde erfolgt. Das soll Sie entspannen und die Giftstoffe in Bewegung bringen, indem das lymphatische System angeregt wird (siehe Abb. 3.6).

Sie werden sich vielleicht einen Tag lang etwas »gebeutelt« fühlen, weil die Giftstoffe zu ihrer Elimination in den Blutkreislauf gelangen, aber denken Sie daran, daß es besser ist, sie schlußendlich aus dem Körper draußen zu haben.

Klopftechniken

Diese Techniken werden angewandt, um einen vibrierenden Widerhall zu erzeugen, der das Muskelgewebe bis zu den darunterliegenden Knochen durchdringt. Das Nieren-Ki kontrolliert die Gesundheit der Knochen, und die Stärke Ihrer Knochen spiegelt Ihre konstitutionelle Quelle, das Nieren-Jing (die Energie, mit der Sie geboren wurden und die sich während der Kindheit weiterentwickelt hat).

Der Empfänger liegt ausgestreckt auf dem Rücken. Der Geber »schaukelt« die Füße etwa zwei Minuten lang mit einer rhythmischen Bewegung in Richtung Kopf.

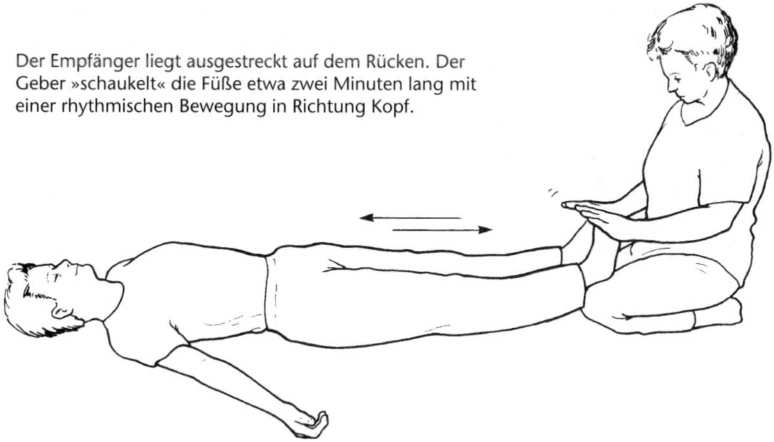

Abb. 3.6 Lymphdrainage

Bei den Klopftechniken benutzt man entweder die lockere Faust oder die gewölbte Hand, um verschiedene Körperpartien zu bearbeiten (siehe die Do-In-Übungen in Kapitel 7). Dies stimuliert das Nieren-Ki, das gesamte Meridian-Netz und aktiviert auch die Meridiane, die bearbeitet werden.

Behandlung der »Ich komm' da nicht hin«-Regionen

Es gibt in diesem Buch immer wieder Hinweise für die Behandlung von Tsubo am Rücken und auf dem Po. Das ist kein Problem, wenn Sie eine Freundin haben, die Ihnen dabei hilft; wenn Sie sich selbst behandeln, könnte das Probleme bereiten. Mit Tennis- oder Golfbällen und einem alten Socken können Sie sich behelfen. Nehmen Sie zwei Tennisbälle und stecken Sie sie in den Socken. Knoten Sie die beiden Enden zusammen, so daß die Bälle in der Mitte liegen. Ihr »Werkzeug« ist jetzt fertig zur Benutzung.

Legen Sie sich so auf den Rücken, daß die Tennisbälle sich rechts und links von Ihrer Wirbelsäule befinden (dort, wo Ihr Blasen-Meridian verläuft). Bewegen Sie die Bälle zu dem gewünschten Tsubo oder an irgendeine Stelle, wo Sie Schmerzen oder Verspannungen spüren. Das könnte am Anfang zu zusätzlichen Spannungen führen, atmen

Sie deshalb tief durch, versuchen Sie, Ihren Körper zu entspannen und auf die Bälle sinken zu lassen. Die Bälle werden sich langsam nach Ihren Konturen formen und Ihr Tsubo stimulieren. Bleiben Sie drei bis fünf Minuten in dieser Position oder auch länger, wenn Sie das als angenehm empfinden.

Einzelne Tennisbälle können Sie in die Wölbung jeder Pobacke legen, um die Fortpflanzungsorgane direkt zu stimulieren und allgemein den Po zu entspannen. Wenn Sie das Gefühl haben, daß die Tennisbälle nicht tief genug eindringen, oder wenn Sie einfach einen festeren, »positiveren« Druck bevorzugen, verwenden Sie statt dessen Golfbälle. Benutzen Sie sie genauso wie die Tennisbälle.

Schmerz – was ist das?

Menschen lassen sich aus vielerlei Gründen mit Shiatsu behandeln; körperliche Beschwerden und Schmerzen sind die häufigsten Ursachen. Emotionaler oder psychischer Schmerz ist vielleicht nicht so leicht aufzuspüren, doch das bedeutet nicht, daß er nicht vorhanden wäre, und die »Narben« können auch hier sehr tief sein.

Wenn Sie verschiedene Punkte oder Regionen Ihres Körpers berühren, bewirken Sie damit unterschiedliche Reaktionen: manche angenehm, manche schmerzhaft. Schmerz zeigt Ihnen an, daß etwas nicht in Ordnung ist. Sollten Sie sich aus Arroganz oder Naivität dazu entscheiden, den Schmerz zu ignorieren, werden Sie zweifellos einen schlimmeren und länger dauernden Schaden erleiden. Nach energetischem Verständnis stellt Schmerz ein Symptom für stagnierendes Ki oder Blut dar oder beides zugleich.

Wenn der Schmerz örtlich begrenzt ist, mit der Ausübung von Druck schlimmer und stechender wird, zeigt das einen Überschußzustand an. Der Schmerz eines Mangelzustands ist großflächiger und schwächt sich bei fortgesetztem Druck, der wie eine schmerzhafte, aber doch lohnende Erleichterung wirkt, etwas ab. Beim Shiatsu arbeiten wir mit dem Schmerz. Der Druck hilft das stagnierende Ki und Blut zu befreien, und der Schmerz wird schrittweise verringert.

Anregung und Beruhigung

Mit der Information des Körpers über die Schmerzreaktion und die Umschaltgeschwindigkeit können Sie entscheiden, ob Sie einen Meridian oder eine Körperregion anregen oder entspannen wollen. Zur Aktivierung gehört das Zusammenziehen oder Sammeln von Energie in einem Gebiet, wo ein Mangel an Ki und Blut herrscht. Es erfordert Halte-Techniken, bei denen Sie geduldig auf das Umschalten warten. Auch sanfte Dehnungen helfen gegen die Steifheit und Unbeweglichkeit, die diese Form der Leere verursachen. Beruhigende Techniken umfassen kräftig ausstreichende, klopfende, stimulierende und stark dehnende Bewegungen, um das stagnierende Ki und Blut in Richtung von Mangelregionen in Fluß zu bringen. Also

- aktivieren wir bei Mangel und
- beruhigen bei Überfluß.

Kyo und Jitsu

Manche Anregungstechniken erfordern das gleichzeitige Halten einer Region mit großem Mangel (*Kyo*) und einer mit großem Überfluß (*Jitsu*), bis das Jitsu weich wird und das Kyo mehr Spannung aufbaut.

Kyo und *Jitsu* sind Begriffe, die den Energiefluß im Verhältnis zum physischen Körper beschreiben. Ein Mangel an Lebensenergie entspricht der Leere; ein Überfluß bedeutet ein Zuviel an Lebenskraft – wie in einem Raum, in dem sich zu viele Menschen aufhalten. Es sind also relative Zustandsbeschreibungen für Leere und Fülle. Deshalb gilt:

- Beruhigung = leeren/verteilen von Jitsu-Gebieten
- Anregung = füllen/sammeln von/in Kyo-Gebieten

Der physische Körper fungiert als eine Art Grenze oder greifbarer, aber durchlässiger Behälter für verschiedene Formen von Energie in Bewegung und für den energetischen Körper (siehe Abb. 3.7). (Licht- und Schallwellen sind weniger dicht.) Der physische Körper steht uns für die optische Diagnose zur Verfügung, er enthält aber auch andere Aspekte unserer Interaktion mit unserer Umgebung – emotionale, physiologische und spirituelle Energien. Diese Energien werden durch die Art, wie der physische Körper sich im Alltag bewegt, deutlicher sichtbar. Aus dieser Beobachtung können wir erkennen, wie sich eine psycho-energetische Beziehung entwickelt. Veränderungen des Energiesystems rufen auch Veränderungen in den greifbareren Körpersystemen und ihrem emotionalen und psychischen Zustand hervor. Körperliche Symptome, aber auch psychische und emotionale Krankheitszeichen sind wertvolle Hinweise bei der Entscheidung, ob Kyo oder Jitsu vorliegt, und, folglich, beim Entwickeln einer effektiven Behandlung.

Abb. 3.7
Der Kyo-Jitsu-Kreis
der Verformung

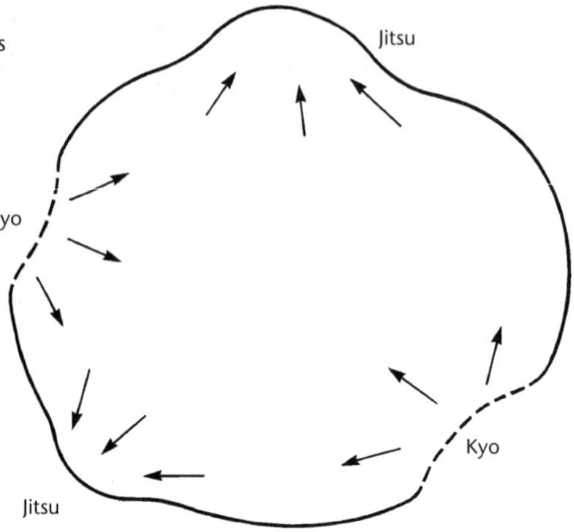

Einige Ausprägungen von Kyo und Jitsu:

Kyo	**Jitsu**
Leer	Voll
Mangel	Überfluß
Hohl	Gefüllt
Weich	Hart
Tiefe	Oberfläche
Wollen	Widerstehen
Versteckt	Offensichtlich
Kalt	Heiß
Mangel an Lebenskraft	Überschuß an Lebenskraft
Niedriger Blutdruck	Hoher Blutdruck
Locker	Fest
Zusammenbruch	Schutz
Ursache	Wirkung
Aktion	Reaktion
Yin	Yang
Verstreut	Gesammelt
Bewegungslosigkeit	Bewegung
Chronisch	Akut

Diese Phänomene können sich emotional manifestieren. Beispielsweise könnte eine Person mit Ki-Mangel zu wenig Lebenskraft haben, vielleicht sehr fordernd sein und zugleich zurückhaltend in ihrer Kommunikation. Die Eigenschaften können sich auch in der körperlichen Erscheinung niederschlagen.

Eine Kyo-Region zeigt vielleicht einige oder alle folgenden Symptome: Sie erscheint weicher, eingesunken, bei Berührung fehlt der Widerstand, Druck löst einen dumpfen Schmerz aus.

Eine Jitsu-Region erscheint dagegen fest bis hart, scheint sich gegen die Berührung zu wehren und erzeugt bei fortgesetztem Druck einen stechenden Schmerz.

Auswirkungen auf das vegetative Nervensystem

Wenn Sie ein Tsubo oder einen Meridian behandeln, müssen Sie die Wirkung auf das System als Ganzes, vom energetischen und körperlichen Standpunkt aus in Betracht ziehen. Ein Tsubo ist ein energetischer Sammelpunkt, der die Dynamik des Meridians und der mit ihm verbundenen *Zangfu*-Organe widerspiegelt. »Zangfu« ist ein Begriff, der die verschiedenen Funktionen und strukturalen Beziehungen der zwölf Organe und Meridiane in zwei Gruppen unterteilt: Zang-Organe und Fu-Organe (Näheres dazu in Kapitel 5). Die eher »massiven« *Zang*-Organe produzieren oder sammeln Ki und Blut; die »hohlen« *Fu*-Organe regen die Verarbeitung von Ki und Blut an und sind für die Beseitigung von Abfallstoffen zuständig.

Wenn sich ein Tsubo im Jitsu-Zustand (Überfluß) befindet, zeigt das an, daß eine »Spannung« vorliegt, die den Fluß von »Information« (Ki) behindert. Das gleiche gilt für den Kyo-Zustand (Mangel). Die Beziehungen zum vegetativen Nervensystem sind wie folgt:

Jitsu verursacht	eine zu starke Aktivierung des sympathischen Nervensystems eine zu schwache Aktivierung des parasympathischen Nervensystems
Kyo verursacht	eine zu starke Aktivierung des parasympathischen Nervensystems eine zu schwache Aktivierung des sympathischen Nervensystems

Um bei einem Tsubo oder Meridian ein »Gleichgewicht« herzustellen, wendet man die bereits beschriebenen Techniken zur Aktivierung oder Beruhigung an. Diese haben je nach Ursache des Ungleichgewichts folgende Wirkung:

Beruhigung	besänftigt das sympathische Nervensystem regt das parasympathische Nervensystem an
Aktivierung	besänftigt das parasympathische Nervensystem regt das sympathische Nervensystem an

Kapitel 4

Shiatsu zu zweit

Es ist eine wundervolle Sache, Shiatsu zu geben und zu empfangen. Sie teilen dabei eine sehr enge und persönliche Erfahrung, und das schafft ein besseres Verständnis zwischen zwei Menschen, egal ob es sich dabei um Ihren Partner, Ihr Kind oder eine Freundin handelt. Shiatsu kann die Beziehung zwischen Eltern und Kind stärken und negative Gefühle zwischen Partnern oder Freunden viel besser auflösen als Worte. Probieren Sie es doch einfach selbst aus!

Bevor Sie beginnen, ist es wichtig, sich ein paar Gedanken über die Umgebung, in der Sie Shiatsu geben wollen, zu machen. Es sollte sauber, warm, gemütlich und entspannt sein – also ohne laute Musik und ohne Fernseher, der im Hintergrund läuft. Sie können leise, sanfte Musik zur Entspannung hören, und auch gedämpftes Licht statt greller Beleuchtung kann helfen. Manche Leute mögen dabei Kerzenlicht und Räucherstäbchen (nach der fernöstlichen Philosophie helfen Kerzen und Räucherwerk, einen Ort von negativen Einflüssen zu reinigen). Gestalten Sie es einfach so, wie es Ihnen beiden angenehm ist.

Bei professionellen Shiatsu-Behandlungen ist der Empfänger komplett angezogen, aber wenn Sie Ihren Partner behandeln, können Sie beide nach Belieben angezogen oder nackt sein. Das hängt natürlich auch vom Ort ab, an dem Sie die Behandlung vornehmen.

Grundregeln für die Selbstbehandlung und die Behandlung eines Partners

In der Bauchlage

Vorbereitung

- Nehmen Sie sich, bevor Sie mit der Behandlung beginnen, immer ein paar Augenblicke Zeit, um sich und Ihren Partner, der mit dem Gesicht nach unten auf dem Bauch liegen sollte (siehe Abb. 4.1), einzustimmen. Setzen Sie sich im Seiza-Sitz (Fersensitz) links neben Ihren Partner. Legen Sie eine Hand auf sein Kreuzbein.
- Sitzen Sie ruhig und regulieren Sie Ihre Atmung, machen Sie Ihren Geist frei und konzentrieren Sie sich darauf, wie sich Ihr Partner jetzt gerade anfühlt.

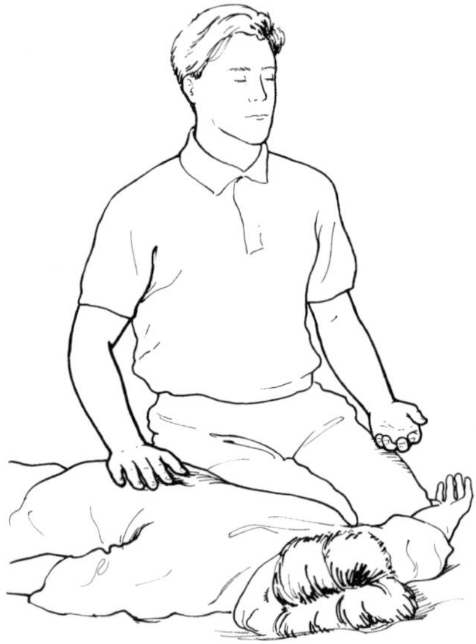

Abb. 4.1

Neben der Wirbelsäule entlangdrücken

- Messen Sie zwei Finger breit oder 1,5 Cun von der Mitte der Wirbelsäule aus ab. (Cun ist eine körperbezogene individuelle Maßeinheit und entspricht der Daumenbreite des Empfängers.)
- Üben Sie mit Ihren Handballen Druck neben der Wirbelsäule aus, während Ihre Finger seitlich nach außen zeigen (siehe Abb. 4.2). Beginnen Sie oben am Rücken, zwischen den Schulterblättern, und arbeiten Sie sich die gesamte Länge des Rückens hinunter. Wiederholen Sie die Behandlung dreimal.

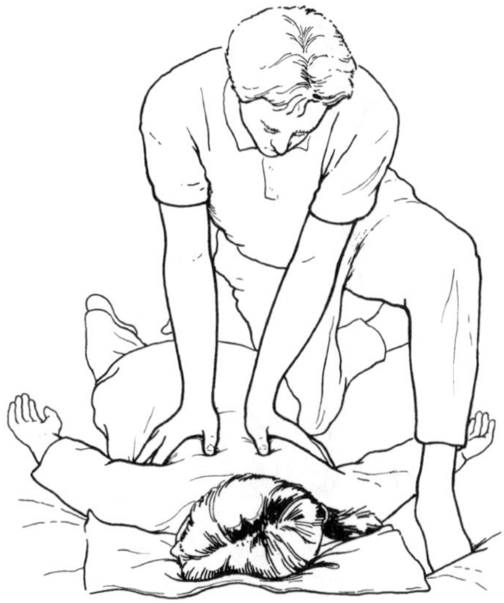

Abb. 4.2

- Bitte beachten: Halten Sie Ihre Ellbogen gestreckt und nutzen Sie das Gewicht Ihres Körpers, während Sie mit Ihrem Hara arbeiten. Benutzen Sie Ihre Handflächen und üben Sie immer dann Druck aus, wenn Ihr Partner ausatmet.

Den Rücken schaukeln

- Knien Sie sich im 90-Grad-Winkel neben Ihren Partner. Legen Sie Ihre Hände in die gegenüberliegende Vertiefung neben der Wirbelsäule, die die Wirbelfortsätze und die kräftige Muskulatur links und rechts neben der Wirbelsäule bilden. Schaukeln Sie den Körper mit dem Druck Ihrer Handballen.

- Während Sie den Körper schaukeln, führen Sie Ihre Hände langsam den Rücken hinunter. Die Schaukelbewegung sollte ununterbrochen und rhythmisch sein.
- Wiederholen Sie die Übung dreimal. Nehmen Sie die Behandlung rechts beginnend auf beiden Seiten vor. Für die linke Seite begeben Sie sich auf die andere Seite Ihres Partners.

Abb. 4.3

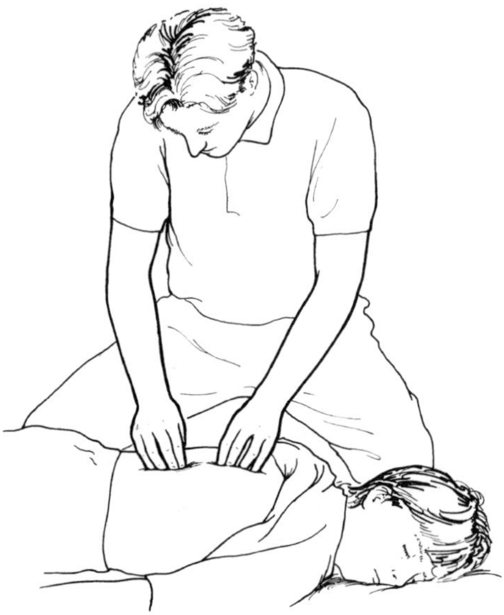

Abb. 4.4

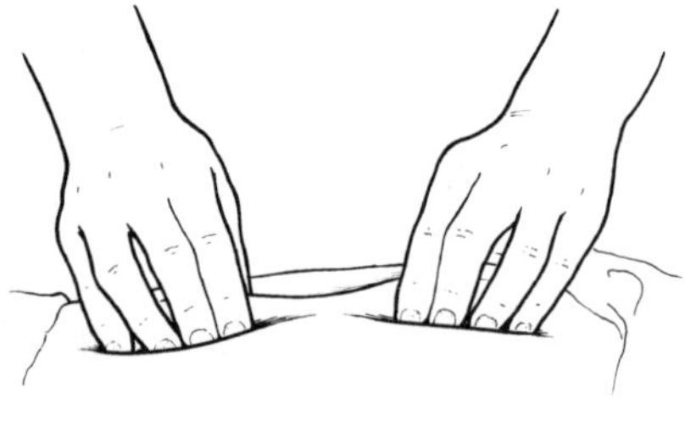

Die Wirbelsäule schaukeln

- Diese Technik ermöglicht es Ihnen, sich ganz auf die Wirbelsäule zu konzentrieren. Auch diesmal geht es um eine Schaukelbewegung, nur fassen Sie hier die Wirbelfortsätze zwischen Finger und Daumen.
- Stellen Sie einen positiven (festen) Kontakt her, indem Sie Ihre Hände die Wirbelsäule entlanggleiten lassen und sie seitlich hin und her bewegen (siehe Abb. 4.3 und 4.4). Das lockert die Muskeln und stimuliert das Nervensystem.

»Sägen« entlang der Wirbelsäule

- Legen Sie Ihre linke Hand auf das Kreuzbein Ihres Partners. Benutzen Sie die Kante Ihrer rechten Hand wie ein Messer und fahren Sie damit in einer Sägebewegung auf beiden Seiten der Wirbelsäule entlang (siehe Abb. 4.5).
- Behandeln Sie beide Seiten jeweils dreimal.

Abb. 4.5

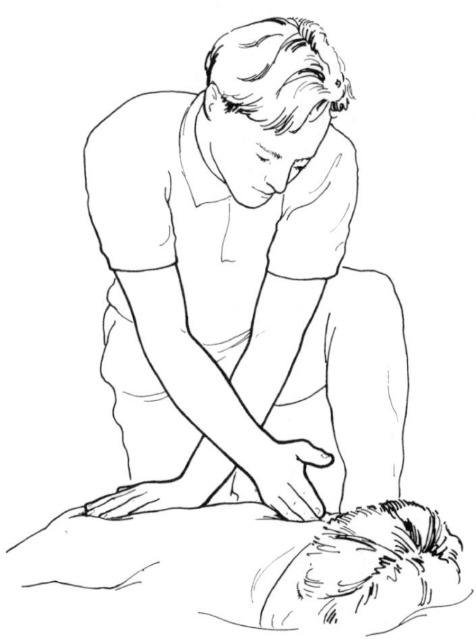

Den Blasen-Meridian mit den Daumen behandeln

- Der innere Blasen-Meridian verläuft entlang der Wirbelsäule, zwei Fingerbreit neben der Mitte des Rückgrats. Die Daumen werden in die Vertiefungen zwischen den horizontalen »Flügeln« jedes Wirbels gelegt. Wenn Sie mit Ihren Händen die Wirbelsäule entlangfahren, spüren Sie diese wellenförmigen Einbuchtungen.
- Legen Sie Ihre Daumen seitlich zwei Fingerbreit (1,5 Cun) in die Vertiefung zwischen zwei Wirbeln.

Abb. 4.6

- Üben Sie senkrecht Druck mit Ihren Daumen aus, wobei Sie sich dem Atemrhythmus Ihres Partners anpassen. Beginnen Sie oben am Rücken und arbeiten Sie sich bis zum Kreuzbein hinunter (siehe Abb. 4.6).

Unterarme auf dem Po kreuzen

- Bedienen Sie sich des muskulösen Teils Ihres Unterarms für eine durchdringende und schaukelnde Bewegung, bei der Sie überkreuz Druck auf den Po ausüben. Eventuell möchten Sie beide Seiten aus der gleichen Position bearbeiten (siehe Abb. 4.7 und 4.8).
- Achten Sie auf die Position der zuhörenden Hand und lassen Sie beide Hände entspannt.

Abb. 4.7

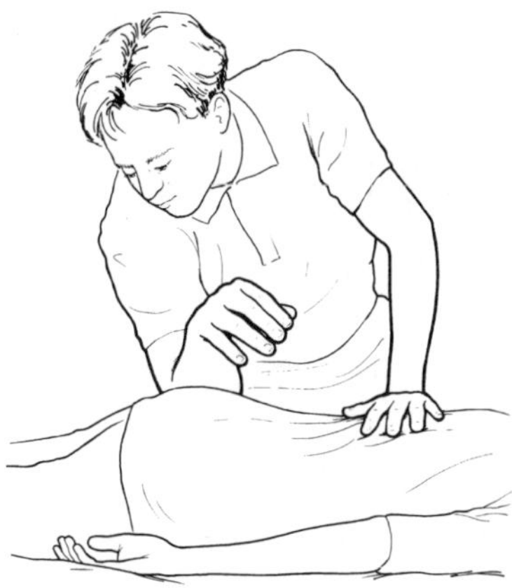

Abb. 4.8

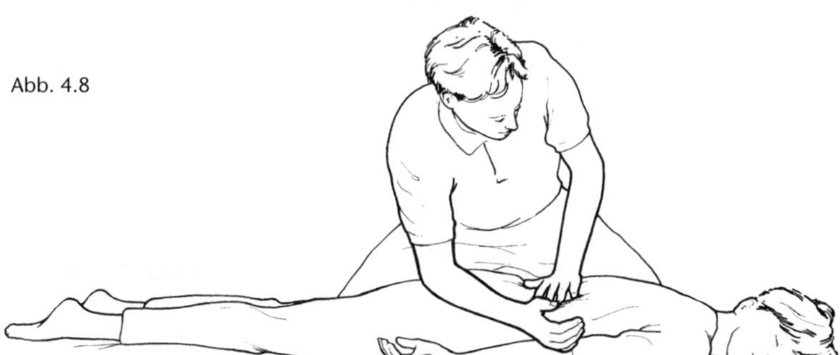

Die Rückseite der Beine behandeln

- Suchen Sie sich eine Position, in der Sie sich das Bein hinunter bewegen können, ohne sich überdehnen zu müssen oder aus dem Gleichgewicht zu geraten.
- Üben Sie mit dem Handballen oder dem Daumen Druck aus (siehe Abb. 4.9).

Abb. 4.9

Den Knöchel zum Po hin dehnen

- Kontrollieren Sie Ihre Position, so daß Sie Ihr Körpergewicht zur Dehnung einsetzen können. Diese Übung erleichtert auch den sanften Wechsel von der einen Körperseite Ihres Partners auf die andere (siehe Abb. 4.10).

Dehnung der gekreuzten Beine mit den Knöcheln zum Po

- Führen Sie diese Dehnung zweimal durch. Beim ersten Mal legen Sie das flexiblere Bein nach unten (näher zum Po). Für die zweite Dehnung tauschen Sie die Position der Beine (siehe Abb. 4.11).

Abb. 4.10

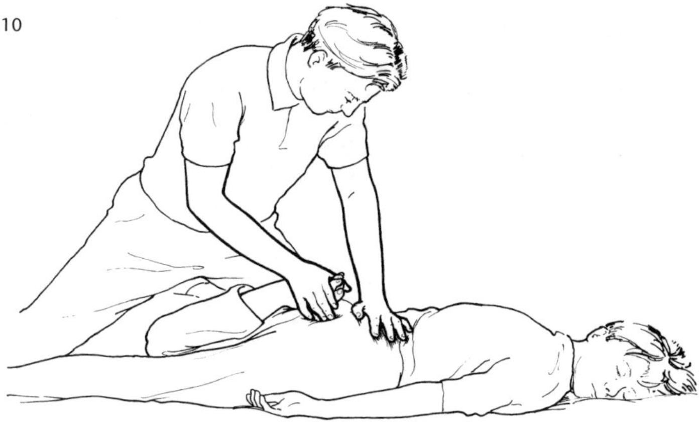

Abb. 4.11

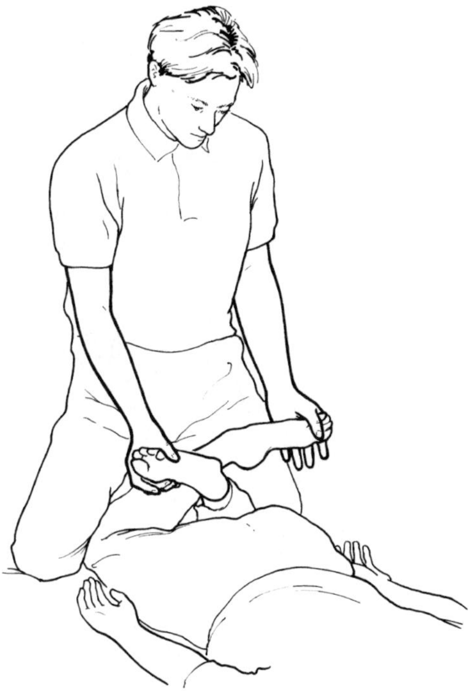

Gehen auf den Fußsohlen

- Benutzen Sie Ihre Fersen, um damit über die Fußsohlen Ihres Partners zu gehen. Drehen Sie dazu seine Füße nach innen und üben Sie den Druck ausschließlich auf die Fußsohlen aus, während die Zehen kaum oder nur sehr wenig belastet werden (siehe Abb. 4.12).

Abb. 4.12

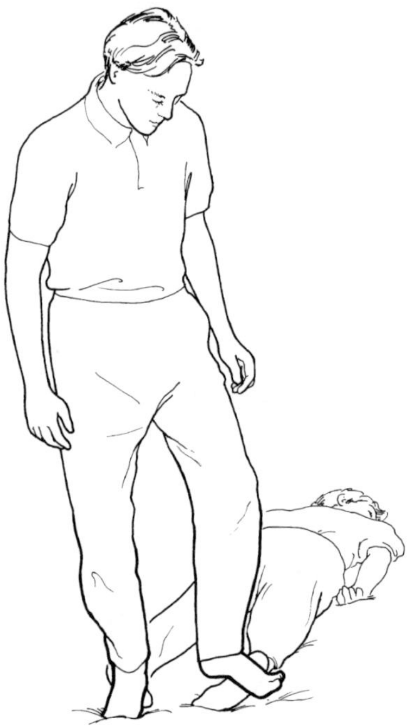

In der Rückenlage

Helfen Sie Ihrem Partner in die Rückenlage (siehe Abb. 4.13). Nehmen Sie sich wieder ein paar Augenblicke Zeit, um sich einzustimmen und Ihren Partner zu beobachten. Legen Sie Ihre rechte Hand auf sein unteres Hara (unterer Bauchbereich) und erspüren Sie die Spannung oder Entspannung des Hara. Achten Sie auf den Atemrhythmus: Schneller, flacher Atem deutet auf Anspannung, langsamer, tiefer auf Entspannung hin.

Abb. 4.13

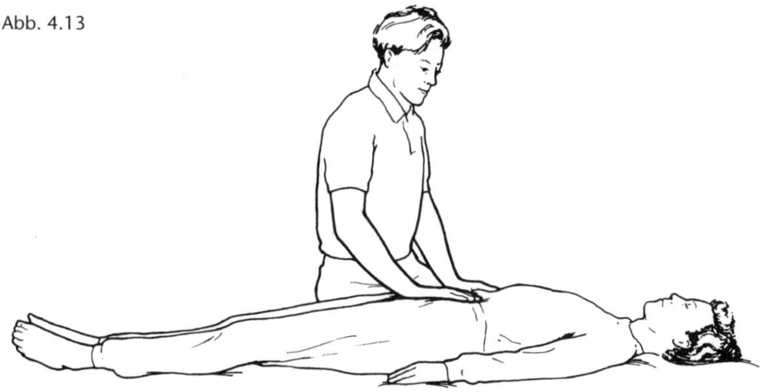

Den Umrissen des Hara folgen

- Verwenden Sie beide Hände, um beide Seiten des Hara zu spüren und zu vergleichen. Beginnen Sie am oberen Rand des Brustkorbs, gleich unterhalb des Brustbeins.
- Bewegen Sie beide Hände seitlich nach außen und dann in die Beckenregion. Jetzt kennen Sie die wichtigsten Begrenzungen.

Anpuku-Bauchmassage

Diese beiden Techniken helfen bei Menstruationsbeschwerden und Verstopfung (siehe Abb. 4.14).

Abb. 4.14

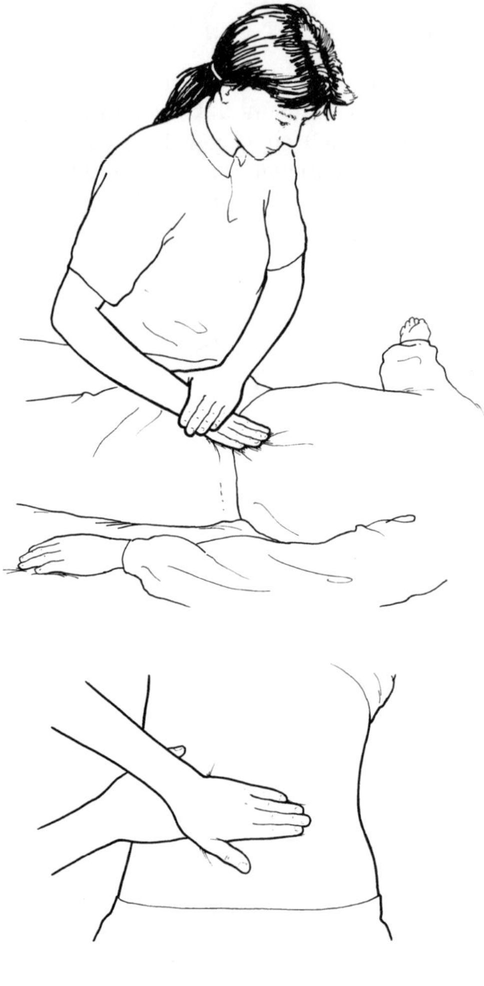

- Verwenden Sie beide Hände – eine liegt auf der anderen – und üben Sie sanften, aber festen Druck in einer Bewegung im Uhrzeigersinn um das Hara aus. Dann stellen Sie sich das Hara als Kreis mit zwölf Segmenten vor, auf die Sie jeweils mit kleinen spiralförmigen Bewegungen Druck mit Ihren Fingerspitzen ausüben. Wo Sie auf Verspannungen stoßen, gehen Sie langsam von der Oberfläche in die Tiefe, während die Spannung sich auflöst.

- Mit den übereinandergelegten Händen führen Sie eine schaukelnde und drückende Bewegung wie beim Teigkneten von der einen Seite des Hara zur anderen durch. Zum Zurückziehen benutzen Sie Ihre Handballen. Wiederholen Sie die Massage, bis sich das Hara entspannt.

Den Arm nach unten abtasten

- Der Arm Ihres Partners liegt im rechten Winkel zu seinem Rumpf. Ihre zuhörende Hand stützt seine Schulter, während die sendende Hand den Arm Handbreit für Handbreit zur Hand hinunter abtastet (siehe Abb. 4.15).
- Vermeiden Sie direkten festen Druck über dem Ellbogengelenk.

Abb. 4.15

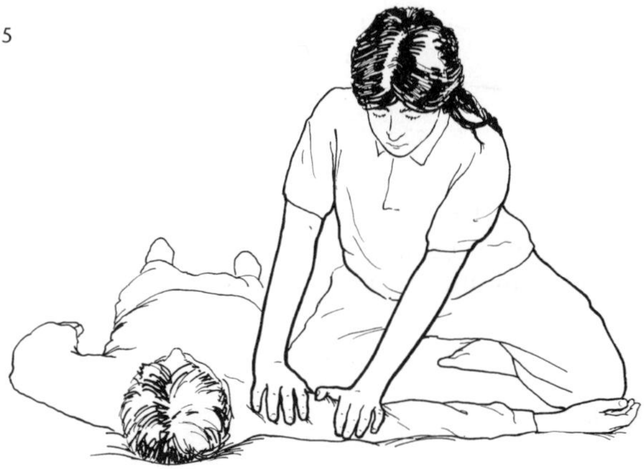

Den Arm kreisend über den Kopf dehnen

- Halten Sie den Arm Ihres Partners am Handgelenk und stützen Sie seine Schulter mit der anderen Hand. Machen Sie einen Schritt nach vorn und drehen Sie den Arm in die Dehnung über dem Kopf. Dabei müssen Sie Druck auf die stützende Hand an der Schulter ausüben, bevor Sie sich nach vorne bewegen; nur das Beibehalten dieses Drucks sorgt für eine starke Dehnung (siehe Abb. 4.16).

Abb. 4.16

- Gehen Sie einen Schritt zurück, wobei der Arm wieder in seine Ausgangsposition zurückkehrt. Wiederholen Sie das Ganze dreimal und schütteln und lockern Sie die Schulter nach jeder Dehnung.

Überkopf-Dehnung

- Machen Sie einen Schritt nach vorne in die Überkopf-Dehnung und setzen Sie Ihr linkes Knie auf den Boden; drehen Sie sich auf dem Knie, bis Sie auf den Kopf Ihres Partners schauen. Aus dieser Position können Sie seine Hand fassen und am Handgelenk stützen, so daß eine optimale Dehnung erzielt wird, wenn Sie sich nach hinten lehnen und Ihr Körpergewicht einsetzen. Achten Sie auf die Position der Hände (siehe Abb. 4.17).
- Bücken Sie sich jetzt nach der anderen Hand Ihres Partners. Legen Sie beide Hände auf Ihre Knie und dehnen Sie die Arme, indem Sie sich nach hinten lehnen. Wechseln Sie dann Ihre Position zu dem Arm, den Sie noch nicht einzeln behandelt haben.

Abb. 4.17

- Wiederholen Sie die Dehnung mit diesem Arm. Kehren Sie zum Hara Ihres Partners zurück, bevor Sie mit der Behandlung der Beine fortfahren.

Kreisen des Hüftgelenks

- Ihre zuhörende Hand unterstützt das Hara, während die andere das Bein knapp unterhalb des Knies hält. Benutzen Sie die Bewegung Ihres Körpers und nicht nur Ihre Armmuskeln für das Kreisen; bewegen Sie sich aus Ihrer Mitte – ihrem Hara – heraus.
- Halten Sie einen bestimmten Abstand zwischen Ihrer Brust und dem Knie Ihres Partners ein, um eine gleichmäßige Rotation der Hüfte zu gewährleisten (siehe Abb. 4.18).

Abb. 4.18

Die Beinaußenseite behandeln

- Während die Beine Ihres Partners gestreckt sind, üben Sie mit Ihrer Handfläche Druck entlang der Außenseite eines Beins aus. Dies ist der Magen-Meridian.
- Vielleicht legen Sie dabei ein Kissen als bequeme Stütze unter das Knie Ihres Partners. Wiederholen Sie die Massage dreimal.

Die Beininnenseite behandeln

- Legen Sie den einen Fuß Ihres Partners so an seinen anderen Knöchel, daß das Bein angewinkelt ist und seine Innenseite zugänglich. Legen Sie ein Kissen oder Ihr eigenes Knie unter, um eine Zerrung der Leiste zu vermeiden.
- Mit Ihrer Handfläche üben Sie nun vom Knöchel bis zur Leistenbeuge Druck aus. Sie behandeln hier einen Abschnitt des Milz-Meridians. Wiederholen Sie die Bewegung dreimal.

Abb. 4.19

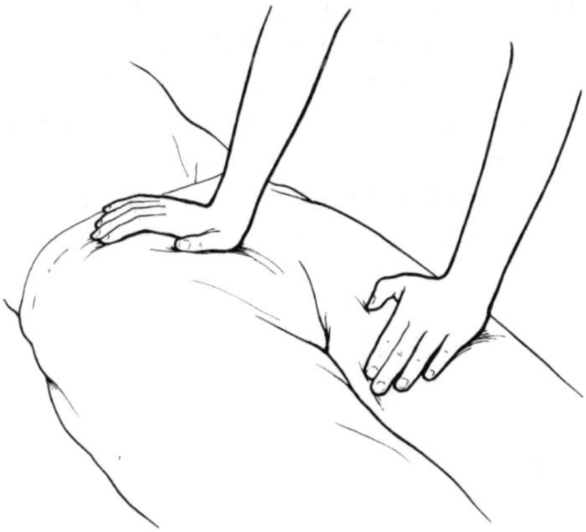

Abb. 4.20

Vielleicht möchten Sie diese Übung mit verschiedenen Beinpositionen durchführen, um unterschiedliche Meridiane zu behandeln. Versuchen Sie das Fußgewölbe zur gegenüberliegenden Wade zu bringen und behandeln Sie das Bein auf dieselbe Weise. Dann führen Sie das Fußgewölbe zur Innenseite des gegenüberliegenden Knies und behandeln Sie das Bein in dieser Position. Lassen Sie das Bein kreisen, dehnen Sie es und wechseln Sie die Seite, um das andere Bein genauso zu massieren.

Im Sitzen

Kneten und Halten der Schultern

- Lassen Sie Ihren Partner sich auf einen Stuhl oder auf ein Kissen auf den Boden setzen; Abstützen des Rückens ist dabei erforderlich (siehe Abb. 4.21). Für diese Technik fassen Sie die Trapezmuskeln (Schulter- und Nackenmuskeln) auf beiden Seiten des Halses.

Abb. 4.21

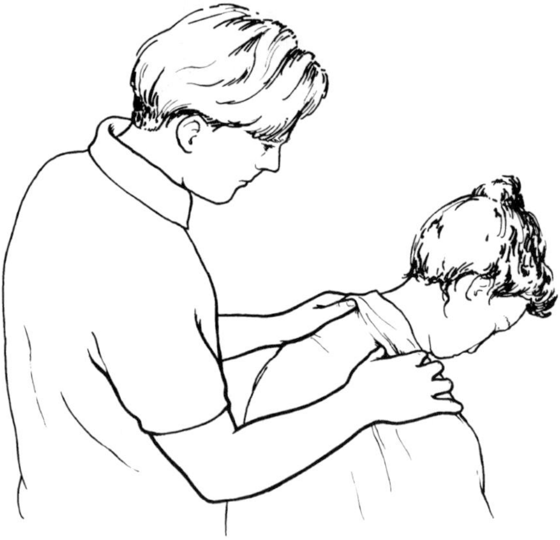

- Drücken Sie die Muskeln ein paarmal mit rhythmisch knetenden Bewegungen Ihrer Daumen und übrigen Finger zusammen. Am Anfang stoßen Sie dabei vielleicht auf Verspannungen, die sich jedoch langsam auflösen. Bleiben Sie unterhalb der Schmerzschwelle Ihres Partners.

Abb. 4.22

»Hacken« der Schultern

- Lassen Sie Ihre eigenen Schultern, Handgelenke und Hände entspannt und »weich«. Bearbeiten Sie mit einer sanften klopfenden (hackenden) Bewegung Ihrer Handkanten die Schultern und den Halsansatz Ihres Partners.
- Erhöhen Sie die Intensität und die Kraft Ihrer Bewegung, sobald sich die Muskeln Ihres Partners entspannen und er die Massage nicht (mehr) als unangenehm empfindet.

Zusammendrücken des Nackens

- Knien Sie sich links von Ihrem Partner auf Ihr linkes Knie. Stützen Sie seinen Rücken mit Ihrem rechten Bein, wie abgebildet. Fordern Sie ihn auf, sich zu entspannen und den Kopf nach vorne in Ihre linke Hand fallen zu lassen. Halten Sie seine Stirn, bis Sie spüren, daß der Nacken entspannt ist.
- Benutzen Sie die Finger und den Daumen Ihrer rechten Hand, um die Nackenmuskeln sanft zu drücken und zu halten. Arbeiten Sie sich dabei langsam von oben nach unten den Hals entlang. Wiederholen Sie die Bewegung mehrere Male in einem schneller werdenden Rhythmus.

Abb. 4.23

Dehnung des Nackens durch Überstrecken

- Es ist sehr wichtig, darauf zu achten, daß Kopf und Nacken immer von Ihrem Unterarm gestützt sind, um eine zu starke Rückwärtsbewegung, die eine Verletzung verursachen könnte, zu verhindern.
- Führen Sie mit Ihrem Unterarm eine sanfte Bewegung nach oben aus, während Ihre linke Hand den Kopf nach hinten zu Ihrem Unterarm führt. Dies hat eine dehnende Wirkung auf den Nacken.

Abb. 4.24

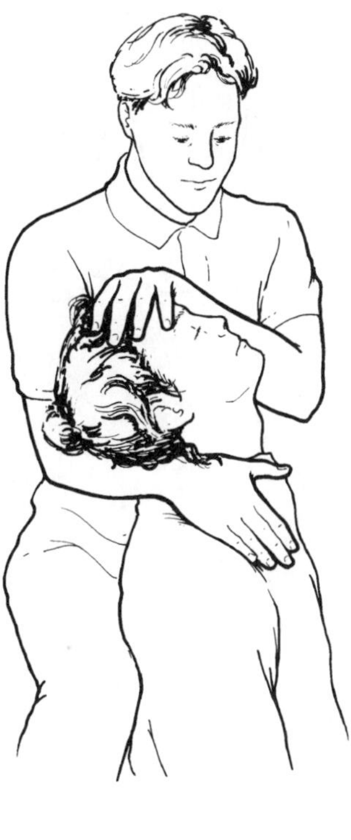

Abschluß

- Lassen Sie Ihren Partner sich auf den Rücken legen und ausruhen. Legen Sie Ihre Hand auf sein Hara und »stimmen Sie sich ein«, um die Ergebnisse Ihrer Behandlung zu hören und zu interpretieren. Die Atmung und der Puls werden sich verlangsamt haben, das Hara wird weicher sein.
- Seien Sie einfach für ein paar Augenblicke bei Ihrem Partner, dann lösen Sie langsam den Kontakt.

Abb. 4.25

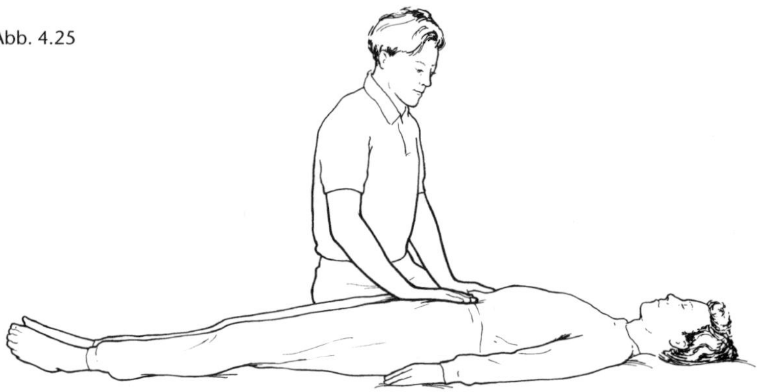

Zusätzliche Techniken

Kenbiki – Verbessern der Blut- und Ki-Zirkulation

Zu den Kenbiki-Techniken gehört das Ziehen, Drücken und Quetschen des Muskelgewebes, bis die Haut sich rötet und die Bewegung von Ki und Blut anzeigt. Wenden Sie Variationen dieser Techniken in der Po-, Kreuzbein- und Rückenregion an (siehe Abb. 4.26; Näheres zur Methode siehe S. 59f.).

Abb. 4.26

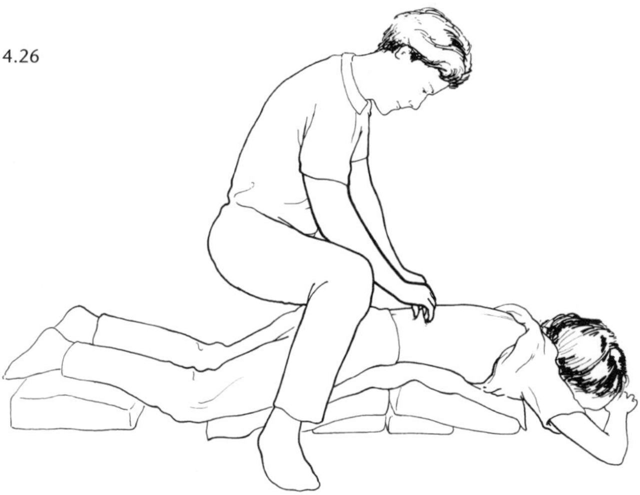

Öffnen des Beckens

- Während Ihr Partner auf dem Rücken liegt, führen Sie seine Füße möglichst nahe an der Leiste zusammen, um sein Becken zu öffnen. Beim Ausatmen üben Sie mit Ihren Handflächen sanften Druck auf seine Knie aus, indem Sie sie Richtung Boden bewegen (siehe Abb. 4.27 nächste Seite). Wiederholen Sie diese Übung dreimal.

Abb. 4.27

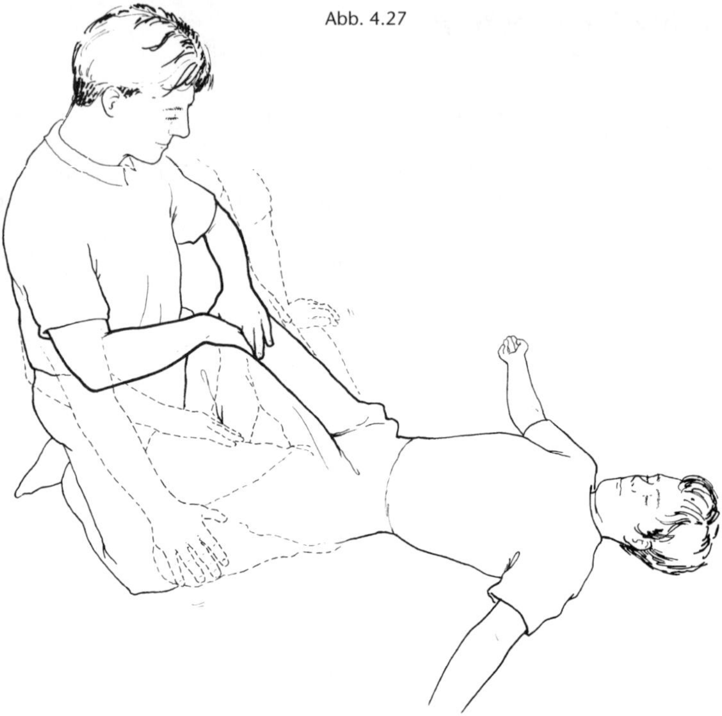

- Um die Oberschenkel und das Becken zu stärken, halten Sie dagegen, während Ihr Partner beim Ausatmen versucht, seine Knie zusammenzubringen. Das sollten Sie nicht verhindern, sondern nur etwas erschweren. Hierbei handelt es sich um eine isotonische Übung, die Ki ins Becken lenkt. Zu einer isotonischen Kontraktion gehört die Verkürzung eines Muskels gegen eine konstante Kraft mit einer kontrollierten Bewegung.

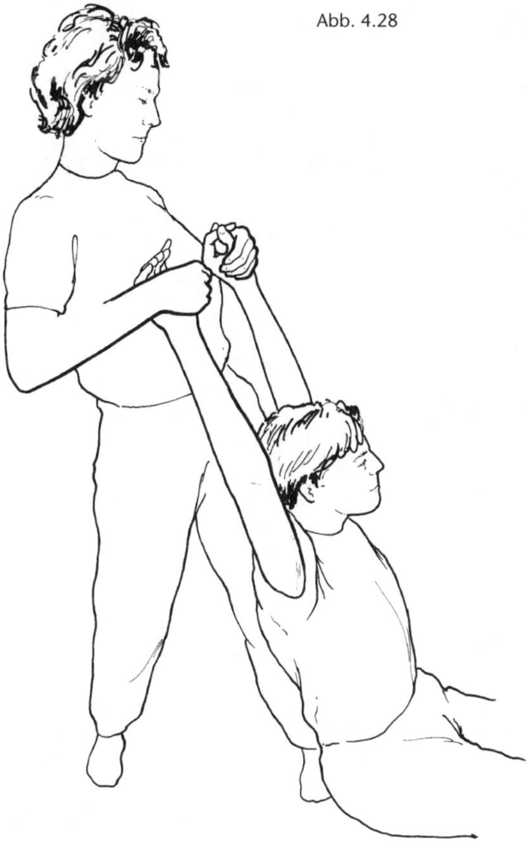

Abb. 4.28

Dehnen der Lungen

- Diese Übung erlaubt eine größere Aufnahme von Luft-Ki. Ihr Partner setzt sich mit nach vorne ausgestreckten Beinen auf den Boden. Stellen Sie sich hinter ihn, wobei eines Ihrer Beine seine Wirbelsäule stützt.
- Nehmen Sie Ihren Partner bei den Händen, indem Sie um seine Daumen herumfassen. Wenn Sie beide ausatmen, strecken Sie sich von den Knien aus und lehnen sich zurück, bis Ihr Partner die Dehnung spürt. Bei dieser Übung öffnet sich die Brust und der Schultergürtel.

Kapitel 5

Die Organe und ihre energetischen Beziehungen aus fernöstlicher Sicht

Es wäre einfach für Sie, bloß den Behandlungsvorschlägen in diesem Buch zu folgen. Sie würden damit auch einigen Erfolg erzielen, aber Sie werden nur weitere Fortschritte machen und langanhaltende Veränderungen bewirken, wenn Sie beginnen zu verstehen, warum Sie bestimmte Symptome haben. Kenntnisse von den Funktionen der Organe und ihren energetischen Beziehungen untereinander werden Ihnen helfen, dieses Ziel zu erreichen.

Zangfu-Beziehungen

In der fernöstlichen Medizin begreift man den ganzen Körper als eine kooperative und interaktive Erscheinung, die harmonisch funktioniert, wenn nicht Krankheit dieses Gleichgewicht stört. Und selbst dann versucht der Körper, sich selbst zu helfen, mit der Krankheit auf möglichst effiziente und umfassende Weise fertigzuwerden. Deshalb muß man bei der professionellen wie bei der Selbstdiagnose den ganzen Menschen miteinbeziehen. Natürlich werden wir aber auch von spezifischeren Meridianen und Organfunktionen beeinflußt, die im allgemeinen vom Gleichgewicht des Fortpflanzungsapparats gesteuert werden oder ihn betreffen. Aus diesem Grund ist es sinnvoll, die »Persönlichkeiten« der *Zangfu*-Organe in Betracht zu ziehen. Das Wort »Zangfu« bezieht sich auf die »Organe« der fernöstlichen Medizin. Um die Vielzahl der Funktionen dieser Organe leichter verständlich zu machen, unterscheiden wir zwischen *Zang*- und *Fu*-Organen.

Die *Zang*-Organe (Yin) sind die eher festen Organe, die die innere Umgebung Ihres Körpers kontrollieren. Wir betrachten sie als unerläßlich für das ausgewogene Funktionieren des Systems als Ganzes. Die sechs Zang-Organe sind:

- Lunge
- Milz
- Herz
- Perikard
- Niere
- Leber

Unter diesen spielen Milz, Leber und Niere eine besondere Rolle für die Gesundheit Ihrer Fortpflanzungsorgane. Die Zang-Organe produzieren und/oder speichern die »Fundamentalen Substanzen« – Blut, Ki, »Flüssigkeiten«, Jing (die gesammelte angestammte Energie Ihrer Nieren) und das Shen (Ihren Geist).

Die *Fu*-Organe (Yang) sind eher hohl und zuständig für die Kontrolle der äußeren Umgebung Ihres Körpers. Sie sind die »Gegenstücke« zu den Zang-Organen. Die sechs Fu-Organe sind:

- Dickdarm
- Magen
- Dünndarm
- Dreifacherwärmer
- Blase
- Gallenblase

Ihre Hauptaufgabe ist die Entsorgung. Sie spielen aber auch für die Fortpflanzungsorgane eine Rolle, wobei die Blasenfunktion (Nervensystem), die Entsorgungsorgane (Dünn- und Dickdarm) und der Magen (mit seiner Verbindung zu den Eierstöcken) besonders bedeutend sind.

Primäre Einflüsse der Organe

Ihre »Ganzheit« ist Ausdruck der kombinierten Informationen, die in jeder Zelle enthalten sind. Sie können nicht einen Teil verändern, ohne das Ganze zu beeinflussen. In diesem Konzept eines »Körpergeists« haben bestimmte energetische Funktionen der Organe einen besonderen Einfluß auf Ihre Fortpflanzungsorgane. Es gibt »primäre« Organe, die man für unabkömmlich oder besonders wichtig für die Aufrechterhaltung des Gleichgewichts Ihres Körpergeists hält, und »sekundäre« Organe, die die »Erwärmer« bei ihren Tätigkeiten unterstützen.

Die primären Meridian-/Organfunktionen, die das Urogenitalsystem beeinflussen, sind die Leber-, Nieren- und Milzfunktionen. Die Außergewöhnlichen Gefäße, die direkt mit den Geschlechtsorganen verbunden sind, sind die Aufnehmende Leitbahn, auch Empfängnis- oder Direktionsgefäß genannt (*Ren Mai*), das Zentralgefäß oder Penetrierende Gefäß (*Chong Mai*) und das Lenkergefäß (*Du Mai*) – siehe S.110–115. Die sekundären Meridian-/Organfunktionen sind die »Perikard«-, die Herz- und die Lungenfunktionen. Die Dreifacherwärmer-Funktion des Dreifacherwärmer-Meridians ist ebenfalls eng mit der Aktivität des Fortpflanzungsapparats verbunden (siehe Abb. 5.1).

Die Drei Erwärmer (der Untere, Mittlere und Obere) befinden sich in drei Regionen des Rumpfes. Jede Region wird von einem einzelnen oder einem Paar von Zang-Organen reguliert und überwacht und vom entsprechenden Fu-Organ unterstützt. Diese Regionen entsprechen auch den Nervenzentren (Herz, Solarplexus, Unterbauch). Wenn ein Organ nicht richtig funktioniert, ist die ihm zugeordnete Körperpartie und systemische Funktion in Mitleidenschaft gezogen, und umgekehrt sind, falls Sie in einer dieser Regionen verletzt wurden, auch die Funktionen des entsprechenden Organs verletzt.

Der *Untere Erwärmer* oder »Sumpf« in der traditionellen fernöstlichen Medizin liegt im unteren Bauchbereich, zwischen Nabel und Schambein. Er wird von den Leber- und Nierenfunktionen gesteuert. Er beeinflußt auch die »Durchlässigkeit« (den gleichmäßigen, ungehinderten Fluß) für das Ki und spielt eine wichtige Rolle bei der Beseitigung »unreiner« Nebenprodukte des energetischen und physischen Systems. Der *Mittlere Erwärmer* oder »Schaum«, in der Gegend des Solarplexus gelegen, wird von der Milzfunktion gelenkt und ist für die »Zersetzung« und das »Reifen« der Nahrung zuständig. Der Mittlere Erwärmer ist von fundamentaler Bedeutung für die Produktion von Blut.

Das Lungen-Ki oder der »Nebel« des *Oberen Erwärmers* (der sich in der Brust befindet) ist wichtig für die Atmung, insbesondere für »Austausch und Beseitigung« und die Aufnahme von Luft-Ki. Dies ist von vitaler Bedeutung für die Lebenskraft jedes Organismus und für die Qualität des Ki im allgemeinen. Die Nieren »ergreifen« das Lungen-Ki und integrieren es als wichtige Quelle Ihrer Vitalität und des Funktionierens Ihres Nervensystems in das Körpersystem.

Abb. 5.1
Die Lage des Dreifacherwärmers

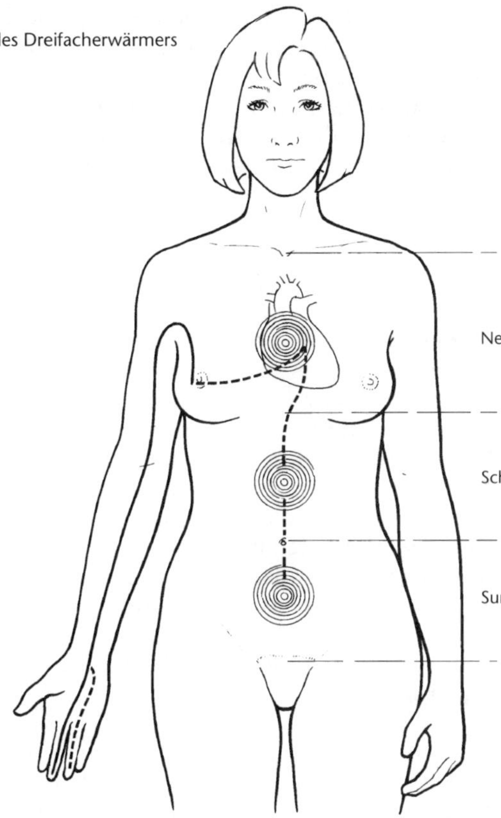

Krankheitsursachen

Die fernöstliche Medizin unterscheidet drei Kategorien von Erkrankungen: äußerliche, innere und »andere«.

Die *äußerlichen* Krankheitsursachen beziehen sich auf schädliche Einflüsse Ihrer Umgebung und umfassen »Kälte«, »Trockenheit«, »Wind«, »Sommerhitze«, »Feuer« und »Feuchtigkeit«. Diese äußeren Einflüsse hängen oft mit Änderungen des Wetters oder dem Jahreszeitenwechsel zusammen. Normalerweise haben sie keinen schädlichen Einfluß auf Ihre Gesundheit, außer Ihre Abwehrkraft (Wei Ki) ist geschwächt und Sie befinden sich nicht im Einklang mit Ihrer Umgebung. Beim Atmen gelangen Krankheitserreger durch Mund, Nase und über die Haut in Ihren Körper. Sie können Ihre Organfunktionen auf folgende Weise beeinträchtigen:

- »Sommerhitze »und »Feuer« überhitzen das Herz
- »Feuchtigkeit« überflutet das Gewebe und überfordert die Milz
- »Trockenheit« verhärtet und trocknet die Lunge und die Nieren aus
- »Kälte« unterkühlt das »Wasser« der Nieren und versteift die Lunge
- »Wind« durchdringt die Muskeln und verletzt die Leber

Die *innerlichen* Krankheitsursachen beziehen sich auf Beschwerden, die von emotionalem Streß verursacht werden und Körper und Geist als Ganzes beeinträchtigen. Sehr verallgemeinert spricht die fernöstliche Medizin von Sieben Emotionen. Diese werden verschiedenen Organfunktionen zugeordnet, da sie dort eine übermäßige »Hitze« verursachen können:

- Freude und Traurigkeit lassen das Herz unregelmäßig reagieren
- Sorgen und Grübeln erschöpfen die Milz
- Depression läßt die Lungen kollabieren und bringt Lethargie
- Angst läßt das Nieren-Ki absinken und verinnerlicht die Gefühle
- Wut stört das Leber-Ki, läßt es steigen und mit Feuer aufflammen
- Ein Schock zieht das Ki nach innen und beeinträchtigt das Herz und den Dünndarm

Die *anderen* Krankheitsursachen sind: falsche Ernährung, Bewegungsmangel, unhygienische Lebensbedingungen, konstitutionelle Schwäche, traumatische Erlebnisse, übermäßige sexuelle oder körperliche Aktivität, Überarbeitung, Parasiten, Vergiftungen, Drogenmißbrauch und falsche medizinische Behandlung.

Die Leber (Zang)
Funktion: Speicherung und Verteilung

Man bezeichnet sie auch als das »Brüllen des Löwen«, ein Ausdruck für die Stärke und Vitalität der Leber-Energie. Die Leber ist zuständig für den »Funken« des Yang, der nötig ist, um eine Muskelkontraktion und die reaktive Spannung einer Bewegung zu bewirken. Muskelkontraktion und Entspannung sind unerläßlich für den freien Fluß von Ki und Blut in die Beckenorgane.

Die Speicherungs- und Verteilungsfunktion betrifft den Unteren Erwärmer und die Speicherung von Blut in der Blutkammer (dem Schoß) der Frau. In der fernöstlichen Medizin vertritt man die Vorstellung, die Menstruation sollte ein gleichmäßiger schmerzfreier Fluß Himmlischen Wassers (Bluts) ohne Anstrengung sein. Jeden Monat sammelt sich das Blut im Schoß, es kommt zu einem Überfluß, die Blutkammer läuft über, und die Menstruation findet statt. Das Ergebnis ist eine vorübergehende Phase des Mangels aufgrund des Blut-Verlusts, bevor der ganze Zyklus von neuem beginnt.

Die Dauer der Funktionsfähigkeit der Fortpflanzungsorgane hängt von der Lebenskraft des »Leber-Feuers« und seiner Tätigkeit als Kontrollorgan für die Durchgängigkeit und den gleichmäßigen Fluß des Ki durch den Körper ab. Kontrollierte Muskelkontraktionen zum richtigen Zeitpunkt sind für Ihren Orgasmus sowie Ihre Menstruation und andere Ausscheidungen verantwortlich. Symptome wie Ausbleiben des Orgasmus, geschwächte Scheidenmuskulatur, Menstruationskrämpfe, Blasenschwäche oder Inkontinenz lassen auf ein Ungleichgewicht von Leber-Ki und Blut schließen.

Sexuelle Energie ist »heiße« Energie, und Kälte im Hara kann sich in Symptomen wie verminderter Libido, schwachem Muskeltonus, Inkontinenz, Menstruationskrämpfen oder Ausbleiben des Orgasmus niederschlagen.

Das der Leber zugeordnete Sinnesorgan sind die Augen. Sie spiegeln den »Lebensfunken« eines Menschen wider. Visuelle Stimulation regt die Leber an und damit auch die sexuelle Energie (Feuer), besonders wenn Sie von der Vorstellungskraft unterstützt wird, denn die »Leber« liefert auch den Treibstoff für »Ideen«. Von Natur aus phantasievoll und positiv, ist die Möglichkeit der Leber, Bewegung anzuregen, mitbestimmend für den Ki-Fluß ins Becken und zum Dreifacherwärmer, die diese Energie für die Fortpflanzungsfähigkeit benötigen. Im Fernen Osten glaubt man traditionell, daß die ruhevolle Nachtphase die Yin-Reserven (Wasser) wiederauffüllt, während das Tageslicht die Speicherung von Yang (Feuer) anregt. Während der Ruhephasen kehrt das Ki aus den Meridianen zur Leber zurück, um sich zu sammeln und den Körper zu stärken. Man hält es daher für ein Zeichen guter Gesundheit, mit dem Gefühl sexueller Aktivität zu erwachen. Demnach sollte zum Beispiel ein Mann idealerweise täglich mit einer Erektion aufwachen.

Krankmachende äußere Einflüsse
Die krankmachende Wirkung des »Windes« kann die Durchgängigkeit der Leber stören und so »Hitze« in der Leber erzeugen; dadurch wächst das »Leber-Feuer« und verletzt das Herz und die Lunge. »Kälte« kann, insbesondere wenn sie die Lunge angreift (die das »Leber-Feuer« kontrolliert), indirekt die Leber blockieren.

Krankmachende innere Einflüsse
Die krankmachende Wirkung von unterdrücktem »Ärger« und »Angst« (wenn das Nieren-Ki die Leber im »Mutter-Kind-Zyklus« nicht ernährt, siehe Kapitel 6, S. 127) oder »Depression« verletzt die *Lunge* und ruft Lethargie hervor, kann aber auch die Leber verletzen und so die Libido beeinträchtigen, indem es Stagnation im Becken und im Unteren Erwärmer verursacht.

Aufgrund der natürlichen Ansammlung und der Abwärtsbewegung des Bluts vor und während der Menstruation, halten es viele traditionelle Kulturen für schädlich, wenn eine Frau während ihrer Blutung penetrierenden Sex hat, da dieser das Blut nach oben zwingt und damit eine Stagnation hervorruft.

Behandlung der Leber

- Behandeln Sie Ihren Leber-Meridian grundsätzlich mit dem Druck von Daumen oder Handflächen entlang der Leitbahn oder wenden Sie die in Kapitel 7 erläuterten Do-In-Klopftechniken an.
- Die Behandlung von Le 3 (siehe Abb. 1.13, S. 32) hilft, ein stagnierendes Leber-Ki zu aktivieren oder zu beruhigen. Wenn Sie einen scharfen Schmerz oder Unwohlsein verspüren, benötigt der Punkt Beruhigung mit schnellen, reibenden Bewegungen. Wenn Sie mit einem dumpfen Schmerz auf Druck reagieren, aktivieren Sie den Punkt durch einfaches Halten für etwa eine Minute.
- Die Selbstbehandlung Ihrer Gelenke durch mobilisierende Bewegungstechniken wird die Stagnation des Leber-Yin »befreien« und dem Ki eine bessere Durchgängigkeit verschaffen. Sehen Sie sich dazu die Übungen in Kapitel 7 an.
- Legen Sie Ihre Hände im Liegen auf Ihren Solarplexus. Das Auflegen der Hände im Gebiet des Zwerchfells hilft dem Mittleren Erwärmer, die Belastungen von den der Gallenblase, der Leber und der Milz zugeordneten Organen zu erleichtern. Atmen Sie in den Bereich unter Ihren Händen mit tiefen und langen Atemzügen

hinein; dehnen Sie sich beim Einatmen wie ein Ballon und entspannen Sie sich beim Ausatmen.

- Wenn wir ruhen, kehrt das Blut zur Leber zurück, bevor es mit neuer Aktivität mobilisiert wird, um dabei zu helfen, stagnierendes Ki und Blut zu beseitigen. Aerobic-Übungen vergrößern das Lungen-Ki und damit seine Ko-Zyklus-Kontrolle über die Leber (näheres zum Ko-Zyklus siehe S. 126–128).

Die Milz (Zang)
Funktion: Nahrungsaufnahme und Verdauung – »Assimilation«

Die Milz wird auch als »Gleitmittel der Natur« bezeichnet, da sie für die Feuchtigkeit im Fortpflanzungsapparat und die Qualität der Körperflüssigkeiten zuständig ist. Die Qualität der »Milz-Essenz« hängt vom »Gu Ki« (dem Essen und Trinken) ab und bestimmt die Qualität des Bluts. Die Milz-Energie schafft die »Feuchtigkeit«, die für die Versorgung des Körpergewebes mit Flüssigkeit nötig ist. Sowohl ein Überfluß als auch ein Mangel an »Feuchtigkeit« schadet dem ganzen System. Das richtige Gleichgewicht zwischen Hitze und Feuchtigkeit sorgt für ein optimales Gleichgewicht von Yin und Yang. Die Flüssigkeiten, die zur Erhaltung und Versorgung der Eierstöcke und der Eizellen in den Follikeln erforderlich sind, werden von einer guten Qualität des Milz-Ki bestimmt.

Die Umgebung der Beckenorgane hängt insbesondere von einer ausgeglichenen Feuchtigkeitskontrolle ab. Der Genitalbereich muß warm und feucht sein. Hier und unter den Achseln ist die Feuchtigkeit des Körpers am offensichtlichsten, und die Behaarung hilft, diese Regionen warm und feucht zu halten (rasieren Sie sich also deshalb hier nicht). Hitzeschwankungen verletzen das Gewebe und können Entzündungen verursachen, die die Bildung von Narbengewebe und eine Stagnation des Ki hervorrufen. Vermeiden Sie aus diesem Grund enganliegende, synthetische Unterwäsche und Kleidung. Umgekehrt schadet auch zu »luftige« Kleidung und das Eindringen von »Kälte« den weiblichen Genitalien. Tragen Sie bequeme Wäsche aus Baumwolle, um elektrostatische Aufladungen, die synthetische Materialien verursachen können, zu vermeiden.

Eine andere Funktion der *Milz* ist es, Ihr Körper-Ki »zu erhöhen und zu unterstützen«. Es dient dazu, die Konturen und Formen des Körpers – die Muskel-Definition – zu erhalten. Jedes Zusammensacken, Zusammenbrechen, Anschwellen oder jeder sonstige Verlust der Körperkontur spiegelt einen Mangelzustand der Milz. Die Milz ist auch für die Umwandlung und Regulierung des Ki zuständig. Zu den »Kurven« kommt also noch die Kontrolle über die Biorhythmen des Körpers, von denen der augenfälligste der Menstruationszyklus ist.

Krankmachende äußere Einflüsse

Der schädliche Einfluß der »Feuchtigkeit« verletzt die umgebende Kontrolle der Fortpflanzungsorgane. Die anfänglichen Symptome wirken sich auf den Menstruationszyklus aus, können aber, wenn sie unbehandelt bleiben, zur Unfruchtbarkeit führen. Wir gehen davon aus, daß das Erd-Element (siehe S.124 f.), insbesondere die Milz, die Qualität des »Fleisches« oder Bindegewebes kontrolliert. Die Innenseite der Gebärmutter, das Endometrium, verdickt sich während des Zyklus in Erwartung einer befruchteten Eizelle, die sich in den blutgefüllten Wänden einnistet. Wie die Erde in der Natur spiegelt das Endometrium die Bedingungen wider, die nötig sind, um einen gesunden wachsenden Organismus hervorzubringen und zu erhalten. Wie ein frisch gesäter Samen wird die Eizelle nicht Wurzeln schlagen, wenn eine oder mehrere der folgenden Bedingungen der »Erde« (des Endometriums) vorherrschen:

- »Feuchtigkeit« – eine sumpfige, nasse, kalte Umgebung mit einem Übermaß an Körperflüssigkeiten. Diese kann durch eine kalte und feuchte äußere Umwelt oder Bewegungsmangel entstehen.
- »Frost« – ein fester, massiver Widerstand. Dieser wird ausgelöst durch »Kälte« und »Feuchtigkeit«, einen möglichen Yang-Mangel oder Yin-Überfluß. Andere Ursachen können eine kalte und feuchte äußere Umgebung, häufige Unterkühlung, Bewegungsmangel, gefrorene Speisen (besonders Eis) und eisgekühlte Getränke sein.
- »Trockenheit« – das Zusammenziehen von Körpergewebe mit zu wenig »Körperflüssigkeit« und einem ungenügenden »Blutfluß«. Dieser Zustand wird als Yin-Mangel eingestuft, ausgelöst von Dehydrierung, getrockneten und erhitzten Speisen (wie zum Beispiel aus Mehl Gebackenes). Er kann aber auch einen Yang-Überfluß signalisieren, wenn »Hitze«-Zustände wie zum Beispiel eine Zystitis vorliegen und das Yin austrocknen.

- »Hitze« – ein zu nasser oder zu trockener Zustand, der in »Hitze« und »Feuchtigkeit« oder »leerer Hitze« mit Yin-Mangel resultiert. Er wird ausgelöst durch zuviel tierische Nahrungsmittel, stark gewürzte Speisen, eine heiße »äußere« Umgebung, Unterdrückung »heißer« Gefühle wie zum Beispiel Wut oder Entzündung und Infektionen der Beckenorgane.

Krankmachende innere Einflüsse
Innere schädliche Einflüsse wie »Sorge« und »Grübeln« belasten die Milz-Funktion. Sorgen über Ihr Auftreten und darüber, wie Ihre Umgebung Sie sieht, stellen eine große Belastung für die Milz dar. Magersucht ist ein Beispiel für den Widerspruch zwischen dem subjektiven und objektiven Selbstbild. Unregelmäßige Eßgewohnheiten und ein Mangel an wertvoller Nahrung kann das Yin schädigen. Zuviel Grübeln bei der Arbeit oder im Studium erschöpft das Milz-Ki.

Behandlung der Milz

- Behandeln Sie Ihren Milz-Meridian grundsätzlich mit dem Druck von Daumen oder Handflächen entlang der Leitbahn oder wenden Sie die in Kapitel 7 erläuterten Do-In-Klopftechniken an.
- Bearbeiten Sie Mi 6 und Mi 9 (siehe Abb. 1.5, S. 23, um ein stagnierendes Milz-Ki anzuregen oder zu beruhigen (durch Halten oder Stimulieren).
- Legen Sie die Hände auf das Gebiet um den Solarplexus, um den Mittleren Erwärmer und die mit der Milz zusammenhängenden Organe zu entlasten, wie Sie es auch bei der Leber und der Gallenblase getan haben.
- Stimulieren Sie die Aufnehmende Leitbahn (siehe Abb. 1.14, S. 33) am Beckenboden, um die muskuläre Stütze der Beckenorgane zu stärken.
- Legen Sie einen Tennisball unter jede Gesäßhälfte, während Sie auf dem Rücken liegen, und lassen Sie Ihr Gewicht auf die Bälle sinken. Lokalisieren Sie das empfindliche Gebiet und bleiben Sie zwei bis drei Minuten an dieser Stelle, bis sie sich entspannt.
- Regen Sie die Blutzirkulation in Gesäß und Bauch mit Do-In-Klopftechniken wie in Kapitel 7 beschrieben an.
- Bitten Sie Ihren Partner, folgende Kenbiki-Techniken auf Ihren Rücken, Ihr Kreuzbein und Ihr Gesäß anzuwenden:

Man nimmt die Kanten beider Hände und rubbelt damit kräftig an beiden Seiten neben der Wirbelsäule entlang.
Man kneift mit Daumen und Zeigefinger mehrmals in das Körpergewebe auf beiden Seiten des Rückgrats und anschließend in das Körpergewebe genau über der Wirbelsäule, um die Leitbahn der Steuerung zu stimulieren.
Zum Abschluß rubbelt man mit der Handfläche kräftig über das Kreuzbein und den Po.

Die Niere (Zang)
Funktion: Reinigung und Regulierung

Diese wird auch als »Meister-Energie« bezeichnet. Die Nieren speichern das Jing (prä- und postnatale »Essenz«, die von den Eltern und aus der in dieser Zeit aufgenommenen Nahrung und Verdauung oder dem Gu Ki stammt). Das Jing wird als Quelle aller organischen Funktionen und Veränderungen im Körper angesehen. Es ist der Entwurf für Ihr künftiges Wachstum und die annähernd flüssige Substanz, die das Körper-Yin unterstützt. Als eine »Fundamentale Substanz« ist das vorgeburtliche Jing entscheidend für Ihre Geburt und Ihren Lebensweg, da es sowohl Ihre physische als auch Ihre geistige Verfassung prägt. Es ist eine meßbare Quelle der Vitalität und geht als reproduktive »Essenz« in Gestalt von Eizelle und Sperma verloren. Ihre Eizellen sind ein körperlicher Ausdruck des starken Yin, das mit zunehmendem Alter schrittweise schwindet. Übermäßige Adrenalinausschüttungen (durch exzessiven Sex oder angstauslösende Aktivitäten wie Bungee Jumping) und Geburten erschöpfen das Jing ebenfalls. Diese Faktoren tragen zu frühzeitiger Alterung bei, die ein Zeichen von mangelndem Nieren-Jing ist.

Die Niere kontrolliert Ihre Vitalität, die Regulierung des Ki, die Blutreinigung und Ihre Lebenslust. Die Niere reguliert auch den Unteren Erwärmer und wärmt die Organe; außerdem unterstützt sie die Beseitigung von Abfallstoffen über die »Wasserstraßen« des Entsorgungssystems. Als die »Autoritäten, die die energetische Arbeit leisten«, bestimmen die Nieren-Organe und das Nieren-Ki, ob Sie eine strahlende, optimistische Persönlichkeit sind, die vor Vitalität und Neugier auf das Leben strotzt. Wenn das Nieren-Ki gut fließt, sind die zwischenmenschlichen Beziehungen herzlich, Sie fühlen sich energiegeladen – und man sieht Ihnen das an; Sie haben den Streß unter Kontrolle und brauchen keine Stimulanzien wie Kaffee, Alkohol, Nikotin und ein Übermaß an Sex, um sich gut zu fühlen. Eine ausgeglichene Libido ist ein guter Indikator für die »Vitalität« Ihres Nieren-Ki.

Störungen der Niere sind in der Regel Mangelzustände. Die Erschöpfung von Jing und Nährendem Ki (Ki aus Essen und Trinken), die dafür sorgen, die Stärke der Niere zu erhalten und zu fördern, ist sehr verbreitet. Wir werden nicht mit »zuviel Jing« geboren, und wir können bei normalem Lebenswandel auch nicht »zuviel« Nährendes Ki zu uns nehmen – auch wenn wir in der Regel mehr essen und trinken, als wir tatsächlich brauchen.

Bezogen auf die Fortpflanzung liefert das Nieren-Yang (der »aktivierende« Teil der Niere) den nötigen »Funken« für die Bildung der Eizelle und ihre Beförderung durch die Eileiter. Die Eizelle ist eher Yin, eine dauerhafte, langsamere Persönlichkeit, die die Rahmenbedingungen für die Selektion bei der Befruchtung und dem Wachsen des Fötus liefert. Das Sperma ist eher Yang, ein weniger dauerhafter, aktiver Partner, der den Yang-Funken erzeugt, damit er überhaupt die Hülle der Eizelle durchdringen kann. Es gibt Yin-Sperma, das langsamer zum Ziel kommt, aber dafür länger lebt, und das aktivere, schnellere Yang-Sperma. Letztere Samenzellen werden versuchen, die Eizelle als erste zu erreichen, haben jedoch weniger Ausdauer und ein kürzeres Leben. Das Yin-Sperma wird die Eizelle mit größerer Wahrscheinlichkeit befruchten, wenn der Geschlechtsverkehr kurz vor dem Eisprung stattfindet; das Yang-Sperma hat bessere Chancen, wenn man gleich nach dem Eisprung miteinander schläft. Mit diesem Wissen können Sie auch versuchen, das Geschlecht Ihres Kindes zu beeinflussen.

Das Gehirn wird ebenfalls vom Nieren-Ki bestimmt und nimmt starken Einfluß auf die Hirnanhangsdrüse (das Hormonsystem), genauer, auf den Adrenalinausstoß.

Krankmachende äußere Einflüsse

Der schädliche äußere Einfluß von »Trockenheit« verletzt das Nieren-Ki. Dies ruft einen Yin-(Wasser-)Mangelzustand hervor, der sich möglicherweise mit offensichtlichen »Hitze«-Symptomen bemerkbar macht. Auf lange Sicht dürften in diesem Fall die Körperflüssigkeiten, die Gleitflüssigkeit der Vagina und die »Wasser«-Qualität der Umgebung der Eizellenproduktion die Wahrscheinlichkeit einer erfolgreichen Fortpflanzung vermindern. Die Nierenfunktion ist auch für die Qualität der Knochen und des Knochenmarks zuständig.

Krankmachende innere Einflüsse
Ständige Furcht und Angst belasten das Nieren-Ki. Furcht ist ein heißes Gefühl (Yang), das oft zum Ausbruch eines lodernden »Feuers« führt, welches wiederum das »Leber-Feuer« stimuliert, Ärger auszudrücken.

Behandlung der Niere

- Behandeln Sie Ihren Nieren-Meridian grundsätzlich mit dem Druck von Daumen oder Handflächen entlang der Leitbahn oder wenden Sie die in Kapitel 7 erläuterten Do-In-Klopftechniken an.
- Behandeln Sie Ni 1 (siehe Abb. 1.9, S.28), Bl 23 und Ming Men (Lg4) (siehe Abb. 5.2), um ein stagnierendes Nieren-Ki anzuregen oder zu entspannen (durch Halten oder Stimulieren).
- Sich in die Nieren-Organe hineinzuversetzen, »wärmt« diese und hilft, Blockaden zu beseitigen. Reiben Sie Ihre Hände kräftig aneinander, bis sie warm sind, und legen Sie sie dann auf Ihren Rücken, etwa auf Höhe der untersten Rippe. Stellen Sie sich nun vor, wie ein Glühen von ihnen ausgeht und die Wärme von Ihren Händen in die Nieren strömt. Versuchen Sie, Ihren Puls zu spüren, während das Blut durch sie zirkuliert.
- Machen Sie die »Hochheben-und-Zusammendrücken-Übung« (siehe S. 172–174), um Ki zu erzeugen und den Blut-Fluß in Ihrem »Eizellen-Palast« (dem Bereich zwischen Nabel und Schambein) anzuregen.
- Um die Hirnanhangsdrüse zu stimulieren, halten Sie Lg 16 und In-Do (den Punkt zwischen den Augenbrauen) und stellen sich vor, daß das Ki zwischen diesen beiden Punkten durch die Hirnanhangsdrüse (die sich auf Augenhöhe hinter Ihrer Stirn befindet) hindurch hin- und herströmt, bis Sie es pulsieren fühlen.
- Wenden Sie die Kenbiki-Rubbel- und Quetsch-Techniken (siehe S.91) entlang der Wirbelsäule an, um die Zirkulation von Blut und Ki zu stimulieren. Diese Technik aktiviert auf indirekte Weise das Feuer-Element, besonders die Zirkulationsfunktion des Herzens, die von der Niere im Ko-Zyklus bestimmt wird.
- Stimulieren Sie den Fortpflanzungs-Punkt auf Ihrem Po (siehe Abb. 5.2) mit Tennisbällen. Legen Sie je einen Ball unter jede Gesäßhälfte und legen Sie sich auf den Rücken, wobei Ihr Körpergewicht auf die Bälle sinkt.

Abb. 5.2
Lage von Lg 4, Lg 16, Bl 23 und dem Fortpflanzungs-Punkt

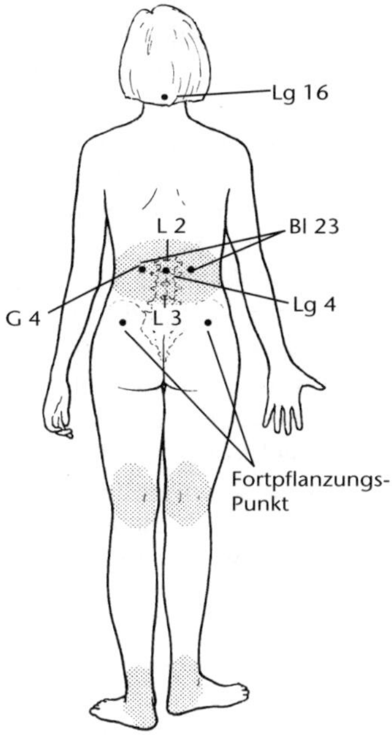

Die Lunge (Zang)
Funktion: Austausch und Beseitigung – »Übertragung«

Mit der Aufnahme von Sauerstoff machen wir uns das Luft-Ki zu eigen, die wichtigste Lebensquelle, die entscheidend ist für den harmonischen Austausch zwischen der inneren und äußeren Umgebung des Körpers. Dieser Ki-geladene Sauerstoff oder »Nebel« wird in den Blutstrom geleitet und reagiert mit der Nährenden Essenz der Milz, um das Herz dabei zu unterstützen, die Grundlagen für die Fundamentale Substanz des Bluts zu schaffen. Wenn Sie nicht effizient atmen, sind Sie nicht »lebendig« – Ihr »potentielles« Sein bleibt ungenutzt.

Als schützende Schicht sowohl in körperlicher Hinsicht (Haut) als auch in energetischer als Ihre Abwehrenergie Wei Ki nimmt die

Lunge Ki auf und »tauscht Information« mit der äußeren Umgebung aus. Auf der emotionalen Ebene werden Ihre »Grenzen« von der Lunge verstärkt. Metaphern wie »dickhäutig« belegen diese schützende Eigenschaft bei emotionalem Mißbrauch. Unterkühlte Beziehungen zu anderen sind Hinweise auf einen Lungen-Ki-Mangel, da eine offene Kommunikation durch die Angst vor Nähe eingeschränkt wird. Unsicherheit, die sich im »Horten« von materiellem Besitz und dem Ringen um die Aufmerksamkeit der Umgebung manifestiert, ist ebenfalls ein Zeichen für Lungen-Ki-Mangel.

In der fernöstlichen Medizin vergleicht man die Lunge mit dem »Premierminister, der dafür verantwortlich ist, die Regierungsgeschäfte zu lenken und alles in Ordnung zu halten«. Sauerstoffarmes Blut wird allmählich verschmutzt und träge, es signalisiert dem Gehirn Ki-Mangel und verursacht eine verminderte Reaktion des Zentralnervensystems, das alle physiologischen Funktionen kontrolliert. Zum Lungen-Gewebe gehören auch die Haut und alle Membranen, so auch die Faszien, die die Gewebe Ihres Körpers miteinander verbinden.

Krankmachende äußere Einflüsse

Die äußeren Einflüsse, die das Lungen-Ki schädigen können, sind »Kälte« und »Trockenheit«. Sie beeinträchtigen auch die physische Lunge, die das Blut und Ki blockiert, da sie den Ki-Fluß verlangsamt. Das Wei Ki wird geschwächt, was eine generell negative Auswirkung hat. Wenn sich der Schleim aufgrund der Ki-Stagnation verdickt, führt dies zu einer Stagnation des Bluts und einer Einschränkung von Atmung und Ki-Fluß.

Krankmachende innere Einflüsse

Da die Lunge vom Oberen Erwärmer (dem Zentrum des Ki in der Brust) reguliert wird und Kommunikation Teil ihres Wesens ist, führt Lungen-Mangel zu einem Ungleichgewicht des Brust-Ki. Dies kann das Shen stören und wiederum eine geringe Lebensqualität, Introvertiertheit und das Zurückweisen von Hilfe zur Folge haben. Traurigkeit schlägt sich in der Haltung und im »Zusammensacken« der Lunge nieder, in nach vorne geneigten Schultern, die Blockaden in der Brust und im Becken verursachen und die Aufnahme von Luft-Ki einschränken. Dies kann sich in Form von Zysten, Adhäsionen, Wasseransammlungen, Frösteln, träger Ausscheidung mit Schleim im Stuhl, dem Gefühl der Unverbindlichkeit von Beziehungen und einem verminderten sexuellen Verlangen niederschlagen.

Behandlung der Lunge

- Behandeln Sie Ihren Lungen-Meridian grundsätzlich mit dem Druck von Daumen oder Handflächen entlang der Leitbahn oder wenden Sie die in Kapitel 7 erläuterten Do-In-Klopftechniken an.
- Die Stärke der Atmung und die »Offenheit« der Lunge – sowohl in körperlicher als auch in emotionaler Hinsicht – wird durch die »Lungen-Seestern-Haltung« gefördert. Für diese Übung legen Sie zwei bis drei Kissen auf den Boden, legen sich mit dem oberen Teil Ihres Rückens darauf und breiten die Arme mit nach oben gerichteten Handflächen aus. Vielleicht brauchen Sie ein kleineres Kissen oder einen Stapel Bücher, um Ihren Kopf abzustützen, allerdings sollte Ihr Kopf leicht nach hinten hängen, so daß Ihr Hals freiliegt. Spreizen Sie die Beine, so daß sie Ihrer Armhaltung entsprechen. Bleiben Sie fünf bis zehn Minuten in dieser Stellung, legen Sie dann eine Hand auf Ihre Brust und die andere auf Ihren Unterbauch. Atmen Sie fünf bis sieben Sekunden tief ein, halten Sie die Luft an, während Sie bis drei zählen und atmen Sie dann

Abb. 5.3
Lage von Lu 1, Lu 10, Lu 11 und Di 4

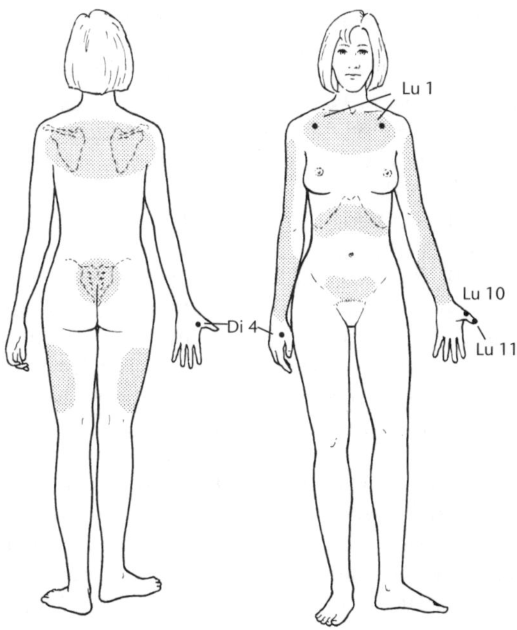

fünf Sekunden lang aus. Versuchen Sie zu spüren, wie Ihre Brust und Ihr Bauch auf den Atemrhythmus reagieren. Atmen Sie noch 10 bis 15 Minuten so weiter und wiederholen Sie die Übung täglich. Sie ist besonders gut geeignet, um Stauungen in der Brust aufzulösen.

- Klopfen Sie Ihren gesamten Brustkorb (vorne, seitlich und hinten) ab – zunächst sanft, dann etwas stärker. Das löst innere Stauungen und erhöht die Produktivität der Lungen.
- Legen Sie die Hände auf das Gebiet um den Solarplexus, um den Mittleren Erwärmer zu entlasten und das Zwerchfell zu entspannen, wie Sie es schon für die Leber und die Milz getan haben.
- Behandeln Sie Lu 1, Lu 10 und Lu 11 und auch Di 4 (siehe Abb. 5.3).

Die Außerordentlichen Gefäße

Es gibt drei *Außerordentliche Energiegefäße,* die einen Kreislauf bilden, der manchmal *Zentrale Leitbahn (Chong Mai)* oder *Spirituelle Leitbahn* genannt wird (*Mai* bezieht sich im Chinesischen auf die vertikalen Leitbahnen des Körpers). Die Zentrale Leitbahn teilt sich in das *Empfängnisgefäß* oder *Ren Mai* (Yin) und das *Lenkergefäß* oder *Du Mai* (Yang). Diese beiden spielen eine wichtige Rolle bei der Regulierung und Steuerung des Meridian-Systems.

Wie bei den meisten fernöstlichen Theorien über Energie sind diese Gefäße weder getrennt von den klassischen zwölf Meridianen noch identisch mit ihnen. Sie sind die entgegengesetzten Repräsentanten von »Himmel« und »Erde« in physikalischer und spiritueller Hinsicht (siehe Abb. 5.4). (In der fernöstlichen Philosophie ist »Himmel« Ausdruck des Kosmos, von schwingender Natur [nicht dicht] und die Quelle von Yang. »Erde« ist eine dichtere Form von Energie, da sie sich vom Immateriellen zum Materiellen wandelt; sie ist die Yin-Natur und der Nährboden des Lebens, genährt von der Sonne des »Himmels«.)

Die zwölf klassischen Meridiane empfangen Energie von diesen Gefäßen und geben überschüssige an sie ab, je nach den körperlichen Bedürfnissen. An diesen zentralen Kreuzungspunkten im Körper treffen die bilateralen Aspekte der Meridiane aufeinander und bilden einen kontinuierlichen Energiefluß. Das Empfängnisgefäß und das

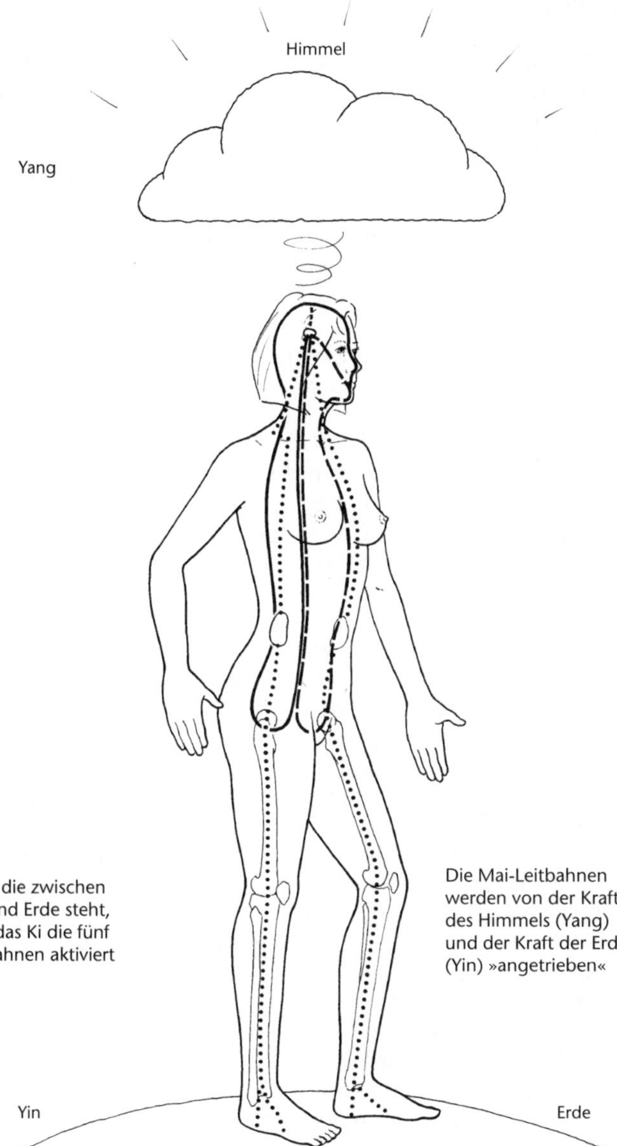

Abb. 5.4
Eine Frau, die zwischen Himmel und Erde steht, während das Ki die fünf Mai-Leitbahnen aktiviert

Die Mai-Leitbahnen werden von der Kraft des Himmels (Yang) und der Kraft der Erde (Yin) »angetrieben«

Lenkergefäß wirken als Regulatoren von Ki und Blut überall im Körper.

Diese Gefäße dringen am Mund in das Innere des Körpers ein, treffen im Zentralhirnbereich (Thalamus) aufeinander und bilden eine Art Schaltzentrale. Sie sind der Kern des Energiesystems, wirken stark auf Ihre spirituelle Verfassung (Yang) und die Verbindung zum »Himmel«. Wenn man seine Zunge beim Meditieren oder bei Atemübungen an den Gaumen drückt, stimuliert das die innere Verbindung der Zentralen Leitbahn, weil es den Kreislauf dieser beiden Gefäße, die Verbindung von »Himmel« und »Erde« schließt.

Die Zentrale Leitbahn oder Zentralgefäß (Chong Mai)

Dies ist die innere Bahn und der Yin-Teil dieser Gefäße. Es beherrscht und kontrolliert seinen Sohn und seine Tochter: Du Mai und Ren Mai. Als Wächter über das Gleichgewicht von Yin und Yang agiert die Zentrale Leitbahn wie eine Computerfestplatte oder das Stammhirn, indem es physische und metaphysische Informationen speichert. Alle Ereignisse in diesem Leben (und vielleicht auch die früherer Leben) werden in dieser Gedächtnis-Bank gespeichert. Vergangene Traumata und Glücksmomente sind wie Schatten immer im Hintergrund und warten auf eine Wiederbelebung bei Gelegenheit. Manche »Erinnerungen« hemmen Ihre Möglichkeiten und hindern Sie daran, das Leben voll auszuschöpfen. Furcht erzeugt einen Widerwillen, Veränderungen zu riskieren. Indem Sie über Du Mai und Ren Mai das Chong Mai bearbeiten, können Sie die Hemmnisse auflösen, die Ihr Potential einschränken.

Die innere Bahn des Chong Mai führt von Ihrem Damm (der Region zwischen Anus und Genitalien), wo es sich mit den beiden anderen Gefäßen vereinigt, durch Ihre Gebärmutter und Ihren Magen hinauf zum Thalamus, wo diese Energieströme mit den Gefäßen Du Mai und Ren Mai zusammenfließen. In der fernöstlichen Medizin bezeichnet man die Gebärmutter auch als »seltsames« Organ, weil es nicht Teil eines bestimmten Meridian-Systems ist. Sie wird auch »der Palast des Kindes« genannt. Die innere Verbindung zwischen Gebärmutter und Magen könnte eine Rolle bei der Übelkeit während der Schwangerschaft und manchen Phasen des Menstruationszyklus spielen.

Krankmachende äußere Einflüsse
Weil dieses Gefäß Yin und Yang reguliert, kann es von verschiedenen äußeren Einflüssen geschädigt werden, wenn diese chronisch sind und zu degenerativen Erkrankungen wie zum Beispiel AIDS führen.

Krankmachende innere Einflüsse
Weil dieses Gefäß die Exekutive darstellt, die das ganze Energiesystem kontrolliert und reguliert, spiegelt sie alle Ereignisse in Ihrem Leben wider und wird von Ihnen beeinflußt. Dominante Neurologische Muster (*Dominant Neurological Patterns*) werden von der Zentralen Leitbahn gespeichert und bestimmen darüber, wie Sie in verschiedenen Situationen reagieren. Verhaltensmuster, die von den Eltern angelegt wurden, zum Beispiel Ärger unterdrücken und entwickelte Unsicherheiten (etwa eine Sache niemals anfangen oder zu Ende führen können, aus Angst vor dem Versagen), beeinflussen Ihr tägliches Leben und Ihre Beziehungen.

Empfängnis- oder Direktionsgefäß (Ren Mai)

Es wird auch als »großer mütterlicher Strom« bezeichnet und ist das »Meer« aller Yin-Meridiane. Das Wort Empfängnis ist eine eher freie Übersetzung, und Direktionsgefäß trifft den Sachverhalt besser, weil es tatsächlich für das Dirigieren des Yin durch das System zuständig ist. Dieses Gefäß hat den stärksten Yin-Energie-Einfluß und überwacht das »Wasser« (Yin) des Körpers. Wie die Bezeichnung Empfängnisgefäß schon zeigt, beeinflußt es ferner Ihre Fähigkeit zur Empfängnis sowohl auf sexueller als auch auf spiritueller Ebene. Die Yin-Meridiane besitzen tiefere Verzweigungen, die sie mit dem Zentralgefäß verbinden, das hinter dem Empfängnisgefäß liegt.

Krankmachende äußere Einflüsse
Weil dieses Gefäß das Yin reguliert, ist es verschiedenen schädlichen äußeren Einflüssen ausgesetzt, falls diese chronisch einen oder mehrere der Yin-Meridiane oder -Organe belasten.

Krankmachende innere Einflüsse
Vom psychologischen Standpunkt aus betrachtet können die Symptome von gestörter Harmonie durch emotionalen Streß sexuelle Probleme, geringes Selbstvertrauen, Überempfindlichkeit, Kommunikationsschwierigkeiten oder spirituelle Rastlosigkeit sein. An kör-

perlichen Symptomen können Beschwerden des Urogenitaltrakts, ein Leistenbruch, ein Kältegefühl im Bauch, Blähungen, Unfruchtbarkeit, Menstruationsbeschwerden, eine vorzeitige Menopause, Magenschmerzen, Verdauungsbeschwerden, Blaseninfektionen oder Herzprobleme auftreten.

Lenkergefäß (Du Mai)

Es wird auch als »großer väterlicher Strom« bezeichnet und ist das »Meer« aller Yang-Meridiane. Es besitzt den stärksten Yang-Energie-Einfluß und überwacht das »Feuer« des Körpers (Yang). Das Lenkergefäß fungiert als zentrale Stütze der Wirbelsäule und des Rückenmarks und hat daher großen Einfluß auf Ihr Nervensystem und Ihre geistige Verfassung. Die Yang-Meridiane sind innerlich mit dem Zentralgefäß (Chong Mai) verbunden, das vor dem Lenkergefäß liegt.

Krankmachende äußere Einflüsse
Weil dieses Gefäß das Yang reguliert, ist es verschiedenen schädlichen äußeren Einflüssen ausgesetzt, falls diese chronisch einen oder mehrere der Yang-Meridiane oder -Organe belasten.

Krankmachende innere Einflüsse
Vom psychologischen Standpunkt aus betrachtet können die Symptome von gestörter Harmonie durch emotionalen Streß eine nervöse emotionale Verfassung, Hypersensibilität, Starrheit im Denken, die Einstellung, daß Ihre Ansicht die beste ist, Schlaflosigkeit, Lebensangst oder allgemeine Angst umfassen. An körperlichen Beschwerden können Schmerzen entlang der Wirbelsäule, Kopfschmerzen, Rückenschmerzen, Erkrankungen des Zentralnervensystems, innere Blutungen, Hämorrhoiden, Magersucht, Epilepsie, Multiple Sklerose, Lähmungen oder Hirn- und Rückenmarksentzündungen auftreten.

Behandlung der Außerordentlichen Gefäße

- Es gibt keine spezifischen Tsubo auf der Zentralen Leitbahn, da es sich um ein inneres Gefäß handelt, allerdings kann man den Zugang über die Stimulierung des Lenkergefäßes versuchen: Lg 20, Lg 16, Lg 4 und Lg 2 (siehe Abb. 1.15, S. 34). Klopfen Sie leicht auf diese Punkte oder bitten Sie Ihren Partner, längeren Druck auf sie auszuüben. Das wird das Lenkergefäß, das Zentralgefäß und das Direktionsgefäß über ihre inneren Verbindungen aktivieren.

- Sitzen Sie mit gekreuzten Beinen, wobei eine Ihrer Fersen Ihren Damm berührt (Eg 1), dann lassen Sie sich leicht auf Ihre Ferse sinken, während Sie tief atmen.
- Lassen Sie Ihren Partner Ihre Wirbelsäule entlang und dann auf Ihr Kreuzbein klopfen, um das Lenkergefäß zu stimulieren.
- Legen Sie Ihren rechten Zeigefinger genau über das Schambein und den linken Zeigefinger in die Einbuchtung zwischen Brust- und Schlüsselbein. Drücken Sie diese Punkte sanft, während Sie ruhig weiteratmen und sich eine Verbindungslinie zwischen ihnen vorstellen.
- Legen Sie einen Ihrer Zeigefinger in die Vertiefung unter Ihrer Nase (Lg 26) und drücken Sie zehn Sekunden lang sanft.
- Klopfen Sie mit dem Gelenk eines Ihrer Daumen sanft auf den Bereich zwischen Ihren Augenbrauen. Das hilft bei Kopfschmerzen in der Stirn und stimuliert außerdem die Hirnanhangsdrüse.

Kapitel 6

Gesund mit Shiatsu

Gesund bleiben

> Ich bin die Quelle meiner eigenen Gesundheit und meines Wohlbefindens.[1]

Mit der Gesundheit verhält es sich so ähnlich wie mit dem Glücklichsein – solange wir sie besitzen beziehungsweise glücklich sind, sind wir uns dessen kaum bewußt, und erst wenn wir sie oder es verlieren, erkennen wir, wie wichtig und wertvoll sie oder es war. Das Allerwichtigste, was man über Gesundheit lernen muß, ist deshalb, wie man sie sich erhält. Viele Menschen setzen Gesundheit mit der Abwesenheit von Krankheit gleich. Ein Grund dafür könnte sein, daß das Wort Gesundheit von »gesunden« kommt. Und gesunden heißt nun einmal, sich von Krankheit erholen. Gesund bedeutet aber auch, voller Leben zu sein, und gesund sein heißt auch, sich ganz zu fühlen, im Einklang mit sich selbst und dem gewählten Lebensweg zu sein. Es bedeutet zudem Selbstliebe und Respekt vor sich selbst.

Der Philosoph Lao Tse hat gesagt: »Der Mensch erlangt Gesundheit, wenn er zur Natur zurückkehrt.« Klassischen fernöstlichen Lehrbüchern zufolge ist ein Leben in Übereinstimmung mit der Natur und nach dem Gesetz von Yin und Yang der beste Weg, um Harmonie von Körper und Geist sowie ein langes und erfülltes Leben zu erlangen.

> Dem Lauf der Natur zu folgen, ist immer noch der beste Weg ...
> Säe den Samen, bring die Ernte ein.[2]

Wie werden und bleiben Sie also gesund? Was müssen Sie dafür tun? Gesundheit ist ein Geschenk, das Sie sich selbst machen; Heilung und Gesundheit kommen von innen. Gesundheit kann Ihnen nicht von außen aufgezwungen werden. Hören Sie auf Ihren Körper und erkennen Sie, daß Sie, was Ihr Wohlbefinden angeht, Ihr eigener Experte sind. Leider entscheiden sich manche von uns für den beschwerlichen Weg und werden erst aus Schaden klug, d.h., erst wenn ihr Körper großes Unwohlsein und Schmerz anzeigt, nach Liebe und Aufmerksamkeit schreit. Erst dann geben sie nach und lauschen auf das, was er ihnen zu sagen hat. Stimmen Sie sich auf die monatlichen Veränderungen und Hormonschwankungen während des Zyklus und der Menopause ein. Je aufmerksamer Sie werden, desto leichter erkennen Sie Ihre Stärken und Begabungen und können Ihr Glück fördern. Zum Heilen und zur Gesundheit gehört auch ein Bewußtseinswandel. Entwickeln Sie damit Wertschätzung für den Menschen, der Sie sind, und ein Bewußtsein für Ihre körperlichen und emotionalen Strukturen, so daß Sie dann angemessen reagieren können.

> Unsere Aufgabe ist es, göttliche Liebe, Schönheit und Seligkeit
> auf eine Weise in die Welt zu bringen, die jedem von uns entspricht.[3]

Vorbeugen statt heilen

Wie schon am Anfang dieses Kapitels erläutert, ist das Wichtigste, was wir über Gesundheit lernen müssen, wie wir sie erhalten können. Die streßgeplagte Gesellschaft, in der wir leben, fördert einen gesunden Lebenswandel nicht gerade, so daß Sie sich selbst der Verantwortung stellen müssen, gesund zu werden und zu bleiben.

Streßreduzierung

Ihr Körper reagiert auf Streß mit einer verstärkten Produktion von Hormonen, wie zum Beispiel Adrenalin. Dies führt zu Veränderungen der inneren Umgebung (etwa der Erhöhung von Puls und Blutdruck). Die Hormonausschüttung bewirkt auch körperliche Aktivität mit dem Ziel, die Leistung insgesamt zu steigern. Ab einem bestimmten Level jedoch zerstören diese Reaktionen Ihre Fähigkeit, die Lage zu meistern, und Dauerstreß führt oft zu mentalen und physischen Symptomen wie Angstzustände und Depression, Herzrasen und Muskelschmerzen.

Hier eine Zwei-Schritt-Formel
zum Streßmanagement:
Schritt 1: Lassen Sie sich nicht von Kleinigkeiten fertig machen.
Schritt 2: Vergessen Sie nicht, alle Dinge sind Kleinigkeiten.

Anthony Robbins[4]

Es gibt im wesentlichen zwei Möglichkeiten der Streßreduzierung. Die erste ist die Veränderung des Lebensstils, d. h., bewußt alle äußeren Umstände ändern, die Ihnen Streß verursachen könnten. Das kann bedeuten, den Job zu wechseln, eine Partnerschaftsberatung aufzusuchen, um Ihre Beziehungsprobleme aufzuarbeiten, oder die Ziele in Ihrem Leben neu zu definieren. Oft geht es einfach darum, sich mehr Zeit für sich selbst zu nehmen und generell offener zu sein, in allem, was Sie tun.

Gönn dir Ruhe;
ein Feld, das geruht hat, trägt wunderschöne Früchte.

Ovid[5]

Die andere Methode, Streß zu verringern, ist, sich selbst beizubringen, wie man sich ganz bewußt entspannt. Das bedeutet oft eine gezielte Umstellung durch wiederholtes Üben. Tägliche, programmierte, tiefe Entspannung stellt eines der wichtigsten Elemente der Krankheitsvorbeugung dar. Das folgende Entspannungstraining sollten Sie täglich mindestens 20 Minuten praktizieren.

Bitte beachten Sie: Tiefe Entspannung ist nicht dasselbe wie Schlaf, und um den vollen Nutzen daraus zu schöpfen, ist es wichtig, nicht während der Entspannung einzuschlafen (natürlich können Sie nach den 20 Minuten einen Mittagsschlaf halten oder zu Bett gehen).

- Legen Sie sich in bequemer Haltung hin. Versuchen Sie, bewußt alle Muskeln einzeln zu entspannen und zu dehnen, stellen Sie sich vor, daß sie warm und schwer werden – beginnen Sie damit am Kopf und arbeiten Sie sich bis zu den Füßen hinunter. Lenken Sie dann Ihr Bewußtsein in Ihren Unterbauch.
- Atmen Sie von dieser Stelle aus ein und aus und zentrieren Sie sich selbst. Das wird Ihnen helfen, Ihren Geist zu beruhigen, und zur totalen körperlichen Entspannung führen.

Wenn Sie sich einmal an die absolute Entspannung gewöhnt haben, können Sie die oben beschriebene Technik anwenden, sobald Sie spüren, daß sich eine Spannung in Ihrem Körper aufbaut. (Als Alternative können Sie auch Cassetten oder CDs mit gesprochenen Anleitungen zum Entspannen verwenden, die es in jeder Buchhandlung zu kaufen gibt.) Der fernöstlichen Medizin zufolge ist Spannung Ursache und Folge von blockiertem Ki und Blut-Fluß und führt zu »Hitze« und Stauungen in unserem Körper. Je schneller es uns also gelingt, sie abzubauen und uns zu entspannen, desto unwahrscheinlicher ist es, daß krankmachende »Hitze« und Stagnation sich in unserem Körper anstauen.

Grundsätzliches zu Sport und Bewegung

Ein gewisses Maß an körperlicher Betätigung ist nötig, wenn Sie gesund bleiben und Krankheiten vermeiden möchten. Wenn Sie sich ausruhen und körperlich nicht aktiv sind, kehrt Ihr Blut aus den äußeren Regionen zur Leber zurück. Wenn Sie Sport treiben oder sich auf andere Weise körperlich betätigen, lenkt das Ki das Blut aus der Leber heraus. Das hilft, stagnierendes Ki oder Blut wegzuschwemmen, und bringt die Dinge in Bewegung. Da ein stagnierendes Ki und/oder stagnierendes Blut die Hauptursachen der meisten chronischen, inneren Erkrankungen sind, läßt sich die gesunde und vorbeugende Wirkung von regelmäßiger Bewegung leicht ermessen.

Manche Aerobic-Übungen nützen auch dem Herz und den Lungen. Aerobic-Übungen wirken wie das Öffnen eines Druckventils in Ihrem Inneren. Sie lassen den Dampf von durch Streß und Anspannung aufgestautem Ki entweichen. Tiefe Entspannung ist dagegen wie das Zurückschalten der Hitze unter dem Kessel. Der Schlüssel zu beidem sind Regelmäßigkeit und Durchhaltevermögen.

> Gib niemals auf.
> Gib niemals auf.
> Gib niemals auf.
> *Sir Winston Churchill*[6]

Es gibt aber Zeiten, in denen Sie auf anstrengende Bewegung oder Sport verzichten sollten, nämlich während Ihrer Menstruation. Hartes Training während der Regel kann dazu führen, daß Blut und Ki ihren Pfad verlassen, und ein solcher erratischer Ki-Fluß kann zu Störungen wie Blutungen der Gebärmutter oder einer übermäßigen Regelblutung führen. Auch Geschlechtsverkehr ist eine körperliche

Aktivität, die Sie während Ihrer Periode unterlassen sollten, weil man annimmt, daß dadurch der Fluß von Ki und Blut von »nach unten hinaus« in »nach oben hinein« umgekehrt wird, was zu stagnierendem Blut führen kann.

Un-Wohlsein

> Un-Wohlsein ist kein Feind, den es zu zerstören gilt.
> Es ist ein Freund, dem man zuhören und den
> man dann in Gesundheit verwandeln muß.[7]

Erlauben Sie dem Un-Wohlsein, eine Lernerfahrung für Ihre eigene Entwicklung zu sein. Werden Sie sich Ihrer Schwächen bewußt, seien Sie dankbar für sie und betrachten Sie sie als Richtlinien für Ihr Verhalten, nicht als etwas, wofür man sich schämen müßte. Oft weisen uns unsere Schwächen den Weg in eine andere Richtung und lehren uns, wie wir auf fürsorgliche Weise besser auf uns selbst achten können.

Diagnose und Selbstbeobachtung

Diagnose ist eine Kunst, die auf dem Studium der menschlichen Gestalt, Natur und Erfahrung beruht. Die Grundlagen der Diagnose sind leicht zu erlernen, und eine intuitive Begabung dafür ist uns allen angeboren. Diese Intuition weiterzuentwickeln, ihr vertrauen zu lernen, sie durch theoretische und praktische Erfahrung zu erweitern – das ist die Basis für eine genaue Diagnose. Wir praktizieren sie ohnehin täglich in unseren Beziehungen; wenn wir zum Beispiel zu einem Freund sagen »Du siehst müde aus«, ist das eine Diagnose.

Sich selbst eine Diagnose zu stellen, kann jedoch eine gewagte Sache sein. Zunächst ist vielleicht Ihre subjektive Meinung durch Ihre Selbsteinschätzung getrübt, die nicht unbedingt mit dem objektiven Urteil eines anderen übereinstimmt. Wenn die Lektüre dieses Buchs Ihre erste Begegnung mit Shiatsu und der fernöstlichen Medizin ist, sind Sie noch kein Experte. Deshalb sollten Sie, wenn Sie im Zweifel sind, den Rat eines erfahrenen Shiatsu-Lehrers oder eines anderen Therapeuten einholen.

Beim Shiatsu benutzen wir fünf Diagnosemethoden:
- Ansehen
- Fragen
- Berühren
- Einsetzen der übrigen Sinne, inklusive Riechen und Hören
- Intuition

Die Kombination dieser Eindrücke nennen wir, auf sich selbst, Ihren Partner oder auf eine andere Person *zu hören*. Eine wirklich erfolgreiche Diagnose erfordert, daß Sie zuhören, ohne zu urteilen, daß Sie objektiv subjektiv bleiben. Wenn Sie sich richtig auf Ihren Partner einstimmen, können Sie Ihr Selbst für einen Moment aufgeben und Ihr Partner werden, seine »Lebenskraft« so spüren, wie Sie die Kraft eines schnell fließenden Wassers fühlen, wenn Sie die Hand hineintauchen. Wenn Sie wirklich zuhören und in das Energiefeld des anderen eintauchen, wird es leichter und erfüllender, die Stärken und Belastungen des anderen zu erkennen.

Zeichen und Symptome

Beim Shiatsu unterscheidet man zwischen Zeichen und Symptom. Grundsätzlich sind Zeichen und Symptome Ausdruck des ganzen Menschen, was sein energetisches und körperliches Gleichgewicht betrifft. Zeichen sind das, was der Therapeut durch Ansehen, Berühren und Fragen diagnostiziert. Es sind quasi objektive Betrachtungen, wie zum Beispiel die dunklen Ringe unter Ihren Augen oder daß Sie immer die Nähe des Ofens suchen, um Ihr Bedürfnis nach Wärme zu befriedigen (ein Hinweis auf einen Mangelzustand). Symptome basieren dagegen auf Informationen, die Sie als Patientin liefern. Zusammen ergeben diese Zeichen und Symptome eine genaue Diagnose und Prognose des Verlaufs Ihres Un-Wohlseins.

Das Äußere spiegelt das Innere

Die beiden anderen Faktoren, die in der fernöstlichen Medizin in Betracht gezogen werden, sind, daß das Äußere das Innere widerspiegelt, und daß ein kleiner Teil das Ganze repräsentiert. Deshalb gibt eine genaue Betrachtung von Haaren, Haut, Knochenqualität, Muskeltonus, Körpergeruch, Teint, Zunge, Haltung und emotionalem

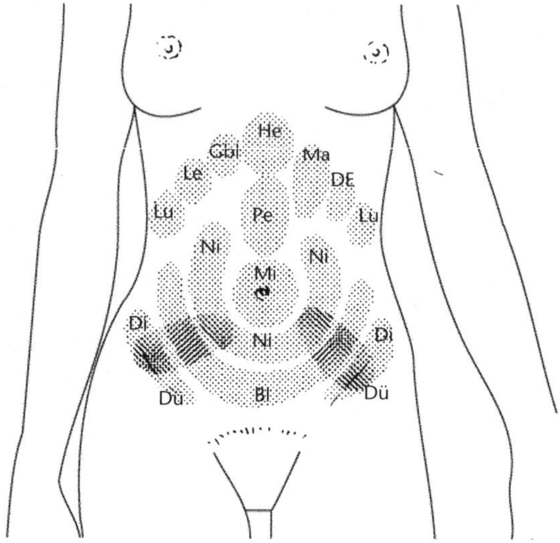

Abb. 6.1
Karte für die Haradiagnose

Ausdruck wichtige Hinweise auf den inneren Zustand. Da kein Teil des menschlichen Körpers unabhängig vom Gesamtorganismus existieren kann, ist es nur vernünftig zu bedenken, daß jeder Teil Informationen über den ganzen Körper enthält und widerspiegelt. Das haben auch die Erkenntnisse bei der Ermittlung von Erbinformationen aus Körperflüssigkeit oder -gewebe bestätigt.

Im Shiatsu sehen wir uns auf der Suche nach Informationen zunächst das Gesicht (siehe S. 129–133), das Hara, den Rücken, die Zunge und die Meridiane an. Verschiedene Zonen des Hara und des Rückens spiegeln den Zustand Ihrer inneren Organe wider. Durch Berühren und Spüren der Qualität der Energie auf der Körperoberfläche können Sie den Gesundheitszustand der inneren Organe diagnostizieren (siehe Abb. 6.1 und 6.2). Die genaue Betrachtung verschiedener Regionen der Zunge gibt auf ähnliche Weise Aufschluß über den Gesundheitszustand verschiedener Organfunktionen (siehe Abb. 6.3). Üblicherweise nimmt man eine kombinierte Betrachtung all dieser Körperzonen vor.

Abb. 6.2
Karte für die Rückendiagnose

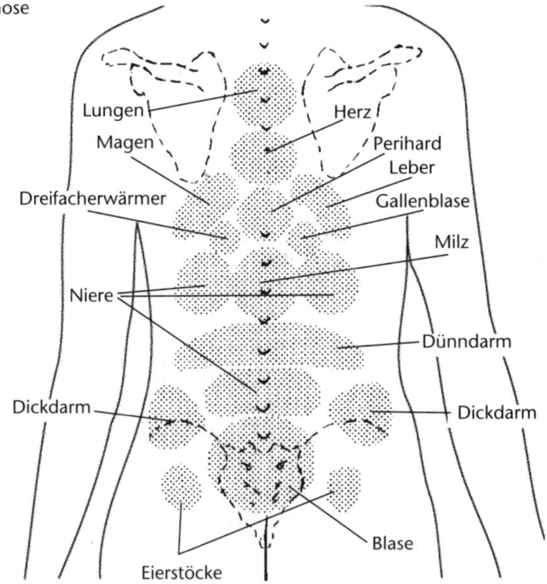

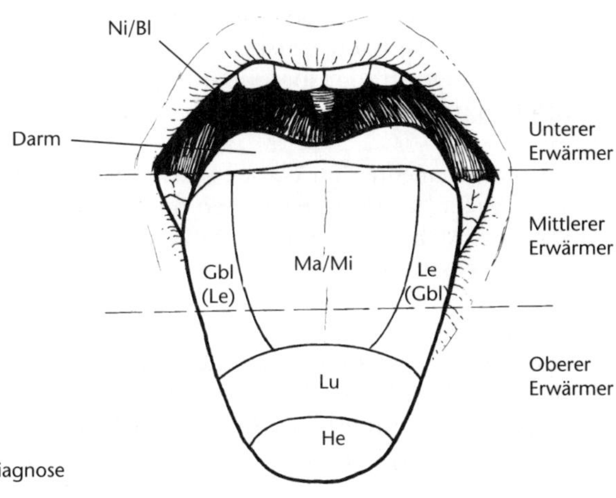

Abb. 6.3
Karte für die Zungendiagnose

Die Fünf Elemente – ein zusätzliches Diagnose-Instrumentarium

Das Studium und die Beobachtung der Natur ist für das Verständnis der fernöstlichen Medizin von fundamentaler Bedeutung. Yin und Yang beschreiben die Bewegung von Energie, wie sie auf- oder abwärts, nach innen oder außen strömt. Es ist der Kern der Interaktion aller natürlichen Phänomene und dient dazu, sowohl das physische als auch das metaphysische Wesen aller Dinge zu beschreiben, von der Struktur eines Organs bis hin zum Geisteszustand oder zur Persönlichkeit eines Menschen. Sind Sie ein oder kennen Sie einen Yin-Menschen? Er ist gelassen, bevorzugt harmonische Beziehungen, ist in der Regel ruhig bis zur Gefügigkeit, introvertiert und ein Denker, besonders, was »spirituelle« Dinge angeht. Umgekehrt ist die Yang-Persönlichkeit sehr körperlich orientiert, gesellig, extrovertiert, ungeduldig, voller Energie, Dinge anzupacken, und meistens in Eile.

Zusammen mit der Theorie von Yin und Yang bildet die Lehre von den *Fünf Elementen* die philosophische Basis der Chinesischen Medizin. Das Universum besteht aus diesen Elementen, und da auch Sie Teil des Universums sind, bestehen Sie zwangsläufig ebenfalls aus diesen Elementen. Sie »sind« diese Elemente, Natur ist in und um uns, und jedes Element ist ein Teil unseres Seins, so wie es Teil der Welt um uns herum ist. Jedes Element besitzt einen eigenen Charakter und symbolisiert unterschiedliche mit ihm einhergehende Eigenschaften und natürliche Phänomene. Sie befinden sich in einem ständigen Transformationsprozeß, entsprechend der Veränderung der natürlichen Phänomene und insbesondere entsprechend der Interaktion Ihrer inneren und äußeren Umgebung.

> Die Fünf Elemente sind Wasser, Feuer, Holz, Metall und Erde. Wasser befeuchtet abwärts, Feuer lodert empor, Holz läßt sich biegen und strecken, Metall schmelzen und härten, die Erde gestattet es, zu säen, wachsen zu lassen und zu ernten.
>
> *Shong Shu*[8]

Jedes Element ist mit einer Emotion, einem Geschmack und einem Geräusch verbunden (siehe unten) und wird energetisch durch ein Organpaar repräsentiert: ein Yin und ein Yang (dies sind die Zangfu-Organe, die in Kapitel 5 beschrieben werden). Auf diese Weise wird das nötige Yin-Yang-Gleichgewicht aufrechterhalten.

Wie Dianne Connelly sagt: »Die Wechselwirkung der Fünf Elemente sorgt für Harmonie, und alles ist in Ordnung. Am Ende eines Jahres hat die Sonne ihre Reise beendet, und alles beginnt von neuem mit der ersten Jahreszeit, die den Frühling einleitet. Dieses System ist wie ein Ring – ohne Anfang, ohne Ende.«[9]

	Holz	Feuer	Erde	Metall	Wasser
Negative Gefühle	Ärger Ungeduld	Erregbarkeit Nervosität	Zynismus Eifersucht	Trauer Depression	Furcht Unsicherheit
Positive Gefühle	Geduld Humor	Freude Ruhe	Mitleid Zuverlässigkeit	Optimismus Stabilität	Mut Vertrauen
Geschmacksrichtungen	sauer	bitter	süß	scharf	salzig
Geräusche	Geschrei	Gelächter	Gesang	Weinen	Stöhnen

Die Gefühle, Geschmacksrichtungen und Geräusche der Fünf Elemente

Jahreszeiten

Wir haben alle Jahreszeiten, die wir besonders oder nicht so sehr mögen. Diese Unterscheidung ist normalerweise Ausdruck Ihres Gesundheitszustands und insbesondere des Zustands Ihrer individuellen Organfunktionen. Jemand, der mehr Yin ist, besitzt üblicherweise weniger innere Körperwärme, mag heiße Getränke, liebt es, sich in warme Kleider zu kuscheln und schätzt den Winter nicht, weil er sich in der Kälte unwohl fühlt. Dies sind alles Zeichen eines »Feuer-Mangels« (Yang); sie stehen in Zusammenhang mit zu wenig »Nieren-Feuer«, der Energie, die Sie wärmt. Sie können einige Erkenntnisse über sich selbst gewinnen, wenn Sie Ihre Reaktionen auf den Wechsel der Jahreszeiten beobachten.

Der Jahreszeiten-Tag

Jeder Tag spiegelt die gleichen jahreszeitlichen Veränderungen wider wie der Jahreszyklus. Die Zeit vom ersten Beginn der Dämmerung bis zur Mitte des Morgens entspricht dem Frühling, der Hochsommer dauert bis zum Mittag, der Spätsommer reicht bis zum frühen Nachmittag, der Herbst vom Spätnachmittag bis zum frühen Abend, und die Nacht entspricht dem Winter. Verschiedene Organe erreichen zu verschiedenen Tageszeiten den »Höhepunkt« ihrer Vitalität. Sollte ein Organ aus dem Gleichgewicht geraten – in einen Überfluß- oder Mangelzustand –, dann wird es während seiner normalen Hochphase echte physische oder mentale Störungen verursachen. Wenn Sie zum Beispiel morgens nicht ansprechbar sind und alles und jeden unerträglich finden, dann ist Ihre Leber aus dem Gleichgewicht. – Eine gute Ausrede, oder? Die Organe lassen sich den einzelnen Jahreszeiten zuordnen:

- Frühling – Leber und Gallenblase
- Hochsommer – Herz, Dünndarm, Perikard und Dreifacherwärmer
- Spätsommer – Magen, Milz und Bauchspeicheldrüse
- Herbst – Lunge, Dickdarm
- Winter – Blase und Nieren

Shen- und Ko-Zyklus

Die Energien der einzelnen Organe wirken in einem unterstützenden und nährenden (zeugenden) Zyklus, dem sogenannten Shen-Zyklus, und in einem kontrollierenden oder beschränkenden Zyklus namens Ko-Zyklus zusammen. Wie schon erläutert gibt es fünf sich ständig transformierende Elemente, von denen jedes energetisch durch ein Organpaar aus Yin und Yang repräsentiert wird.

Im Shen-Zyklus ist jedes Zang-Organ – die Lunge, die Niere, die Leber, das Herz, der Perikard und die Milz – nährende »Mutter« des nachfolgenden Zang-Organs, das entsprechend als »Kind« bezeichnet wird. Daraus läßt sich zum Beispiel ableiten, daß die Lunge die Mutter der Niere ist und zugleich das Kind der Milz, wobei eines das andere unterstützt (siehe Abb. 6.4).

Die Elemente werden in Abhängigkeit voneinander geschaffen und transformiert, da kein Teil unabhängig vom Ganzen agieren kann. Wenn wir das berücksichtigen, begreifen wir auch das Zusammenwirken im Shen-Zyklus:

- Holz nährt das Feuer
- Feuer erzeugt Hitze und schafft so Asche für die Erde
- Erde fördert das Wachstum und die Stärke von Metall
- Metall schließt die Bewegung des Wassers ein
- Wasser nährt und erhält das biegsame Holz

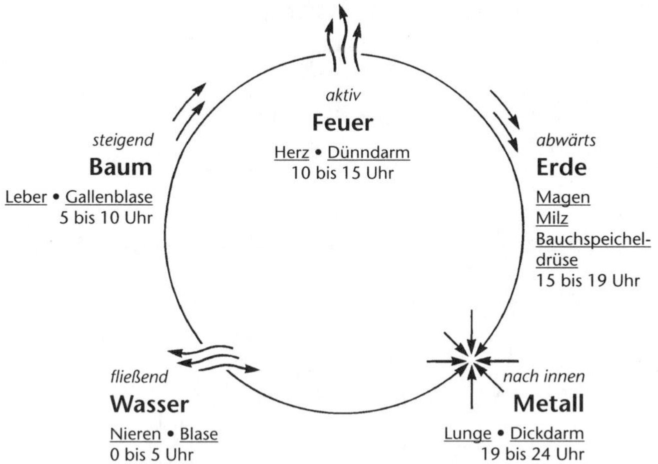

Abb. 6.4
Der Shen-Zyklus der Mutter-Kind-Beziehungen

Im Ko-Zyklus kontrolliert jedes Element ein anderes und wird auch selbst wiederum von einem Element kontrolliert. Das dient dazu, die Fünf Elemente im Gleichgewicht zu halten. Es kann hier aber auch passieren, daß ein Element überreagiert und ein anderes »beleidigt«. Der Ko-Zyklus wird manchmal auch der »destruktive Zyklus« genannt, weil die »Eltern« sich um die Kontrolle über die Familie zanken und für Verwirrung sorgen. Das Ganze wird zu einem Egotrip Ihrer inneren Organe, von denen jedes maximale Aufmerksamkeit verlangt und zu keinem Kompromiß bereit ist. Es endet meistens damit, daß das ganze energetische System in Mitleidenschaft gezogen wird und die Harmonie zeitweise verlorengeht (siehe Abb. 6.5).

Die Wechselwirkung zwischen den Fünf Elementen im Ko-Zyklus funktioniert folgendermaßen:

- Holz verwurzelt sich und bindet die Erde
- Erde bedeckt und bremst das Wasser
- Wasser löscht das Feuer
- Feuer brennt und schmilzt das Metall
- Metall schneidet und zersplittert das Holz

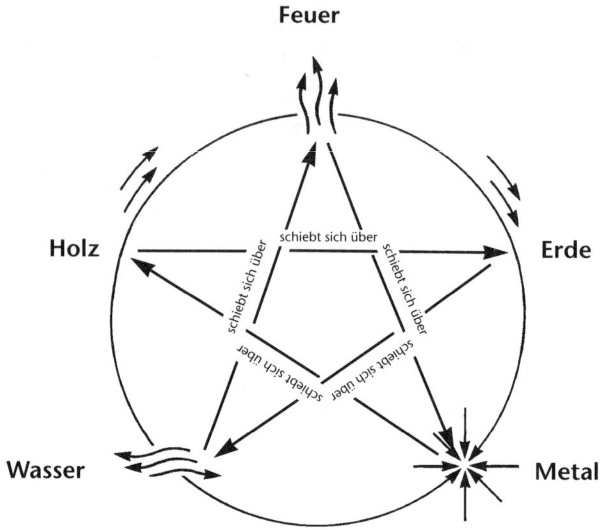

Abb. 6.5 Der Ko-Zyklus

Wenn man die Fünf Elemente oder die Fünf Transformationszustände von Energie verstanden hat, hilft das sehr bei der Diagnose von energetischen Ungleichgewichten durch Beobachtung und Fragen. Viele Charakterzüge und Gewohnheiten kann man zu den verschiedenen Elementen und Organfunktionen in Beziehung setzen. Wenn Sie das Ungleichgewicht erkannt haben, sind Sie in der Lage, sich eine spezielle Behandlung zu überlegen oder auf der Basis dieser Information Empfehlungen zu geben.

Wenn zum Beispiel ein Ungleichgewicht des Elements Wasser vorliegt, müssen Sie die Mutter des Wassers – das Metall und besonders das Lungen-Ki – im Shen-Zyklus stärken und kontrollieren, daß die Erde keinen Mangel leidet und dem Wasser Energie entzieht oder daß das Feuer nicht lodert und das Wasser überwältigt. Wenn das Wasser einen Mangel leidet, stärken Sie es, indem Sie sich um das Metall (die Mutter) kümmern. Wenn es sich im Zustand des Überflusses befindet, behandeln Sie das Holz, um etwas von dem Überschuß abzuleiten, und kontrollieren die Elemente Erde und Feuer auf Mangelzustände (siehe Abb. 6.4 und 6.5).

Gesichtsdiagnose

Der Mikrokosmos spiegelt den Makrokosmos wider

Das Gesicht ist wie ein Mikrokosmos, der den Makrokosmos des ganzen Körpers reflektiert und somit widerspiegelt, was mit Ihren inneren Organen passiert. Sehen Sie sich Ihr Gesicht an, um Ihren allgemeinen Gesundheitszustand zu beurteilen. Seien Sie aber gewarnt: Lassen Sie die Zeichen Ihres Gesichts und Körpers nicht zu einer Obsession werden. Jeder drückt seinen Zustand in seiner äußeren Erscheinung aus, und dies soll eine Methode sein, Ihre Stärken und Schwächen zu erkennen, um Ihren Gesamtzustand zu verbessern. Hier ein paar Zeichen, auf die Sie achten sollten (siehe Abb. 6.7):

- Ein aufgedunsenes Gesicht ist ein Zeichen für ein Ungleichgewicht von Milz und Lymphen.
- Schwellungen unter den Augenbrauen deuten auf eine Stagnation oder Stauung in der Gallenblase hin.
- Schwellungen über den Augenbrauen sind ein Hinweis auf eine Stauung in den Nebenhöhlen und deshalb auch eine Stauung im Dickdarm. Letzteres ist ein Zeichen für eine allgemeine Stauung im Körper und weist auf »Feuchtigkeit« als dominierenden Zustand hin.
- Schwellungen neben der Nase sind ebenfalls ein Zeichen für Stauungen in den Nebenhöhlen und können auf eine Einschränkung der Nasenknochen hinweisen, die wiederum die Schädelknochen (insbesondere die Bewegungen des Keilbeins) einschränken. Indirekt wird dadurch die Funktion der Hirnanhangsdrüse beeinträchtigt, die für die Hormonregulierung zuständig ist.

Um verstopfte Nebenhöhlen wieder freizumachen, versuchen Sie es mit einer täglichen Nasendusche mit Meersalz. Lösen Sie einen Teelöffel Meersalz in einer Schüssel mit lauwarmem Wasser auf; halten Sie ein Nasenloch zu und »saugen« sie das Wasser mit dem anderen Nasenloch ein und bis in den Mund; spucken Sie es dann aus. Wiederholen Sie diesen Vorgang ein paarmal, um den verhärteten Schleim aufzuweichen und sein Abfließen zu fördern. Zusätzlich können Sie auch die Punkte Ma 3 und Le 20 (siehe Abb. 6.6) bearbeiten. Drücken Sie mit Ihren Daumen entlang des oberen Knochens der Augenhöhle. Legen Sie Ihren Daumen an Ihren Gaumen und drücken Sie mit einer sanften, nach oben gerichteten Bewegung. Das befreit die Nasenknochen und stimuliert das Empfängnisgefäß des Mundes.

Abb. 6.6
Nebenhöhlen-Stauung:
Behandlungspunkte

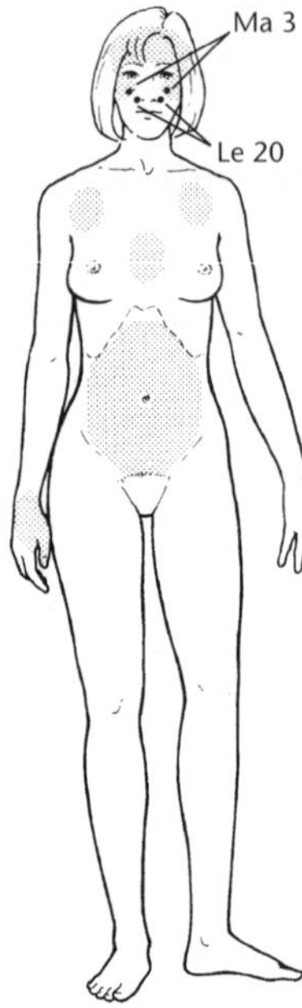

- Dunkelheit zwischen dem inneren Augenwinkel und dem Nasenrücken weist auf eine Fehlfunktion der Milz hin.
- Horizontale Linien auf dem Nasenrücken zeigen eine Fehlfunktion der Bauchspeicheldrüse an.
- Fettige Haut, Schwellungen, Verfärbungen oder Pickel an den Schläfen sind allesamt Anzeichen für ein Ungleichgewicht der »Feuchtigkeit« der Milz (siehe Abb. 6.7).

Gesichtsfarbe/Teint

Eine gesunde Gesichtsfarbe drückt die Gesundheit Ihrer Organe aus, umgekehrt zeigt eine anormale Gesichtsfarbe Disharmonien an:
- *Milz* – gelblich, fahler Teint, teigiges, schlaffes Fleisch
- *Leber* – grünlich gelb
- *Niere* – schwärzlich bis blau
- *Lunge* – blaß oder käsig bis grau
- *Herz* – rötlich

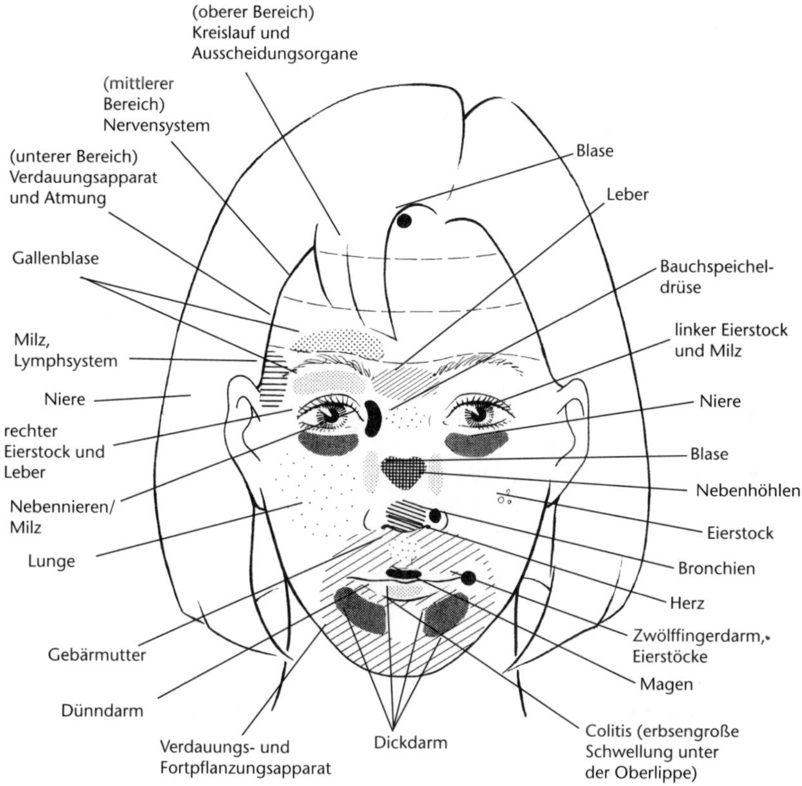

Abb. 6.7
Karte für die Gesichtsdiagnose

Die Augen

Die Augen sind »die Fenster der Seele« und spiegeln im allgemeinen den »Lebensfunken« der Leber:

- ein verschwommener, teilnahmsloser Blick reflektiert den energetischen Zustand des linken beziehungsweise rechten Eierstocks. Genauer spiegelt das linke Auge die Milzfunktion, das rechte die Leberfunktion wider. Schwellungen oder dunkle Schatten unter den Augen weisen auf einen Mangel an Nieren-Yang hin.

- Pusteln im Nieren-Diagnosebereich unter den Augen deuten auf Schleimstauungen mit der Anlage zur Nieren-Verhärtung (Steine) hin, d.h. auf eine Stagnation des Nieren-Yin.
- Rötungen entlang des Lidrands signalisieren eine Erschöpfung der Niere.

Die Wangen

- Eine teigige oder weißliche Farbe deutet auf eine träge Atmung und einen schwerfälligen Kreislauf hin, was zu einer Verlangsamung der Funktion der Hirnanhangsdrüse und des Hormonsystems im allgemeinen führt.
- Ständige Pickel auf den Wangen sind ein Hinweis auf die Möglichkeit von Eierstockzysten auf der jeweiligen Seite.
- Sporadisch gerötete Wangen können einen Yin-Mangel anzeigen, besonders wenn Sie an Symptomen wie nächtliche Hitzewallungen oder extrem erhöhter Körpertemperatur während des Schlafens leiden.

Die Mundregion

Die Mundregion hängt generell mit den Funktionen Fortpflanzung und Verdauung zusammen:

- Ein grünlicher Ton um den Mund ist ein Hinweis auf eine lang anhaltende Stagnation und könnte ein präkanzeröses Zeichen für die Fortpflanzungsorgane sein.
- Eine geschwollene Unterlippe weist auf Trägheit des Dickdarms und eine schlechte Verdauung hin.
- Wenn die Haut an der Oberlippe wie vom Wind gerötet ist, zeigt das Hitze im Magen an und könnte ein Hinweis auf ein Magen- oder Zwölffingerdarmgeschwür sein.
- Eine horizontale Linie über der Oberlippe kann nach einer Hysterektomie oder aufgrund einer über lange Zeit gestörten Menstruation auftauchen.
- Schwellungen oder Verfärbungen der Mundwinkel zeigen die Stagnation von Blut im Eierstock auf der jeweiligen Seite an.
- Haarwuchs auf der Oberlippe einer Frau ist ein Zeichen von Überschuß, besonders von Yang, der möglicherweise von den Eltern

vererbt sein kann und auf viel tierische Nahrung, besonders in der Kindheit, hinweist. Meist geht damit auch Haarwuchs auf dem Kreuzbein einher.

- Falten um den Mund (wie sie sich zum Beispiel bilden, wenn Sie an etwas Saurem lutschen) sind ein Zeichen potentieller Unfruchtbarkeit, bei der der Schoß schrumpft oder kalt und trocken geworden ist.
- Eine Verhärtung am Kinn zeigt eine Stauung im Bereich der Fortpflanzungsorgane an.
- Schwellungen auf oder unter der Unterlippe können auf eine Colitis hinweisen.
- Wunden (Herpesbläschen) sind ein allgemeines Zeichen für das Un-Wohlsein des Systems und Störungen des Immunsystems (Milz) und treten besonders bei körperlichem und seelischem Streß auf.

Das Kinn

- Ein Doppelkinn deutet auf einen Mangelzustand der Milz und das Fehlen von organisch strukturellem »Halt« hin und kann mit einer generellen Neigung zu Bandscheibenvorfall und Leistenbruch einhergehen.
- Hängebacken drücken ebenfalls einen Mangel an der Milz aus.

Die Haare

- Verstärkter Haarausfall und vorzeitiges Ergrauen zeigen Streß und eine Fehlfunktion der Nieren an. Haarverlust und Ergrauen können am Vorderkopf durch zuviel Zucker und chemisch behandelte Lebensmittel verursacht sein, am Hinterkopf durch zu salzige und viel tierische Nahrung. Vorzeitiges Ergrauen ist auch ein Zeichen für Nieren-Yin-Mangel.
- Fettiges oder trockenes Haar signalisiert einen schwachen Fluß des Nieren-Ki.

Abb. 6.8
Karte für die Körperdiagnose

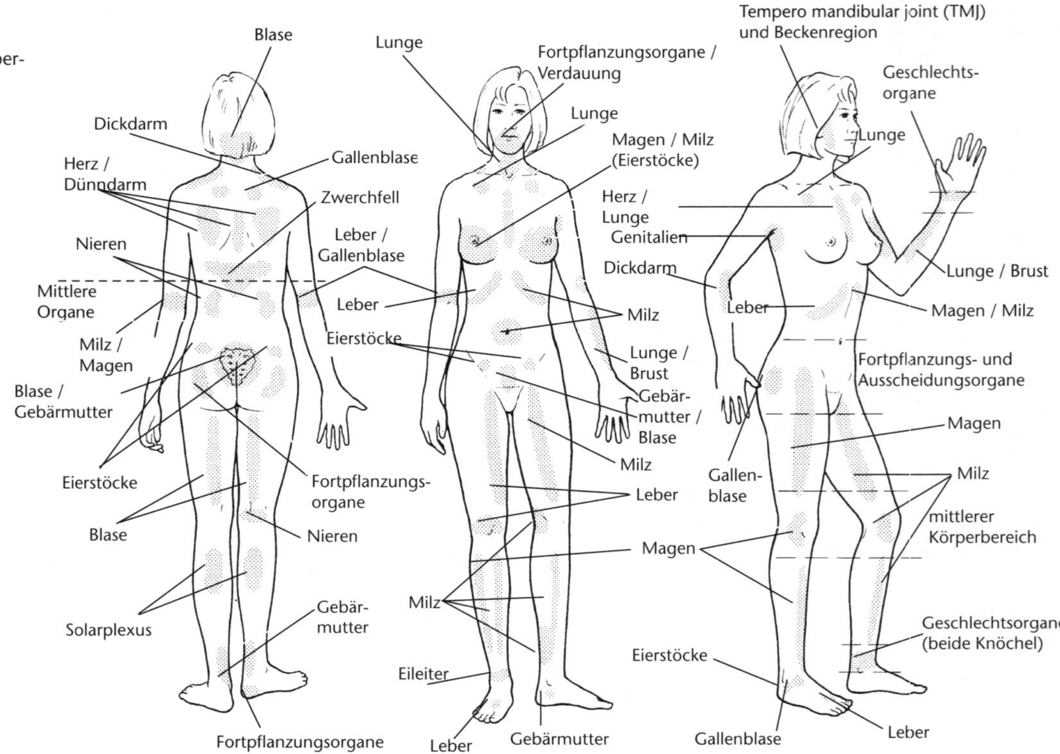

Körperdiagnose

Verschiedene Regionen Ihres Körpers spiegeln das Befinden verschiedener innerer Organe wider. Indem Sie den Zustand einer Körperzone diagnostizieren, gewinnen Sie Informationen über die entsprechende Organfunktion (siehe Abb. 6.8).

Die Unterarme

- Fettknötchen oder Zysten in den Unterarmen können auf Fettgewebe oder Zysten in der Brust auf derselben Seite hinweisen.

Die Hände

- Die Faust steht in Beziehung zum Herzen; die Stärke des andauernden Händedrucks ist Ausdruck der Vitalität des Herz-Ki.
- Deutliche Wellen auf den Knöcheln sind ein positives Zeichen für ein gesundes Herz; Schwellungen deuten auf Verhärtungen im Perikard (der sackartigen Membran, die das Herz schützend umgibt) hin.
- Ballen Sie Ihre Hand so fest zur Faust, daß Ihre Finger weiß werden – wenn das Weiß nur langsam wieder verschwindet, zeigt das eine schwache Zirkulation (Stagnation von Blut) an.
- Violette Verfärbungen der Fingerspitzen stehen für Yin (»Kälte«), das versucht, aus dem Körper zu verschwinden.
- Sind Ihre Hände trocken, ist das ein Zeichen für Yang; sind sie feucht, gilt das als Zeichen für Yin. Feuchte, kalte Hände signalisieren einen langanhaltenden Mangelzustand. Heiße Hände weisen auf einen eher akuten Überschußzustand hin.

Die Füße und Fußknöchel

- Schwellungen, Aufgedunsenheit und Verfärbungen deuten allgemein auf eine Stagnation des Bluts hin und treten in verschiedenen diagnostischen Bereichen auf. Bläuliche, bräunliche oder gar gelblich/grüne Verfärbungen zeigen eine vertiefte Stagnation von zunehmendem Schweregrad an. Finden Sie heraus, welcher Meridian verfärbt ist.

- Die Knöchelinnenseite steht in Verbindung mit dem Uterus, die Außenseite mit den Eierstöcken.
- Ist die Achillessehne verhärtet oder geschwollen, deutet das auf eine Stauung in der Gebärmutter hin. Schmerzen, Schwellungen oder Verfärbungen des Knöchels unterhalb des Schienbeins zeigen eine Störung der Eileiter an.
- Wenn der »Hals« der großen Zehe schmerzt, geschwollen oder arthritisch ist, deutet das auf eine Stauung am Gebärmutterhals hin.

Wenn Sie diese diagnostischen Zonen durch Massage oder Druck mit Ihren Fingerspitzen behandeln, wird das den jeweiligen Organen helfen, ihren Zustand zu verbessern.

Das Becken

- Ein schwacher Tonus der Muskeln an Bauch, Gesäß und Oberschenkeln zeigt eine schwache Vitalität des Ki und eine geschwächte »Unterstützung« durch die Milz an, der es nicht gelingt, die Konturen des Körpers zu definieren. Das ist typisch für eine sitzende Lebensweise und zugleich mangelhafte Ernährung.

Die Haut

Ihre Haut kann elastisch bleiben, bis Sie um die sechzig sind. Der Zustand Ihrer Haut ist ein Spiegel des Funktionierens Ihrer inneren Umgebung. Wenn Ihre Haut und Ihr Fleisch außen sichtbar erschlaffen, herrscht auch in Ihrem Inneren Schlaffheit. Das kann sich auf bestimmte diagnostische Zonen beschränken oder ein allgemeiner Zustand sein.

- Ein gesunder Hauttonus ist charakterisiert durch Glätte, Geschmeidigkeit, leichte Feuchtigkeit statt Trockenheit und Elastizität – d.h., wenn Sie an Ihrer Haut ziehen oder sie zusammenkneifen, springt sie sofort wieder in ihre ursprüngliche Form zurück. Bei einem anderen Test rubbeln oder kneifen Sie ein Stück Haut, bis es rot wird, und warten dann, wie lange es dauert, bis die Farbe wieder normal ist. Bei einem Mangelzustand wird es lange dauern, bis die Haut sich rötet und lange bis kurz, bis sie wieder blaß wird. Bei einem Überschuß wird die Haut schnell rot und braucht lange, um wieder zu erblassen.

- Lockere Haut, die sich leicht vom darunterliegenden Muskel wegziehen läßt, weist auf einen Mangel hin – fehlende Vitalität, um das Fleisch zu »binden«, sowie auf stagnierendes Blut und Ki mit Giftstoffen, die nicht erfolgreich entsorgt wurden. Es zeigt auch eine schwache Milzfunktion und ein geschwächtes Wei Ki an.
- Wenn die Haut fest mit dem darunterliegenden Muskel verbunden ist und es schwerfällt, die zwei Schichten zu trennen, liegt ein Überschuß vor. Die Haut fühlt sich straff gespannt an und sieht auch so aus.

Ausfluß

Ausfluß aus der Vagina ist ein natürliches Gleitmittel, das außerdem der Befeuchtung und Ausscheidung dient. Der Vaginalschleim wird um den Eisprung herum zäher und weißlicher. Ansonsten ist der Ausfluß einer gesunden Frau durchsichtig. Ausfluß kann folgende Veränderungen aufweisen und so Informationen über die Gesundheit der Fortpflanzungsorgane vermitteln:

- Durchsichtiger Schleim zeigt den normalen Gesundheitszustand an.
- Weißer Schleim weist auf irgendeine Stauung von Schleim, »Kälte« und/oder »Feuchtigkeit« hin.
- Gelber Schleim signalisiert eine Verhärtung von Gewebe und einen »Hitze«-Zustand, wahrscheinlich in Kombination mit »Feuchtigkeit«.
- Brauner Schleim ist ein Hinweis auf eine langanhaltende Stagnation und offenbart eine Stagnation von Ki und Blut.
- Grüner Schleim kann auf einen präkanzerösen Zustand hindeuten, weshalb Sie ärztlichen Rat einholen sollten.

Gewebetonus

- Dellen im Körpergewebe deuten auf Ansammlungen von Schleim hin und finden sich dort, wo das Gewebe geschwollen ist, zum Beispiel in Form von Ödemen. »Schleimstauung« bezieht sich hier auf stagnierendes Blut und Ki, die auf einen Mangelzustand hinweisen. Er tritt zusammen mit »Feuchtigkeit« auf und signalisiert eine schwache Zirkulation des Ki.

- Schwellungen rund um die Knöchel sind ein Hinweis auf stagnierendes Blut und »Feuchtigkeit« in den Fortpflanzungsorganen. Wenn die Schwellung eher fest ist und die Haut wie gestrafft erscheint, handelt es sich vor allem um eine Stauung von Wasser, die mit der Nierenfunktion zusammenhängt. Bestimmen Sie die Art der »Feuchtigkeit«, indem Sie weitere Symptome von »Kälte« und »Hitze«, aber auch die Ausscheidungen (Stuhl und Urin) untersuchen. Reichlich blasser Urin und weicher, wässriger Stuhlgang deuten auf »Kälte« hin, spärlicher, gelber Urin und fester Stuhlgang oder Verstopfung auf »Hitze«.
- Eine aufgedunsene Kreuzbeingegend zeigt eine Stauung von Wasser oder Schleim sowie die Stagnation von Blut mit »Kälte« und »Feuchtigkeit« im Unteren Erwärmer an.

Kapitel 7

Gesund und schön

Sich gut fühlen, gut aussehen

Wenn Sie mit sich selbst zufrieden sind und wissen, daß Sie etwas für einen gesunden Lebenswandel tun, wird sich das auch in Ihrer äußeren Erscheinung niederschlagen. Zu wissen, daß Sie das Beste für sich selbst tun, und Spaß daran zu haben, verleiht Ihrer Haut einen gesunden Schimmer, auch im übertragenen Sinn. Wer sich gut fühlt, sieht eben auch gut aus. Sie werden schnell merken, welchen Nutzen Sie von Ihrer gesteigerten Vitalität haben, einfach dadurch, wie Sie auf Ihre Umgebung wirken: Der »Lebensfunke«, der in Ihren Augen glitzert, drückt Selbstvertrauen und Sicherheit aus. Diese Selbstsicherheit hilft Ihnen sowohl im Berufs- wie im Privatleben, da sie Ihnen die Möglichkeit gibt, Ihr Potential auszuschöpfen und das Leben auszukosten.

Do-In-Übungen: Energie für den Körper, Spannung für die Meridiane

Ihr Ki wird in den Organen und im übrigen Körpergewebe gespeichert; Blockaden sitzen meist im gespeicherten Ki der Gelenke. Diese speichern das Yin oder das »Potential« Ihres Körpers. Die Muskeln aktivieren (oder »yangisieren«) dieses Yin und sorgen für Aktivität.

Der Begriff »Do-In« bedeutet einfach »Art der Übung« und umfaßt eine Kombination verschiedener Techniken, um das Ki in Bewegung zu bringen. Zu diesen Techniken gehören das Trommeln oder Klopfen auf den Meridianen und Muskeln, Dehnübungen und eine Vielzahl von Atem- und Bewegungsübungen, die allesamt den Ki-Fluß verbessern sollen. Für einen lebenssprühenden Gesundheitszustand müssen Sie also schon ein bißchen was tun.

Wenn Sie Ihre Meridiane aufwecken und aktivieren, ermöglicht Ihnen das, Ihr ganzes Potential zu nutzen. Mit den beschriebenen Klopftechniken können Sie lernen, die Meridiane in etwa fünf Minuten konzentrierter Anstrengung zu aktivieren. Beim ersten Mal werden Sie dafür vielleicht noch etwas länger brauchen, aber mit ein bißchen Übung geht es immer besser. Freude an sich selbst zu haben, ist eine absolut fundamentale Voraussetzung für erfolgreiches und bewußtes Üben. Wenn das Üben zu einem stimulierenden, angenehmen Teil Ihres Tagesablaufs geworden ist, haben Sie die erste Hürde schon genommen.

Entwickeln Sie schrittweise ein regelmäßiges Programm einfacher Übungen, das Ihnen einen Vitalitätsschub gibt und Ihnen hilft, bei guter Gesundheit zu bleiben. Regelmäßige Übungen für den Ki-Fluß, wie die unten beschriebenen, aktivieren die Meridian- und Organfunktionen, so daß Sie sich besser fühlen und besser aussehen.

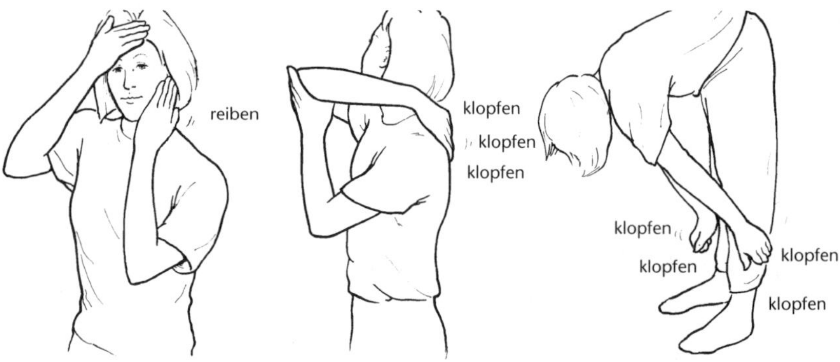

Abb. 7.1
Klopf-Do-Ins für Kopf, Rumpf und Beine

Das Do-In-Programm für jeden Tag

Kopf und Rumpf

- Stehen Sie aufrecht mit etwa schulterbreit gegrätschten Beinen. Heben Sie Ihre Schultern und lassen Sie sie ein paarmal fallen, um alle Spannung aus ihnen zu nehmen. Schütteln Sie auch Ihre Beine aus.
- Ballen Sie Ihre Hände zu lockeren Fäusten und lassen Sie sie mit lockeren Handgelenken schlackern.
- Klopfen Sie sanft auf die Oberseite Ihres Kopfes und arbeiten Sie sich dann um Ihren ganzen Kopf herum, wobei Sie den Druck Ihren Bedürfnissen anpassen. Das weckt Ihr Gehirn auf und stimuliert die Blutzirkulation, was auch gut für Ihren Haarwuchs ist.
- Reiben Sie Ihr Gesicht mit den Händen, so als ob Sie sich waschen wollten.
- Benutzen Sie wieder Ihre locker geballten Fäuste, um Ihren Nacken klopfend zu bearbeiten, insbesondere dort, wo Sie Verspannungen fühlen. Legen Sie eine Hand mit der Handfläche auf Ihren Nacken und massieren Sie ihn mit knetenden Bewegungen. Danach kneten und massieren Sie Ihre Schultermuskulatur (die Trapezmuskeln). Im Nacken und in der Schultergegend gibt es oft eine Menge Spannungen, besonders wenn Sie zuviel gegessen haben oder überarbeitet sind. Den ganzen Tag am Schreibtisch zu sitzen, tut da nicht besonders gut; stehen Sie deshalb zwischendurch immer wieder auf und reiben Sie Ihre Schultern.

Arme und Hände

- Benutzen Sie Ihre linke Hand, um den rechten Ellbogen zu stützen, klopfen Sie mit der rechten Hand (die immer noch zu einer lockeren Faust geballt ist) Ihre linke Schulter und Ihren Rücken, so weit Sie mit Ihrer Hand reichen. Lassen Sie den Ellbogen los, strecken Sie den linken Arm mit der Handfläche nach oben vor sich aus und klopfen Sie ihn von der Schulter bis zur Hand ab. Drehen Sie Ihren Arm dann um und klopfen Sie von der Handfläche wieder bis zur Schulter hinauf. Wiederholen Sie die ganze Übung dreimal.
- Bearbeiten Sie die Gelenke jedes Fingers Ihrer linken Hand kreisend und massierend mit Daumen und Zeigefinger Ihrer rechten Hand. Das verschafft große Erleichterung bei Streß in den Hän-

den, wirkt vorbeugend gegen Arthritis und verbessert die Beweglichkeit der Gelenke.

- Massieren Sie mit Ihrem rechten Daumen die Mitte Ihrer linken Handfläche. Das ist Pe 8 – der »Palast der Angst« –, der allgemeine Spannung abbaut. Lassen Sie Ihre Arme locker an Ihren Seiten herabhängen und vergleichen Sie sie. Der linke fühlt sich wahrscheinlich leicht und lebendig an, der rechte dagegen vergleichsweise »hölzern«. Möchten Sie sich lieber rundherum leicht und lebendig oder hölzern fühlen? Sie haben die Wahl. Wiederholen Sie die Übungen an Ihrem rechten Arm und Ihrer rechten Hand und vergleichen Sie die Arme dann noch einmal.

Brust, Hara und Rücken

- Klopfen Sie – entweder mit einer lockeren Faust oder mit der flachen Hand –, auf und um die Brüste herum und auf die Rippen. Massieren Sie Ihre Brüste (das ist eine gute Gelegenheit, sich auf Knoten oder andere Veränderungen zu untersuchen), widmen Sie dabei Ihren Brustwarzen besondere Aufmerksamkeit (Ma 17 verläuft durch sie hindurch), da dies die Funktion der Eierstöcke stimuliert und bei stillenden Frauen gut für die Regulierung und Förderung der Milchbildung ist. Machen Sie diese Übung täglich, um Ihre Eierstöcke gesund zu erhalten, was auch zu einem ausgeglichenen Hormonhaushalt beiträgt.
- Legen Sie beide Hände übereinander auf Ihren Unterleib und führen Sie mit ihnen eine Bewegung im Uhrzeigersinn (auf der linken Seite abwärts, auf der rechten hinauf) aus. So folgen Sie der Richtung der Blutzirkulation und der Verdauung. Machen Sie diese Bewegung etwa eine Minute lang.
- Legen Sie Ihre Handaußenflächen auf Ihren Rücken, unterhalb der Rippen. Hier befinden sich Ihre Nieren. Reiben Sie zunächst leicht, dann fester und schließlich so fest, daß sich dabei Wärme entwickelt. Das regt das Ki an, das dafür zuständig ist, Sie zu wärmen und auch die Libido als Ausdruck Ihrer Vitalität verbessert.
- Beugen Sie sich leicht nach vorne und klopfen Sie mit Ihren geballten Fäusten mehrmals von so weit oben am Rücken wie möglich bis hinunter zu Ihrem Po. Verweilen Sie etwas länger auf Ihrem Gesäß, bis Sie fühlen, daß es sich entspannt. Das regt die Verdauungs-, Ausscheidungs- und Geschlechtsorgane an, indem es das parasympathische Nervensystem aktiviert.

- Klopfen Sie mit Ihrem Handrücken auf Ihr Kreuzbein und so weit wie möglich das Rückgrat hinauf. Wenn Sie Ihr Steißbein bearbeiten, macht das die Nebenhöhlen frei – atmen Sie also während dieser Übung tief durch die Nase.

Beine und Füße

- Bleiben Sie stehen, grätschen Sie aber Ihre Füße etwas weiter. Beugen Sie die Knie leicht und beginnen Sie mit einer lockeren Faust oder der offenen Hand, die Außenseiten beider Beine von den Hüften bis zu den Knöcheln zu beklopfen. Bearbeiten Sie dabei die ganzen Außenseiten der Beine. Jetzt klopfen Sie auf der Innenseite Ihrer Beine und Oberschenkel von den Knöcheln bis hinauf zur Leiste. Dann klopfen Sie auf der Rückseite Ihrer Beine vom Po bis zu den Fersen hinunter. Wiederholen Sie die ganze Übung dreimal.
- Setzen Sie sich auf den Boden. Konzentrieren Sie sich jeweils auf einen Fuß, dessen Sohle Sie mit den Knöcheln Ihrer Faust, so leicht oder fest wie es Ihnen angenehm ist, massieren. Massieren Sie auch die Stellen zwischen den Zehen und die Zehengelenke, so wie Sie es bei Ihren Fingern gemacht haben. Die Zehen sind sehr wichtig für Ihr Gleichgewicht und verdienen dafür liebevolle Aufmerksamkeit. Die Bein-Meridiane beginnen oder enden fast alle in den Zehen, so daß Sie, wenn Sie Ihre Zehen bearbeiten, gleichzeitig auch die Meridiane aktivieren. Ein Hinweis auf diese Verbindung ist Gicht, die meist an den großen Zehen auftritt, dort, wo der Leber-Meridian beginnt.
- Benutzen Sie Ihre Daumen, um den gesamten Bereich um ihre Knöchelgelenke zu massieren. Dies sind die Diagnose- und Behandlungszonen für die Eierstöcke und die Gebärmutter: Die Außenseite spiegelt die Eierstöcke wider, die Innenseite die Gebärmutter. Verfärbungen oder Schwellungen zeigen Störungen dieser Organfunktionen an.
- Nehmen Sie einen Fuß in die Hände und führen Sie mit dem Knöchel eine kreisförmige Bewegung aus, um die Beweglichkeit des Gelenks zu verbessern. Wiederholen Sie das gleiche mit dem anderen Fuß.
- Zum Schluß streicheln Sie Ihre Meridiane sanft und liebevoll, indem Sie – als ob Sie sich waschen würden – über Gesicht, Arme, Hände, Rumpf, Beine und Füße streichen.

Dehnübungen für die Meridiane

Diese Übungen sind dazu gedacht, das Funktionieren Ihres Energiesystems zu verbessern, indem sie die Meridiane öffnen und so den ungehinderten Fluß der Lebenskraft erlauben. Führen Sie das ganze Übungsprogramm täglich durch oder machen Sie spezielle Dehnübungen, um Ungleichgewichte in bestimmten Meridianen auszugleichen. Denken Sie immer daran, daß kein einzelner Teil Ihres Körpers betroffen sein kann, ohne Ihr ganzes Sein bis zu einem gewissen Grad miteinzubeziehen.

Wenn Sie diese Übungen machen, ist es wichtig, daß Sie sich selbst nicht in bestimmte Dehnungspositionen zwingen. Versuchen Sie statt dessen, sich langsam in jede Dehnung hineinzubewegen und nutzen Sie dabei Ihre Atmung als Orientierungshilfe. Geben Sie Ihrem Körper auch Gelegenheit, sich zwischen den einzelnen Dehnungen zu entspannen. Manche der Übungen werden Ihnen leichter erscheinen als andere – nutzen Sie diese Erfahrung als Teil einer Selbstdiagnose, denn sie liefert Ihnen Erkenntnisse darüber, wo in Ihrem Körper Spannungen herrschen und wo das Ki blockiert ist. Wenn Sie Ihre Atmung auf die beschriebene Weise nutzen und die Übungen regelmäßig durchführen, werden Sie bald Fortschritte in Ihrer Beweglichkeit bemerken, und natürlich werden Ihnen die Übungen jedes Mal leichter fallen.

Übung 1: Dehnung des Lungen- und des Dickdarm-Meridians

- Stehen Sie mit etwas mehr als schulterbreit gegrätschten Beinen. Stellen Sie Ihre Füße so, daß Ihre Zehen leicht nach außen zeigen. Führen Sie Ihre Hände mit nach hinten zeigenden Handflächen hinter Ihrem Rücken zusammen. Verschränken Sie Ihre Daumen ineinander und spreizen Sie Ihre Finger, so stark Sie können (siehe Abb. 7.2).
- Atmen Sie ein, während Sie Ihre Wirbelsäule strecken, indem Sie Ihren Kopf in Richtung Decke heben (als würde er an einem Faden nach oben gezogen). Atmen Sie aus und beugen Sie sich in der Taille nach vorn, während Ihre Knie locker geschlossen bleiben. Strecken Sie beide Arme mit durchgedrückten Ellbogen nach hinten über Ihren Kopf. Dehnen Sie sich nach vorne, so weit Ihr Körper es zuläßt. Beginnen Sie mit dem Einatmen und füllen Sie

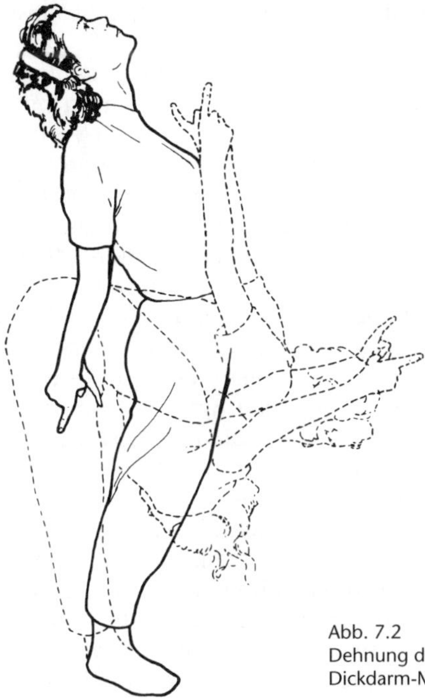

Abb. 7.2
Dehnung des Lungen- und des Dickdarm-Meridians

Ihren Körper mit Ki. Atmen Sie in Ihr Hara hinein und stellen Sie sich vor, wie die Ki-Energie von Ihrem Zentrum aus in die Arme und Beine fließt. Sie werden die Dehnung wie ein Ziehen an den Rückseiten Ihrer Arme und Beine und am Rücken spüren. Vielleicht haben Sie auch ein Gefühl von Spannung oder Prickeln entlang des Lungen- und des Dickdarm-Meridians.

- Atmen Sie langsam aus und stellen Sie sich vor, wie die Ki-Energie frei wird, erlauben Sie Ihrem Körper, sich zu entspannen. Wiederholen Sie die Atemübung noch zwei- bis dreimal: Atmen Sie ein, während sich Ihr Körper mit Ki füllt, spüren Sie den Lungen- und Dickdarm-Meridian, atmen Sie dann aus und entspannen Sie sich. Kehren Sie danach langsam in Ihre Ausgangsposition zurück.

Übung 2: Dehnung des Magen- und des Milz-Meridians

- Knien Sie sich in Seiza-Haltung (Knie geschlossen, Rist der Füße nach unten) auf den Boden, wie in Übung 1 mit gestreckter Wirbelsäule. Legen Sie Ihre Hände mit nach vorne gerichteten Fingern hinter sich. Atmen Sie ein und lehnen Sie sich zurück, wobei Sie sich auf Ihre Hände stützen. Atmen Sie langsam aus und schieben Sie Ihre Hüfte sanft nach vorne und oben in Richtung Decke. Lassen Sie Ihren Kopf nach hinten fallen (siehe Abb. 7.3). Wenden Sie dieselbe Atemtechnik an wie in Übung 1: Atmen Sie ein und füllen Sie Ihren Körper mit Ki. Sie werden eine Spannungslinie entlang der Oberseite Ihrer Oberschenkel und bis hinunter zum kleinen und zweiten Zeh und Ihre Brust hinauf bis in den Hals spüren. Diese Spannungslinie korrespondiert mit dem Magen- und dem Milz-Meridian. Entspannen Sie sich, während Sie die Luft aus Ihren Lungen ausströmen lassen, und wiederholen Sie dann die Übung zwei- oder dreimal.
- Vielleicht haben Sie das Gefühl, daß Sie diese Übung noch ein bißchen steigern könnten. Wenn dem so ist, versuchen Sie, mit Ihren Ellbogen bis auf den Boden zu kommen oder sich ganz flach auf den Boden zu legen, während Sie Ihre Arme über Ihrem Kopf ausstrecken. Achten Sie auf eventuelle Spannung, die sich bei dieser Übung im Lendenwirbelbereich aufbauen könnte. Denken Sie immer daran, sich zu nichts zu zwingen – versuchen Sie lieber bei jeder Dehnung, sich Ihrer Grenzen bewußt zu werden (siehe Abb. 7.3).
- Kommen Sie wieder in die Ausgangsposition zurück, indem Sie sich mit Hilfe Ihrer Hände aufrichten. Beugen Sie sich nach vorne und dehnen Sie sich in die umgekehrte Richtung. Klopfen Sie

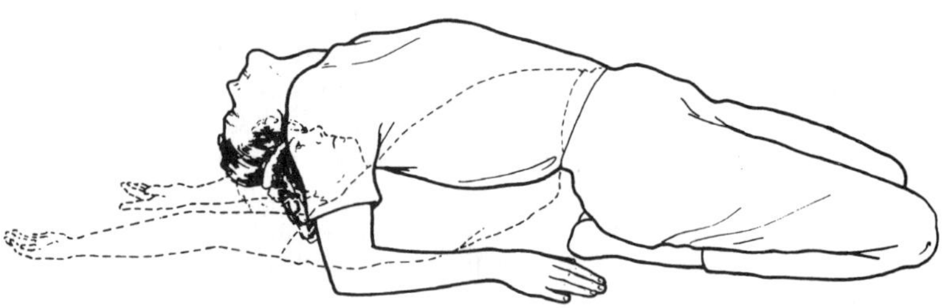

Abb. 7.3
Dehnung des Magen- und des Milz-Meridians

mit lockerer Faust sanft auf den unteren Bereich Ihres Rückens, um Spannungen abzubauen, die sich dort vielleicht entwickelt haben.

Übung 3: Dehnung des Herz- und des Dünndarm-Meridians

- Setzen Sie sich auf den Boden, winkeln Sie die Beine an und bringen Sie Ihre Füße mit aneinandergelegten Fußsohlen vor sich zusammen. Ziehen Sie Ihre Füße so nah wie möglich an Ihren Rumpf heran, während Sie Ihre Zehen umfassen. Strecken Sie Ihre Wirbelsäule wie zuvor beschrieben. Atmen Sie ein und lehnen Sie sich nach vorn, während Sie Ihren Rücken so gerade wie möglich halten.
- Atmen Sie aus, während Sie Ihren Kopf in Richtung Ihrer Füße bewegen und versuchen, Ihre Oberschenkel am Boden zu lassen und Ihre Ellbogen vor Ihre Beine zu legen (siehe Abb. 7.4). Noch einmal, zwingen Sie sich nicht in diese Haltung. Benutzen Sie Ihre Atmung, um den Herz- und den Dünndarm-Meridian zu erspüren. Versuchen Sie, Ihre Ellbogen, Ihren Kopf und Ihre Knie so nah wie möglich an den Boden zu bringen.

Abb. 7.4
Dehnung des Herz- und des Dünndarm-Meridians

Übung 4: Dehnung des Blasen- und des Nieren-Meridians

- Um den Nieren- und den Blasen-Meridian zu dehnen, setzen Sie sich mit nach vorne ausgestreckten Beinen auf den Boden. Dehnen Sie Ihre Wirbelsäule. Ziehen Sie Ihre Zehen zu sich heran und schieben Sie Ihre Fersen von sich weg. Heben Sie Ihre Arme über Ihren Kopf, wobei Sie Ihre Finger verschränken und die Handflächen nach außen drehen. Schauen Sie zur Decke hinauf. Atmen Sie ein und dann aus, während Sie sich nach vorne beugen und sich zu Ihren Zehen hin strecken. Ihre Knie bleiben dabei locker durchgestreckt (siehe Abb. 7.5).
- Atmen Sie tief und spüren Sie die Spannung von Ihrer Taille abwärts bis zu den Füßen. Lassen Sie Ihren Kopf locker in Richtung Knie sinken und strecken Sie Ihre Arme und Hände nach vorne – spüren Sie die Dehnung im Rücken und in den Armen. Hier verlaufen der Blasen- und der Nieren-Meridian. Übertreiben Sie diese Übung nicht, da Sie sonst einen Krampf in den Beinen bekommen könnten. Atmen Sie langsam aus und entspannen Sie sich vollkommen, bevor Sie die Übung ein paarmal wiederholen.

Abb. 7.5
Dehnung des Blasen- und des Nieren-Meridians

Übung 5: Dehnung des Perikards und des Dreifacherwärmers

- Setzen Sie sich wieder mit geradem Rücken auf den Boden. Kreuzen Sie die Beine, wobei das linke Bein vorne liegt. Dies ist der Schneidersitz. Bringen Sie nun ohne Zwang Ihre Knie so nah wie möglich an den Boden. Legen Sie Ihre rechte Hand auf Ihr linkes Knie und Ihre linke Hand auf Ihr rechtes Knie (der linke Arm ist dabei vorne). Atmen Sie ein und beugen Sie sich beim Ausatmen nach vorne (siehe Abb. 7.6).
- Beugen Sie sich vorsichtig nach vorn und lassen Sie Ihren Kopf locker in Richtung Ihrer Füße hängen. Atmen Sie tief ein und füllen Sie Ihren Körper mit Ki. Sie sollten spüren, wie sich die Spannung im oberen Teil Ihres Rückens und entlang der Außenseiten Ihrer Arme und Beine aufbaut. Entspannen Sie sich, während Sie ausatmen und wiederholen Sie die Übung zwei- bis dreimal.

Abb. 7.6
Dehnung des Perikards und des Dreifacherwärmers

Abb. 7.7
Dehnung des Gallenblasen- und des Leber-Meridians

Übung 6: Dehnung des Gallenblasen- und des Leber-Meridians

- Setzen Sie sich auf den Boden und spreizen Sie Ihre gestreckten Beine so weit, wie es Ihnen noch angenehm ist. Strecken Sie Ihren Rücken wie bei den vorherigen Übungen. Verschränken Sie Ihre Finger und strecken Sie Ihre Hände (mit nach oben gerichteten Handflächen) in Richtung Decke (siehe Abb. 7.7). Atmen Sie ein und dehnen Sie sich beim Ausatmen in Richtung Ihres rechten Fußes. Ihre Zehen sollten dabei nach oben und Ihr Gesicht nach vorne gerichtet sein.
- Holen Sie tief Luft und spüren Sie Spannung entlang der Seite Ihres Körpers. Sie sollten auch eine Dehnung an der Außenseite des Beins spüren, zu dem Sie sich beugen, sowie an der Innenseite des anderen Beins. Atmen Sie ganz aus und fühlen Sie, wie die Spannung nachläßt und die Dehnung sich verstärkt. Wiederholen Sie die Übungsfolge, bevor Sie in die Ausgangsposition zurückkehren. Atmen Sie dann tief ein und dehnen Sie sich zum linken Fuß hin.

Das Wichtigste bei allen diesen Übungen ist, daß Sie die beste Position finden, um den Energiefluß entlang der verschiedenen Meridiane zu spüren. Wenn Sie die Übungen regelmäßig machen, wird sich Ihre Beweglichkeit steigern und Sie werden sich schrittweise in den verschiedenen Positionen immer besser fühlen.

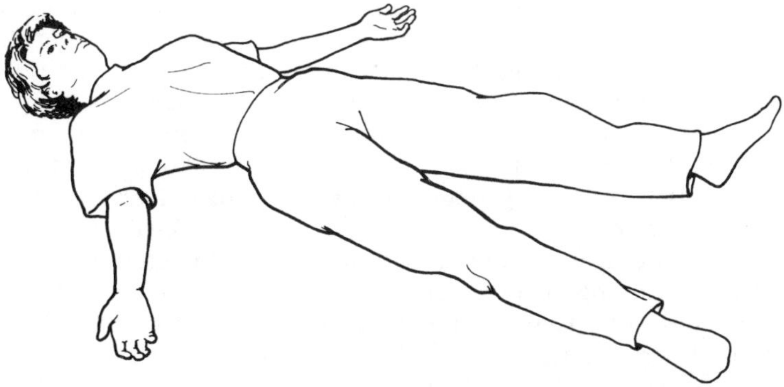

Abb. 7.8
Die Totenstellung

Vollendung
Wenn Sie alle sechs Übungen ausgeführt haben, legen Sie sich auf den Rücken und entspannen Sie sich in der Totenstellung (siehe Abb. 7.8). Lassen Sie Ihre Atmung ruhig werden, entspannen Sie Ihren Geist und lenken Sie Ihre Aufmerksamkeit auf die Vorgänge in Ihrem Inneren. Versuchen Sie sich bewußt zu werden, wie die Energie – das Ki – sich in Ihnen bewegt. Im Idealfall haben Sie ein Gefühl des Lebendigseins und die Empfindung von Energie, die in Ihnen zirkuliert und all die verschiedenen Teile Ihres Körpers erreicht und versorgt.

Es ist empfehlenswert, diese sechs Übungen mit den allgemeinen Do-In-Übungen zu kombinieren. Machen Sie zunächst die Do-Ins, dann die Meridian-Übungen und entspannen Sie sich danach für ein paar Minuten bei gleichmäßiger Atmung, um Ihr System wieder zu beruhigen. Versuchen Sie daraus eine tägliche Routine zu machen, dann werden Sie bald den großen Nutzen für Ihr allgemeines Wohlbefinden und Ihre körperliche Beweglichkeit erfahren.

Streß – wer braucht den schon?

Ins Ki atmen

Wenn Sie tief und langsam atmen, nehmen Sie eine Schlüsselquelle von Energie in sich auf – das Luft-Ki. Ihre Lungen sind für die Versorgung des Bluts mit Sauerstoff zuständig, der Ihnen auch eine »Ki-Ladung« gibt, da das aufgefrischte Blut zu den lebenswichtigen Organen fließt, sie mit Feuchtigkeit versorgt und sie revitalisiert. Der größte Blutkonsument Ihres Körpers ist das Gehirn, die Steuerung des Zentralnervensystems, die wiederum Nachrichten aussendet, um die Organfunktionen zu stimulieren. Tiefes Atmen aktiviert den parasympathischen (beruhigenden) Teil des vegetativen Nervensystems, der den Herzschlag verlangsamt und den ganzen Organismus beruhigt. Wenn umgekehrt die Aufnahme von Luft-Ki aufgrund flacher, schneller Atmung unzureichend ist, ist der Blutstrom zum Hirn träge und das Nervensystem in seiner Funktion eingeschränkt. Als Folge dominiert der sympathische (aktivierende) Teil des vegetativen Nervensystems. Das beschleunigt den Herzschlag und bereitet den Körper aufs Handeln, auf den Reflex »Kämpfen oder fliehen?«, d.h. auf Streß vor.

Es ist Ihr Gehirn, das zunächst das Nervensystem aktiviert und den Atemzyklus in Gang setzt. Ein Teufelskreis entsteht, wenn falsche Atemgewohnheiten beibehalten werden. Sie müssen eine bewußte Anstrengung unternehmen, tiefer zu atmen, damit dieses Muster gesprengt wird. Denken Sie mal darüber nach – ein stärker stimuliertes Gehirn unterstützt ein wacheres Nervensystem und eine dadurch ausgeglichenere Homöostase (Selbstregulation des Organismus). Sehen Sie jeden Atemzug als neues Leben und neue Vitalität, als Möglichkeit, Streß und Angst aufzulösen.

Achtsamkeits-Meditation

Versuchen Sie diese Übung als erstes am Morgen und letztes am Abend zu machen, um Streß zu bekämpfen und einen tieferen und erholsameren Schlaf zu genießen.

- Setzen Sie sich in einen Stuhl mit gerader Rückenlehne und stellen Sie Ihre Füße flach auf den Boden (Sie können sich auch auf Ihr Bett legen, wenn Sie das als entspannender empfinden). Manche Leute finden es angenehmer, sich auf den Boden zu setzen, mit einem Kissen unter dem Po als Stütze. Strecken Sie Ihr Rückgrat. Drücken Sie Ihr Kinn ohne Anstrengung auf Ihre Brust. Das »öffnet« die Wirbelsäule und trägt zur Entspannung bei. Legen Sie Ihre Hände in Ihren Schoß, die linke auf die rechte.
- Schließen Sie Ihren Mund und Ihre Augen und konzentrieren Sie sich auf Ihren Atem, der durch Ihre Nasenlöcher strömt. Lenken Sie Ihre Aufmerksamkeit in Ihren Bauch, insbesondere in die Region zwischen Nabel und Schambein. Während Sie einatmen, füllt sich Ihr Hara wie ein Ballon mit Luft. Ziehen Sie beim Ausatmen Ihren Bauch ein, um den Vorgang zu unterstützen. Üben Sie dies ein paar Atemzüge lang, da Ihnen die Koordination am Anfang vielleicht etwas schwerfällt. Atmen Sie weiterhin nur durch die Nase. Wenn Sie sich dazu bereit fühlen, atmen Sie fünf bis sieben Sekunden lang ein, halten den Atem drei Sekunden und atmen dann etwa fünf Sekunden lang aus. Wiederholen Sie dies so lange, bis sich Ihr Körper entspannt und Sie sich schwerer fühlen, weil die Spannung nachläßt.

Wenn Sie Probleme haben, sich zu konzentrieren, versuchen Sie es einmal mit der folgenden einfachen Meditationsübung:

- Nehmen Sie eine der oben beschriebenen Positionen ein. Konzentrieren Sie sich auf den Atem, der durch Ihre Nasenlöcher strömt.

- Stellen Sie sich vor Ihrem inneren Auge eine leere Filmleinwand vor, um jegliche Ablenkung zu vermeiden, und konzentrieren Sie sich auf einen Punkt darauf. Nach jedem Ausatmen stellen Sie sich eine Ziffer auf Ihrer Leinwand vor (zählen Sie von eins bis zehn und beginnen Sie dann wieder von vorn).
- Jedesmal, wenn Ihre Konzentration nachläßt und andere Gedanken sich Ihrer bemächtigen, nehmen Sie den Gedanken zur Kenntnis und kehren dann wieder zur Nummer eins auf Ihrer Leinwand zurück. Versuchen Sie erneut, ohne Ablenkung bis zehn zu kommen.

Wahrscheinlich fällt Ihnen diese Übung zunächst schwer, aber im Laufe der Zeit wird sie Ihnen immer leichter erscheinen und auch Ihre Konzentrationsfähigkeit in anderen Lebensbereichen steigern. Das Gehirn wird, wie ein Muskel, durch Übung gestärkt.

Die Kunst Ihres Gehirns[1]

Ein Vergleich zwischen der fernöstlichen und westlichen Betrachtungsweise von Gesundheit und Heilung kann manchmal ein ziemlich frustrierendes Unterfangen sein. Die westliche medizinische Diagnose und Behandlung beruhen auf der Wissenschaft mit ihren strengen Parametern und einem dualistischen Blickwinkel. Man denkt in Kategorien von schwarz und weiß, richtig und falsch – wenn Sie eine Krankheit haben, muß diese ausgemerzt werden. Das kann für die stärksten Menschen eine Erfahrung der Machtlosigkeit bedeuten, da es heißt, daß Sie keine Eigenverantwortung tragen, wenn Sie krank werden –, da die Erkrankung offensichtlich von außen kommt, können Sie sie auch nicht beeinflussen. Auf Ängsten basierende Einschätzungen nehmen Ihnen zudem die Fähigkeit, zu hören, was Ihre innere Stimme Ihnen sagt – nämlich daß Sie sich mit etwas Hilfe selbst heilen können.

Das wissenschaftliche Denken liegt in der linken Gehirnhälfte der analytischen Funktionen und fördert daher den logischen und intellektuellen Ansatz zum Finden einer Abhilfe schaffenden Medizin. In den fernöstlichen Heilweisen liegt die Betonung auf der Interpretation einer Erkrankung mit der rechten Gehirnhälfte und auf den natürlichen Selbstheilungskräften.

Intuition und das Gefühl, was »recht« ist, kommen von Ihrer rechten Gehirnhälfte. Es mag vielleicht keinen logischen Grund geben, weshalb Sie sich entscheiden, etwas zu tun, nur das Gefühl, das Rechte zu tun. In der fernöstlichen Medizin greift der praktische Arzt auf einen Schatz von anekdotenhaften Studien und Erfahrungen zurück. Das ist eine stabile Basis für die Entscheidung über mögliche Ursachen des Un-Wohlseins und eine Hilfe für die große Macht der Intuition für eine erfolgreiche Behandlung. Wenn Sie die Intuition vernachlässigen und sich nur auf sachliche Informationen verlassen, wird das zu einer weniger effektiven Behandlung führen. Statt also die Schwächen einer Person zu erkunden und die Form der Behandlung auf dieser Basis zu entscheiden, legen wir größeres Gewicht darauf, die starken noch vorhandenen Ressourcen zu entdecken und diese zu unterstützen. Setzen Sie Ihr Potential frei und geben Sie dem Menschen, der in Ihnen steckt, Macht.

Das Gehirn

Shiatsu ist eine auf Erfahrung basierende Kunst, die sich auf Ihre Kreativität verläßt. Wenn Sie die entwickeln, gibt Ihnen das die Möglichkeit, sich und Ihren Partner machtvoll und heilend zu behandeln. Jeder kann Techniken lernen und nachahmen, aber es ist das Einbringen Ihrer Intuition, das Sie befähigt, über die Grenzen der rein körperlichen Behandlung auf eine höhere Ebene zu gelangen. Lassen Sie Ihrer Kreativität freien Lauf, und Sie werden vielleicht bei jeder neuen Behandlung das Gefühl haben, daß Sie noch besser und interessanter für Sie ist.

Das Gehirn besteht aus zwei Hälften, der linken und der rechten, die jeweils unterschiedliche und entgegengesetzte Funktionen in Ihrem Körper und Ihrem Geist erfüllen. Das ist ein Yin-Yang-Gleichgewicht. Physisch betrachtet, kontrolliert die linke Gehirnhälfte die rechte Körperseite und umgekehrt. Die Interaktion zwischen den beiden wird ständig den Anforderungen der täglichen Aktivitäten angepaßt.

In Ihrem Buch ›Drawing on the Right Side of the Brain‹[2] beschreibt Betty Edwards die Funktionsweisen der beiden Gehirnhälften wie folgt:

> Die Linke ist »rechtshändig«, standhaft, aufrecht, empfindlich, direkt, wahrhaftig, bevorzugt geometrische Formen und Kontraste, ist realistisch und kraftvoll.

Die Rechte ist »linkshändig«, kurvenreich, flexibel, verspielter in ihren unerwarteten Verschlingungen und Windungen, eher komplex, diagonal und phantastisch.

Die Funktionen des Gehirns beziehungsweise seiner beiden Hälften schaffen einen Crossing-over für die Interpretation von Information auf verschiedenen Ebenen. Die linke Seite interpretiert eher die »modernen« Entwicklungen des Egos, den Intellekt, Sammler- und aggressive Beschützernatur. Es gibt eine entwickelte oder erworbene Intuition, die von der Lebenserfahrung aktiviert wird und auf die gegenwärtige Lebenserfahrung und Erziehung auf kultureller, religiöser und sozialer Basis beschränkt ist. Die rechte Seite beinhaltet den evolutionären »Eindruck«, der allen Tieren angeboren ist, wie zum Beispiel die »eingebaute« Fähigkeit vieler Vögel zu fliegen. Wir besitzen ebenfalls diese tiefere oder primäre Intuition, die sich durch Erfahrung bewußt aktivieren läßt.

Die Macht der Gedanken

Sie selbst schaffen Ihre eigene Realität. Was Sie beschließen, über sich und Ihr Leben zu denken, wird für Sie zur Wahrheit, und Sie besitzen unbegrenzte Möglichkeiten, zu denken, was Sie wollen.

Ein einfacher Gedanke hat einen ziemlich bedeutenden Einfluß auf Ihren Geist, Ihren Körper und Ihre Gefühle. Positive Gedanken, die mit Freude und Glück, Vollbringung und Erfüllung verknüpft sind, schaffen positive Ergebnisse in Ihrem Sein. Genauso haben negative Gedanken über Ablehnung, Angst oder Wertlosigkeit eine negative Wirkung für Sie.

Alle Ihre Gedanken haben Entsprechungen in Ihrem Körper und beeinflussen auch Ihre Gefühle. Versuchen Sie einmal folgende Übung:

- Schließen Sie die Augen und stellen Sie sich einen Ort vor, den Sie wirklich mögen. Vielleicht irgendwo in der Natur? An einem sonnigen Strand? Oder Ihr Lieblingsplatz zu Hause? Ihr Garten? Stellen Sie sich die Blumen vor und schnuppern Sie, wie die Luft riecht. Wie fühlen Sie sich dabei? Entspannt? Glücklich? Denken Sie an jemand, den Sie lieben, der Ihnen wichtig ist. Wie fühlen Sie sich?
- Stellen Sie sich jetzt eine Situation vor, in der Sie wirklich wütend und frustriert waren. Wie reagieren Sie? Vielleicht haben Sie im

Stau gesteckt und sind zu spät zu einer Verabredung gekommen. Wie reagiert Ihr Körper? Stimmen Sie jetzt der Aussage zu, daß Ihre Gedanken Macht über Ihren Geist, Ihren Körper und Ihre Gefühle haben?

Affirmationen

Affirmationen sind kurze Statements, die Ihnen helfen, eine positive Einstellung oder positives Denken zu schaffen. Sie können sich eigene Affirmationen ausdenken und Sie verwenden, um einen gedanklichen Rahmen zu schaffen, der Ihnen hilft, Gesundheit, Glück oder was auch immer Sie besitzen, sein oder tun möchten zu erreichen. Sie können sie aufschreiben, laut aussprechen oder sogar singen. Der Schlüssel zum Erfolg von Affirmationen ist die geduldige Wiederholung (idealerweise mehrmals täglich). Hier ein paar einfache Beispiele:

- Ich bin in meinem Körper zu Hause.
- Ich kann für mich selbst sprechen. Ich fühle mich sicher in meinem Ausdruck. Ich spreche nur mit Liebe.
- Ich vertraue auf den Lauf des Lebens.
- Meine Haut ist perfekt, gesund und rein.
- Ich vergebe mir (oder jemand anderem), daß ...
- Ich bin ausgeglichen, und meine Kreativität fließt.
- Ich gönne mir jetzt tiefen, erholsamen Schlaf.

Visualisierung

Visualisierung ist eine weitere Technik, die Sie nutzen können, um Ihren Geist zu stärken. Wie Affirmationen basieren Visualisierungen auf der Schaffung positiver Denkmuster, um Veränderungen, die Sie sich wünschen, in Ihrem Leben zu realisieren. Beim Visualisieren nutzen Sie Ihre Vorstellungskraft, um ein Bild von sich selbst oder bestimmten Teilen Ihres Körpers zu zeichnen – und zwar so, wie Sie sich sehen möchten.

> Vorstellungskraft ist wichtiger
> als Wissen.
>
> *Albert Einstein*

Shiatsu-Schönheitstips

Gesichtstonus

Nach dem Verständnis der fernöstlichen Medizin erhält die Milzfunktion die Konturen des Körpers und stärkt seine Strukturen. Da die Funktion des Milz-Ki zum Element »Erde« gehört (siehe S. 124f.), kann man sich leicht seine Bedeutung für die Fruchtbarkeit, die nährenden Aspekte dieses Elements, und seinen Einfluß auf die weibliche Erscheinung vorstellen. »Erde« gilt als die Quelle allen Wachsens und Gedeihens; das können wir rund um uns überall in der Natur beobachten. Die Milz schafft die Konturen und Formen des Körpers, so daß jedes »Verschwimmen« dieser Muskeldefinition auf eine beeinträchtigte Milzfunktion hinweist. Den Verlust dieser Definition kann man am häufigsten im Gesicht beobachten, in Form von Hängebacken, verquollenen Augen oder loser Gesichtshaut. Probieren Sie die folgenden Übungen für ein frischeres, lebendigeres Gesicht aus – Sie werden bald einen Unterschied feststellen. Denken Sie aber daran, daß das Gesicht den ganzen Organismus widerspiegelt, ein Erschlaffen hier also auf eine Erschlaffung der inneren Organe hinweist.

Sie können die folgenden Übungen täglich in beliebiger Position durchführen, am effektivsten sind sie jedoch, wenn Sie sich dafür etwas Zeit nehmen und sich wirklich darauf konzentrieren. Sie sind immer noch wirkungsvoll (wenn auch etwas weniger), wenn Sie sie unterwegs auf dem Weg zu einem Termin oder im Bus machen. Echte Veränderung kommt von innen, schaffen Sie sich also auch Raum für einen liebevollen Umgang mit sich selbst.

In der Abbildung 7.9 finden Sie die unten erwähnten Tsubo. Machen Sie kleine, spiralförmige Bewegungen (im Uhrzeigersinn), wenn Sie sich einem bestimmten Tsubo widmen – außer, es ist etwas anderes in der Übung angegeben.

- Reiben Sie Ihr Gesicht kräftig mit Ihren Handflächen oder Fingerspitzen, so als ob Sie sich waschen wollten. Achten Sie darauf, daß Sie überall hinkommen, vergessen Sie Ihre Nasenflügel, Schläfen, Lippen und Kiefergelenke nicht. Reiben Sie auch Ihre Ohren, bis sie sich heiß anfühlen.
- Entspannen Sie Ihre Gesichtsmuskeln und öffnen Sie Ihren Mund; schütteln Sie jetzt Ihren Kopf von einer Seite zur anderen, so daß Ihre Wangen schlackern und sagen Sie dabei »Aah«.

Abb. 7.9
Die Lagen
von Ma 3, 6, 9,
Bl 1 und 2,
Di 20

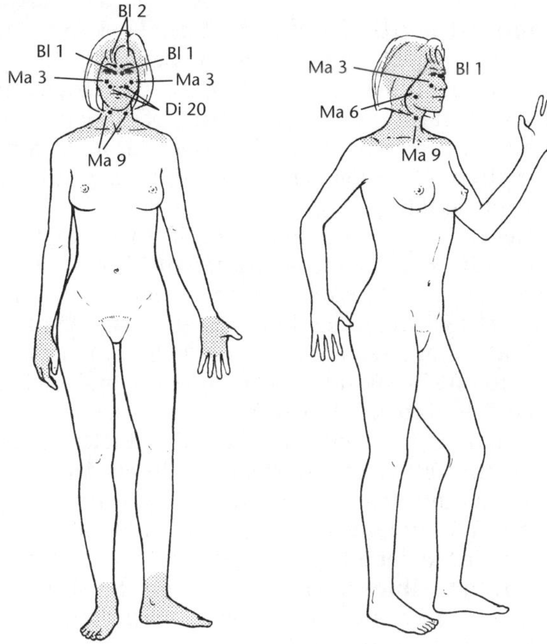

- Machen Sie einen festen, gekräuselten Kußmund und öffnen Sie Ihren Mund dann ein paarmal so weit wie möglich. Ihr Mund ist der Spiegel Ihres Verdauungs- und Fortpflanzungsapparats. Wenn Sie den Muskeltonus Ihrer Mundmuskeln verbessern, wird das auch die Analmuskeln am anderen Ende des Verdauungstrakts stärken.
- Formen Sie Ihre Hände zu Krallen und massieren Sie Ihre Stirn mit kleinen, spiralförmigen Bewegungen Ihrer Fingerspitzen. Dehnen Sie diese Massage auf die Schläfen, den Bereich unter den Augen und die Wangen aus (schenken Sie den Kaumuskeln am Kiefer besondere Aufmerksamkeit). Konzentrieren Sie sich dann auf Ihr Kinn und Ihre Ober- und Unterlippe. Stimulieren Sie Ma 6 auf beiden Seiten, um die Speichelproduktion für die Verdauung anzuregen und die Ki-Zirkulation in den Hüften und im Becken zu unterstützen. Kommunikationsschwierigkeiten (die Unfähigkeit, sich zu Ihrer eigenen Zufriedenheit auszudrücken) und sexuelle Frustration kommen in einem angespannten Kiefer zum Aus-

druck. Diese Übung stimuliert den Fluß von Ki und Blut und verleiht Ihnen ein lebendigeres Aussehen.

- Legen Sie Ihre Daumen unter Ihre Unterkieferknochen und pressen Sie sanft den Kiefer entlang, besonders unter dem Kinn und an der Zungenwurzel. Ein Doppelkinn kann mit einem Gebärmuttervorfall oder der Veranlagung dazu einhergehen – tun Sie also etwas dagegen.
- Heben Sie das Kinn und lassen Sie Ihren Kopf nach hinten fallen, um die Muskeln auf der Vorderseite Ihres Halses zu dehnen; spannen Sie diese Muskeln dann an, während Sie Ihr Kinn in Richtung Brust senken. Wiederholen Sie diese Bewegung zehnmal. Suchen und stimulieren Sie Ma 9, der neben Ihrem Kehlkopf liegt. Dies wird Ihre Kommunikation verbessern und auch die Effektivität Ihrer Schilddrüse erhöhen.
- Legen Sie Ihre Zeigefinger auf Ihre Kiefergelenke, nah bei Ihren Ohren. Öffnen und schließen Sie Ihren Mund ein paarmal, um die Vertiefung zu finden. Üben Sie 30 Sekunden lang bei leicht geöffnetem Mund mittleren Druck auf diese Stelle aus. Spüren Sie, wie sich Ihr Kiefer entspannt.
- Fassen Sie Ihre Ohren und massieren Sie sie mit Daumen und Zeigefingern. Ziehen Sie sie jetzt vorsichtig nach außen und halten Sie sie 30 Sekunden lang so. Das öffnet Ihren Gehörgang und nimmt Druck von Ihren Schläfenknochen. So lassen sich Kopfschmerzen verhindern oder lindern.
- Massieren Sie die Region unter Ihren Augen sanft mit den Ballen von jeweils drei Fingern, um Stauungen und Schwellungen zu beseitigen. Denken Sie daran, daß diese Schwellungen auf einen Nieren-Ki-Mangel hinweisen, dem Sie mit spezieller Ernährung und besonderen Übungen begegnen sollten. Vermeiden Sie Stimulanzien wie Kaffee, Alkohol, Zucker, Fertignahrung und Drogen. Die Nieren reinigen das Blut und funktionieren um so effektiver, je weniger Giftstoffe sie zu verarbeiten und zu eliminieren haben.
- Legen Sie Ihre Daumen in die Vertiefung unter den Augenbrauen und arbeiten Sie sich von innen nach außen. Die Tsubo, auf die Sie hier achten sollten, sind Bl 1 und Bl 2. Bl 2 liegt in der Vertiefung im oberen Knochen der Augenhöhle (über dem Augapfel). Drücken Sie hier mit schrittweise stärkerem Druck, bis Sie spüren, wie ein dumpfer Schmerz Ihren Kopf durchdringt. Dadurch wird die Gehirnfunktion stimuliert und Schmerzen des Vorderkopfes und der Augen lassen nach.

- Legen Sie einen Daumen zwischen Ihre Augenbrauen und drücken Sie fest gerade auf Ihre Stirn. »Denken« Sie sich in die Mitte Ihres Gehirns, um die Hirnanhangsdrüse zu stimulieren. Das verbessert die Hormonregulation.
- Um die Nebenhöhlen frei zu machen und die Verdauungsfunktionen zu stärken, üben Sie Druck auf Ma 3 und Le 20 aus.
- Strecken Sie Ihre Zunge so weit wie möglich heraus und sagen Sie laut »Aah«, als wären Sie mitten in einer frustrierenden Auseinandersetzung. Drücken Sie sich aus – es wird Ihnen Spaß machen.

Den Zustand Ihrer Haare verbessern

Ihr Haar ist ein genauer Indikator Ihres Gesundheitszustands im allgemeinen und der Gesundheit Ihrer Nierenfunktion im besonderen. Dickes, kraftvolles, lebendiges Haar ist ein gutes Zeichen. Haben Sie schon bemerkt, daß Ihr Haar an Glanz verliert, wenn Sie müde, gestreßt oder krank sind? Wie in Kapitel 5 erwähnt, hängt das Nieren-Jing mit der Entwicklung von Körpersubstanzen wie Knochen, Zähnen, Nägeln und Haupthaar zusammen. Die Erschöpfung des Nieren-Jings ist Teil des Alterungsprozesses, weshalb es das Altern dieser Substanzen kontrolliert. Wenn Sie unter Haarausfall leiden oder Ihr Haar seinen Glanz oder Schwung verloren hat, sollten Sie der Gesundheit Ihrer Nieren größere Aufmerksamkeit widmen. Streß kann die Blutversorgung der Kopfhaut stark beeinträchtigen und die Nierenfunktion ermüden. Versuchen Sie, mit folgenden Übungen Abhilfe zu schaffen:

- Massieren Sie Ihre Kopfhaut täglich zwei bis drei Minuten lang mit den Fingern. Formen Sie dazu Ihre Hände wie Krallen und berühren Sie Ihre Kopfhaut mit festen Fingerspitzen.
- Ziehen Sie vorsichtig an den Haarwurzeln auf dem ganzen Kopf, um die Haarfollikel zu stimulieren.
- Bearbeiten Sie Ihre Kopfhaut klopfend mit leicht geballten Fäusten, um die Blutzirkulation anzuregen und das Gehirn aufzuwecken.
- Stimulieren Sie die Tsubo: Lg 20, Lg 16, Lg 4, Bl 23, Le 4, Ni 1 und Mi 6, um Ihre Nierenfunktion zu verbessern und allgemein Streß abzubauen.
- Machen Sie täglich einen Schulterstand oder lassen Sie Ihren Rumpf fünf bis sechs Minuten lang kopfüber nach unten hängen (zum Beispiel vom Rand Ihres Bettes), um die Blutversorgung der Kopfhaut zu verbessern.

Den Körper schrubben

Dies ist eine belebende Technik, um die Blutzirkulation im allgemeinen und besonders in den Extremitäten zu verbessern. Wenn ein Bereich Ihrer Haut verfärbt, aufgequollen, extrem trocken oder fettig ist, versuchen Sie es damit. Diese Behandlung ist auch eine Vorbeugungsmaßnahme gegen Erkältungen, da sie die Anpassungsfähigkeit Ihrer Poren fördert, die ja ein Teil Ihrer Körperabwehr sind. Poren, die nicht auf äußere Veränderungen reagieren und zu stark geöffnet bleiben, ermöglichen es Krankheitserregern, in Ihr Abwehrsystem einzudringen, das von Ihrem Wei Ki gesteuert wird.

Verwenden Sie einen Luffa- oder Massage-Handschuh oder ein rauhes Frottee-Tuch – trocken oder naß. Reiben Sie Ihre Haut kräftig, bis eine Rötung anzeigt, daß sich das Blut unter der Oberfläche sammelt. Bearbeiten Sie Ihren ganzen Körper, insbesondere Hände, Handgelenke, Füße, Knöchel, Gesäß, Unterleib und Lenden. So unterstützen Sie die Ausscheidung von Giftstoffen und die Entfernung abgestorbener Hautzellen. Außerdem beleben Sie Ihre inneren Membranen, die mit Ihrer Außenhaut verbunden sind. Die Gesundheit Ihrer Haut wird vor allem vom Lungen-Ki geregelt. Schrubben Sie Ihren Körper täglich, und Sie werden schon im nächsten Winter von Ihrer verbesserten Durchblutung profitieren.

Ihre Haltung

Ihre Haltung spiegelt Ihre körperliche Gesundheit und Vitalität, aber auch Ihre emotionale Verfassung wider. Achten Sie auf eine aufrechte Haltung und vermeiden Sie das Zusammensinken im Stehen und Sitzen.

Körperlich kann Darmträgheit, emotional ein schwaches Selbstvertrauen, eine zusammengesunkene Haltung bewirken. Das verursacht eine Verkrümmung und Belastung der Wirbelsäule, und auch Ihre inneren Organe werden dadurch verkrümmt. Eine schlechte Haltung kann die zuständigen Muskeln verkürzen und schwächen, was zu einem Zusammendrücken der Organe und einer Beeinträchtigung ihrer Funktionen führen kann.

Hier ein paar Tips für eine bessere Haltung:

- Setzen Sie sich möglichst auf Stühle, die Ihren unteren Rücken richtig stützen.

- Legen Sie ein Kissen oder ein kleines zusammengefaltetes Handtuch unter Ihr Gesäß, damit Ihr Becken höher liegt als Ihre Knie. Das können Sie übrigens auch beim Autofahren tun.
- Heben Sie Ihren Hinterkopf in Richtung Decke, so als ob Sie von einem Faden nach oben gezogen würden. Drücken Sie gleichzeitig Ihr Kinn sanft auf Ihre Brust.
- Öffnen Sie Ihren Brustkorb, so daß Ihre Schultern nicht nach vorne hängen und Ihr Lungenvolumen und Ihre Atmung einschränken.
- Achten Sie auf Spannungen in Ihrem Körper – entspannen Sie Ihr Gesäß und Ihre Schultern, die oft unnötigerweise angespannt sind.

Haben Sie Über- oder Untergewicht?

Übergewicht

Über- oder untergewichtig zu sein, kann einige Folgen für die Gesundheit haben. Zunächst bedeutet überschüssiges Fettgewebe im Körper, daß hier ein Giftdepot vorliegt. Gift, das in Ihrem Organismus verbleibt, vergiftet Ihr Blut und sorgt außerdem für eine ganze Reihe von Symptomen, von Kopfschmerzen bis zu Eierstockzysten. Das zusätzliche Gewicht bedeutet, daß Ihr Herz mehr arbeiten muß, um die größere Menge Gewebe zu versorgen, und es belastet alle homöostatischen Funktionen Ihres Körpers. Außerdem beeinträchtigt und belastet das zusätzliche Gewicht die Gelenke der Beine, des Beckens und Ihre Wirbelsäule, stört die Kommunikation Ihrer Organe über das Nervensystem und den Hormonhaushalt.

Um Ihr Gewicht zu reduzieren, das vielleicht als körperlicher Puffer dient, um Sie emotional zu schützen, sollten Sie verschiedene Aspekte bedenken. Erstens, wollen Sie wirklich abnehmen? Zweitens, wie können Sie effektiv abnehmen, ohne die Lust am Leben und am Essen zu verlieren? Drittens, gibt es »irgendwelche Punkte, die ich drücken kann«, um leichter abzunehmen? Glücklicherweise lautet die Antwort auf die dritte Frage »ja«. Wenn Sie jedoch die erste Frage nicht mit »ja« beantwortet haben, sind Ihre Erfolgsaussichten begrenzt.

Sie müssen darauf achten, die Aufnahme von Fettsäuren – aus tierischer Nahrung, einschließlich Milchprodukten – zu reduzieren. Essen Sie biologisch angebaute Nahrung, Vollkornbrot in Maßen, wenig Kekse und Kuchen, weil sie Ihre Blase verstopfen. Nehmen Sie viel vollwertiges Getreide, braunen Reis, Couscous und Pasta zu sich, um Ihre Blase zu stärken. Essen Sie auch viel frisches Obst und Gemüse, am besten als eigenen Extra-Gang und nicht zusammen mit Getreideflocken oder als Teil einer Mahlzeit.

Was als nächstes auf Ihrem Programm steht, ist Bewegung. Sanfte Aerobic-Übungen vergrößern die Aufnahme von Luft-Ki, stärken Ihre Lunge und Ihr Herz und helfen bei der Auflösung und Ausscheidung von stagnierendem Blut (Fettgewebe und Giftstoffen). Machen Sie regelmäßig die Grundübungen in diesem Buch, kombiniert mit Walking, Schwimmen, Laufen, Radfahren oder Aerobic-Übungen. Falls möglich, sollten Sie eine Fachkraft zu Rate ziehen, die Ihnen sagen kann, welche Übungen für Sie besonders geeignet sind.

Zur Selbstbehandlung gehört auch, das überschüssige Wasser in Ihrem Organismus zu reduzieren und Ihr Magen- und Lungen-Ki zu stärken, weil dadurch die Produktion von Korn-Ki (Nährendem Ki) und Luft-Ki verbessert wird; gleichzeitig sollten Schleimablagerungen im Organismus reduziert werden (siehe »Der physiologische Abfluß« in Kapitel 8).

Um die Magen- und Lungen-Energien zu tonisieren, behandeln Sie Ma 25 und 36, Lu 7 und 1, Le 4 und Mi 6. Um überschüssiges Wasser loszuwerden, hilft zusätzlich zu den beschriebenen Maßnahmen die Stimulierung von Eg 9, Mi 9, Bl 23 und 54. Um Schleim aufzulösen, sind die bereits beschriebenen Übungen nötig, aber auch die Beckenbodenübungen, die im Kapitel 8 im Abschnitt »Stärkung Ihres Eizellen-Palasts« vorgestellt werden. Kamillentee und auflösende Nahrungsmittel wie Shiitake-Pilze, Rettich und sauer eingelegte Gemüse unterstützen diesen Prozeß.

Untergewicht

Auch Untergewicht kann ein Streßauslöser sein, insbesondere wenn Unfruchtbarkeit damit einhergeht. Wer immer wieder strenge Diät hält, dazu exzessiv Sport treibt und extrem viel Sex hat, verletzt sein Nieren-Yin (die gespeicherte Energie der Nieren). Äußerst restriktive Diäten oder Radikalkuren schaden mehr als sie nützen und können ernste gesundheitliche Schäden, zum Beispiel einen Herzinfarkt[3], verursachen. Das Körpergewicht ist ein Gleichgewicht aus Energieaufnahme, Speicherung (Korn-/Nährendes Ki gespeichert als Yin) von Wasser und Glykogen (Stärke) und dem Verbrauch von Energie (Yang-Aktivität). Wenn Ihr Lebensstil so aussieht, daß Sie mehr Energie verbrauchen, als Sie zu sich nehmen, verlieren Sie nicht nur Fettgewebe, sondern zehren auch Ihre Reserven auf und schwächen so Ihr Yin.

Das führt zu einer Austrocknung des Körpers, und zwar auch von Schleim und anderen Gleitflüssigkeiten, die zum Funktionieren Ihrer inneren Organe nötig sind – ein Yin-Mangelzustand stellt sich ein.

Diese Trockenheit und der Mangel an Muskeltreibstoff führt zu Lethargie und schwächt Ihr Wei Ki, so daß Sie anfälliger für krankmachende äußere Einflüsse werden. Irritationen und Entzündungen der Beckenorgane und der Wassermangel des Organismus können zu Verstopfung führen oder zu »Hitze« im Blut, die verstärkte vaginale Blutungen zur Folge hat. Sie kann auch in der Entstehung von Narbengewebe in Ihren Eileitern oder Eierstöcken resultieren, das zur Unfruchtbarkeit führt.

Dieser Zustand der »Trockenheit« geht mit einem Mangel an Nieren-Yin (Wasser) und einem Überschuß an Leber-Yang (Hitze und Aktivität) einher. Behandeln Sie Ni 1 und 10, Bl 23, Ga 25 und Mi 6, um Ihr Nieren-Yin zu tonisieren, sowie Le 2 und 3, um das Leber-Yang zu kontrollieren und zu entspannen. Eg 6 und 7 und Lg 4 stärken die Funktion der Beckenorgane. Vermeiden Sie Übungen, die das Herz belasten und konzentrieren Sie sich eher auf Do-Ins und ähnliche Übungen, die das Nervensystem beruhigen und das Ki in Bewegung bringen. Trinken Sie täglich mindestens zwei Liter Wasser und meiden Sie die trockene Hitze einer Sauna (gegen ein feuchtes Dampfbad ist allerdings nichts einzuwenden). Vermeiden Sie penetrierenden Sex während Ihrer Menstruation und reduzieren Sie diese Form von Sex generell in den nächsten zwei bis drei Monaten, da sie das Nieren-Yin strapaziert. Essen Sie Nahrungsmittel, die das Yin aufbauen und stärken, wie zum Beispiel Aduki-Bohnen, schwarze Bohnen, Austern, Tintenfisch, Himbeeren und Erdbeeren.

Kapitel 8

Shiatsu für Sexualität und Sinnlichkeit

Nach allgemeinem Verständnis ist Shiatsu eine Therapie zur Linderung von Schmerzen und Beschwerden und zur Verbesserung verschiedener Organfunktionen. Das stimmt natürlich, denn Shiatsu ist bestens dazu geeignet, Gesundheit sowohl auf physischer wie auch auf mentaler Ebene zu erlangen und zu erhalten. Es stimmt aber auch, daß eine gute psycho-emotionale Gesundheit physischen Nutzen bringen sollte, der über die Muskeln hinausgeht – und das tut sie auch! Wenn Sie Ihr Nervensystem mit Hilfe von Shiatsu entspannen und stärken, verbessert das auch Ihre Konzentration, Sie reagieren körperlich und geistig schneller. Sie werden auch merken, daß Ihre Vitalität zunimmt und das Leben Ihnen vergnüglicher und weniger stressig erscheint. Sie bekommen mehr Appetit, und auch Ihr Appetit auf Leben, besonders auf Sex, wird mit einem Lächeln neu erwachen.

Die Interaktion, die wir tagtäglich mit anderen erleben, basiert auf sexueller Kommunikation. Das heißt nicht, daß alle Leute ständig nur an das eine denken – nur manche von ihnen! Es heißt, daß die natürliche Anziehung und die Art und Weise, wie Sie mit anderen kommunizieren, von Ihrem »Hunger nach Leben« bestimmt werden. Zu diesem Hunger gehört ein Interesse an Menschen auf allen Ebenen, körperlicher und geistiger Kontakt. Es ist genau dieser Funke, der den Unterschied zwischen einem engen Freund und einem Bekannten ausmacht.

Es war bereits von der Nieren-Energie die Rede, der Grundlage unserer Existenz, die das Jing, unsere konstitutionelle Stärke, speichert. Das ist Ihr »Lebensfunke«, das Feuer Ihrer Leidenschaft zu leben. Das Nieren-Feuer ist die motivierende Kraft hinter Ihrer sexuellen Lust, da sie das Ki wärmt und es aktiver macht. Ihre Libido ist eine von Natur aus heiße Erscheinung, die sowohl Ihren Körper als auch Ihren Geist betrifft. Sie kann sich genausogut in Ihrer Leidenschaft fürs Diskutieren, Lachen, Tanzen, Schreien und fröhliches Ausgelassensein ausdrücken. All das sind Zeichen von Lebensfreude, und sie werden oft durch Erziehung oder die gesellschaftlichen Normen unterdrückt. Diese Leidenschaft ist das »Feuer in Ihrem Bauch«, und es braucht auch Aufmerksamkeit und Nahrung, damit seine Flammen hell lodern.

Sex und Streß vertragen sich nicht

Streß ist ein echter »Abturner« für die meisten Ihrer erfreulichen Körperfunktionen. Angst vor dem Leben im allgemeinen oder vor bestimmten Dingen verletzt Ihr Milz-Ki. Wie Sie sich selbst sehen, Ihr Gefühl von Selbstsicherheit und Bestimmtheit – all das liegt in der Milz, denken Sie also »ruhig«. Vergessen Sie nicht, daß Sie die Wahl haben, gestreßt zu sein oder nicht. Übernehmen Sie die Kontrolle und geben Sie sich selbst Macht!

Wenn Sie im Streß sind, stagniert Ihr Leber-Ki, das normalerweise für den freien Fluß des Ki in Ihrem Körper zuständig ist. Auch Sie stagnieren dann, Ihnen fehlt es an Vitalität und der Leidenschaft für das Leben. Wenn sich die Leber und die Milz um die Vorherrschaft streiten, erschöpft das Ihr Nieren-Ki, und oft ist es Ihre Libido, die darunter zu leiden hat. Zuviel Nachdenken hat zur Folge, daß Energie in Ihren Kopf umgeleitet wird, statt Ihren Unteren Erwärmer (Unterbauch) zu erreichen, wo sie gebraucht wird. Der Untere Erwärmer kühlt ab, wird schläfrig, und Sie fühlen sich vielleicht »distanziert« und sind in sich gekehrt. Das ist wohl kaum eine gute Basis für eine erfüllte sexuelle Beziehung.

Mehr Spaß am Sex

Um Ihre sexuelle Lust zu steigern, machen Sie regelmäßig die Do-In-Übungen aus Kapitel 7 (um Ihr Meridian-System im Gleichgewicht zu halten). Kombinieren Sie sie mit Entspannungs- und Meditationstechniken zum Streßabbau und lassen Sie sich so oft wie möglich von Ihrem Partner Shiatsu geben, wie in Kapitel 4 gezeigt. Leider existieren keine »magischen Punkte«, die Sie oder Ihren Partner auf der Stelle mit Liebeslust erfüllen, aber es gibt ein paar Tips, die dafür sorgen, daß Sie mehr Spaß miteinander haben.

Die erste Regel ist, daß Sie Ihre Einstellung zu diesem Shiatsu ändern – zu *tantrischem* Shiatsu, das sich von dem unterscheidet, was Sie von einem professionellen Therapeuten bekommen. Lassen Sie es wie ein Vorspiel auf sich wirken und geben und empfangen Sie es mit sanfter, liebevoller Sinnlichkeit. Die besten Ergebnisse werden Sie erzielen, wenn Sie es nackt ausprobieren.

- Reiben Sie Ihre Hände kräftig aneinander, um Ihnen mehr Sensibilität und Sinnlichkeit zu verleihen.
- Schaukeln Sie Ihren Partner sanft und rhythmisch am ganzen Körper. Beginnen Sie bei den Schultern und arbeiten Sie sich bis zu den Füßen hinunter. Das entspannt das Nervensystem.
- Rücken Sie so nah an Ihren Partner heran, wie es Ihnen angenehm ist, und versuchen Sie, in all Ihren Bewegungen Sinnlichkeit auszudrücken. Hocken Sie sich, zum Beispiel wenn Sie seinen Rücken bearbeiten, so über seinen Po, daß Ihre Oberschenkel seine berühren.
- Machen Sie die allgemeine Rückenbehandlung aus Kapitel 4, fügen Sie ihr jedoch lange, gleitende Striche und sanfte Streicheleinheiten mit Ihren Fingern entlang der Rückenmuskulatur und der Wirbelsäule hinzu. Das wird jede Spannung schmelzen lassen, hilft dem Nervensystem sich zu entspannen und erhöht so die körperliche Sensibilität Ihres Partners.
- Schenken Sie den unteren Rückenmuskeln und dem Gesäß besondere Beachtung. Benutzen Sie Ihre Unterarme wie Nudelhölzer und bewegen Sie sie über den Po Ihres Partners. Wenn es Ihnen gelingt, das Gesäß zu entspannen, wird das Becken-Ki freier fließen.
- Machen Sie kleine spiralförmige Bewegungen im Uhrzeigersinn an den folgenden Punkten, um das »Feuer« im Unteren Erwärmer und den Genitalien aufzubauen: Bl 23 in der mittleren Lendenregion, die Einbuchtungen im Kreuzbein (Bl 31 bis 34), an der Wurzel des Kreuzbeins (Lg 2), in der Mitte des Damms zwischen den Genitalien und dem Anus (Eg 1).
- Führen Sie mit aufeinandergelegten Händen kreisförmige Bewegungen (im Uhrzeigersinn) auf dem Unterbauch Ihres Partners aus, benutzen Sie dabei sanft Ihre Fingerspitzen, um alle Verspannungen wegzumassieren.
- Wann immer »der richtige Moment« gekommen ist, wechseln Sie von dieser sinnlichen Massage zu einer anderen Form des Vorspiels. Viel Spaß!

Der weibliche Fortpflanzungsapparat

Anatomie

Ihre Fortpflanzungsorgane sind Teil des Urogenitalsystems:

Primäre Organe:	Eierstöcke
Sekundäre Organe:	Vagina, Gebärmutterhals (Zervix), Eileiter, Gebärmutter (Uterus)

Zum Harntrakt gehören die Nieren, die Harnleiter, die Blase und die Harnröhre.

Yin-Yang-Energien

Aufgrund Ihrer Lage im Körper sind diese Organe stark von den Auswirkungen der Schwerkraft betroffen. Angefangen beim Mund, vollzieht sich der Verdauungsprozeß abwärts durch das Verdauungs-

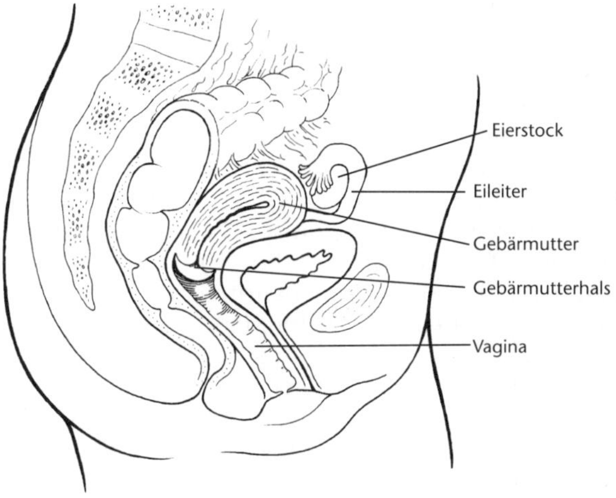

Abb. 8.1
Die Organe des weiblichen Fortpflanzungsapparats

system (mit der Trennung des »Reinen« vom »Unreinen«), durch das Ausscheidungssystem, um schließlich Abfallprodukte auszuscheiden: Fäkalien und Urin (das »Unreine«) und Menstruationsblut.

Die Fortpflanzungsorgane einer Frau werden vor allem von Yin-Energie beeinflußt. Sie liegen also tiefer oder weiter in Ihrem Inneren und sind von einer dichteren Struktur, besonders die primären Organe, die Eierstöcke. Im Vergleich dazu sind die männlichen Fortpflanzungsorgane stärker von Yang beeinflußt und befinden sich eher außerhalb, besonders die Hoden als primäres Geschlechtsorgan. Sie weisen auch eine weniger dichte Struktur auf. Die tatsächliche Funktion dieser Organe wird von ihrer energetischen Natur bestimmt – so ist die Ejakulation eine eher aufwärts gerichtete aktive Yang-Erscheinung, die Bewegung der Eizelle dagegen langsamer, abwärts gerichtet und von Yin geprägt. Wenn sich diese Ki-geladenen Zellen treffen, stellt sich ein Yin-Yang-Gleichgewicht ein – eine kosmische Explosion, wenn das pränatale *Yuan Ki* (das Original-Ki) geschaffen wird und die Empfängnis stattfindet.

Der physiologische »Abfluß«

Die Fortpflanzungsorgane der Frau tendieren dazu, als physiologischer »Abfluß« zu fungieren – d.h., überschüssige Abfallprodukte des Körpers, die nicht erfolgreich ausgeschieden wurden, lagern sich hier ab. Die Zirkulation von Ki und Blut durch die Beckenorgane wird von der Hara-Energie, den Bewegungen der Muskeln und dem Beckenboden kontrolliert. Energetisch betrachtet, ist das der Ursprung des Leber-Ki-Kreislaufs und des Unteren Erwärmers vom Dreifacherwärmer – Zusammenflüsse von Energie, die eine kontrollierende, regulierende und wärmende Funktion für die sie umgebenden Organe ausüben. Das Gebiet des Unteren Erwärmers liegt zwischen Nabel und Schambein. Im Fernen Osten nennt man diese Region »Eizellen-Palast« und die gleiche Region beim Mann »Samenzellen-Palast«.

Aufgrund unseres schwerpunktmäßig sitzenden Lebensstils können die Muskeln in diesem Bereich erschlaffen, der Beckenboden zieht sich zusammen und als Folge davon wird der Ki-Fluß träge und stagnierend. Eine schlechte Durchlässigkeit der Leber sorgt ebenfalls für ein stagnierendes Ki (das Ki »zieht« das Blut) und dadurch auch stagnierendes Blut. Dann kommt es häufig zu einem »Kälte«-Syndrom, das zu einer Aversion gegen Kälte, Blasenerkältung, reichlichem Urinfluß, schwacher Beckenmuskulatur (die sich sogar als Blasenvorfall äußern kann) sowie Kälte und Schmerzen im Unterbauch führen kann. »Feuchtigkeit«, ein anderer äußerer Einfluß, verstärkt sich, wenn man in einer kalten, feuchten Umgebung lebt, zuviel Salz und Milchprodukte zu sich nimmt, zu wenig Bewegung und falsche Eßgewohnheiten hat. Die Symptome dieses Zustands sind körperliche Ermüdung, schwacher Appetit, schwere Glieder, Blähbauch, wenig Harn, geschwollene Hände und Knöchel sowie ein dicker, fettiger Belag auf der Zunge. Bei chronischen schwachen Entzündungen und Irritationen wie Soor liegt ein »Hitze«-Zustand vor. Zu den in diesem Fall auftretenden Symptomen gehören Fieber, eine Abneigung gegen Wärme, das Verlangen nach kalten Speisen und Getränken, ein rötlicher Teint, dunkler Urin, schneidende Bauchschmerzen, Blut oder Schleim im Stuhl oder ein brennendes Gefühl beim Wasserlassen oder beim Stuhlgang. Es kann auch eine Rötung der Haut um die Genitalien herum oder eine allgemeine Irritation dieser Region auftreten.

Wie bei einem Abfluß ist auch hier der Ablagerungs- und Verhärtungseffekt um so größer, je mehr Wasser mit darin enthaltenen Abfallstoffen hineingegeben wird. Die Folge ist eine Stauung, da sich die Abfallstoffe am Boden ablagern. Bewegungsmangel sorgt für vermehrte Ablagerung, die sich auch in Form von Zysten und Tumoren (Stagnation von Blut) manifestieren kann. Zu den Beckenorganen gehören auch Ausscheidungsorgane, besonders der Dünn- und Dickdarm sowie die Harnblase, die alle an der Ausscheidung von »unreiner« Essenz, die aus der Nahrung (dem Korn-Ki oder Gu Ki) herausgefiltert wird, beteiligt sind.

Übungen und eine bewußte Ernährung sind naheliegende Methoden, die in dieser Situation Abhilfe schaffen können. Verbannen Sie Giftstoffe aus Ihrer Nahrung, da sie die Stauung verschlimmern; greifen Sie statt dessen zu Nahrungsmitteln, die helfen, diese aufzulösen, wie etwa Senf, Rettich und Shiitake-Pilze. Lernen Sie ein paar Übungen, die die Zirkulation von Ki und Blut anregen. Diese Maßnahmen werden den Fluß von Blut umd Lymphe verbessern, ebenso die Absorption und das Ausscheidungspotential der Blase. So kommt das Herausbefördern des verbleibenden Abfalls aus den Beckenorganen in Gang.

Stärken Sie Ihren »Eizellen-Palast«

Die folgenden einfachen, aber sehr wirkungsvollen Übungen verbessern die Zirkulation von Blut und Ki in diesem Bereich und stärken die Beckenbodenmuskulatur. Für diese Übungen stellen Sie sich bitte vor, daß die betreffenden Muskeln eine Vorderseite (Anterior) haben, die vor allem die Vagina, die Gebärmutter, die Eileiter, die Eierstöcke und die Blase beeinflußt, sowie eine Rückseite (Posterior), die für den Dickdarm, die Blase und die Gebärmutter zuständig ist (siehe Abb. 8.2). Ihre Beckenmuskulatur bildet eine Aufhängung für die Gebärmutter, die durch Muskeln und Faszien mit der inneren »Höhle« verbunden ist. Hier liegt auch der Grund dafür, warum schlechte Haltung und eine sich daraus ergebende Verschiebung der Beckenknochen das Funktionieren Ihrer Fortpflanzungsorgane beeinträchtigen kann. Gewöhnen Sie sich an, diese Übungen täglich zu absolvieren – zum Beispiel bevor Sie schlafen gehen oder gleich nach dem Aufstehen – und wann immer Sie tagsüber daran denken und Zeit dafür haben.

Übung 1
Diese Übung stärkt Ihren Leber-Meridian und Ihre Zentrale Leitbahn, die beide durch die Vagina, den Gebärmutterhals und die Gebärmutter verlaufen. Die Chinesische Medizin bezeichnet diesen Bereich als »Tor des Lebens«, von wo aus sich neues Leben entwickelt.

- Setzen Sie sich bequem auf einen Stuhl, auf den Boden oder legen Sie sich hin.
- Atmen Sie in Ihr Hara, indem Sie die Muskeln im unteren Bauchbereich wie einen Ballon dehnen, während Sie einatmen. Beim Ausatmen ziehen Sie die Muskeln zusammen, so daß Ihr Bauch flach wird. Wiederholen Sie diese Entspannungsübung dreimal.
- Beim nächsten Atemzug dehnen Sie Ihre Muskeln, während Sie »nach unten« in Ihre Genitalien drücken – Sie werden fühlen, wie Ihr Beckenboden darauf reagiert. Versuchen Sie beim Ausatmen den Beckenboden nach oben zu ziehen. Wiederholen Sie auch diese Übung dreimal.
- Konzentrieren Sie sich auf Ihre Scheidenmuskeln. Ziehen Sie sie in schneller Folge zehnmal hintereinander schnell zusammen und lassen Sie sie wieder locker. Wiederholen Sie diese Übung weitere zehnmal, bis Sie spüren, daß Ihre Vagina warm wird – ein Hinweis auf verstärkte Durchblutung. Am Anfang haben Sie vielleicht

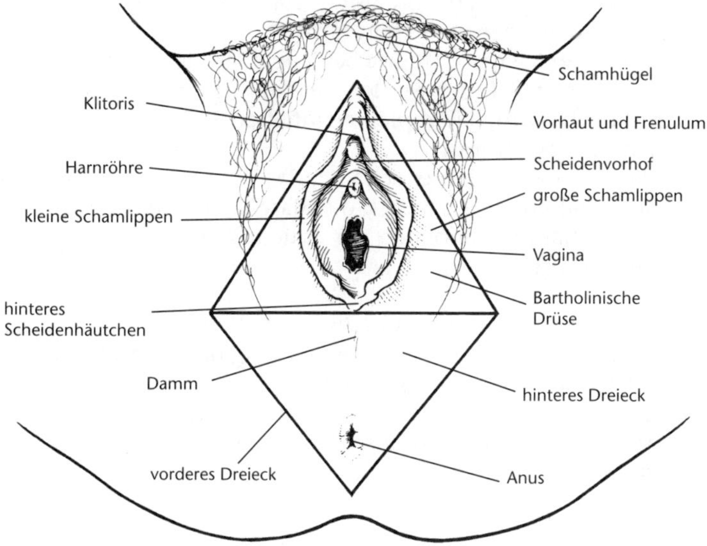

Abb. 8.2
Die Beckenhöhle mit den zwei (vorderem und hinterem) Dreiecken muskulärer Wirkung auf Vagina und Anus

Schwierigkeiten, Kontakt mit diesen inneren Muskeln aufzunehmen, aber mit etwas Übung wird Ihnen das immer leichter fallen.

- Wenn Sie mit dieser Übung schon Erfahrung haben, können Sie sich in Ihre Vagina »hineindenken«, während Sie sie nach oben ziehen und das Ki in Ihre Gebärmutter, Ihre Eileiter und Ihre Eierstöcke lenken. Spüren Sie, wie sich eine strahlende Wärme in Ihrem Becken ausbreitet.

Übung 2

Eine andere nützliche Übung hängt mit dem Wasserlassen zusammen, da ja auch Ihr Harnleiter und Ihre Blase zu Ihrem Urogenitalsystem gehören. Diese Übung umfaßt die Kontrolle des Harnflusses.

- Pressen Sie beim Urinieren, wenn etwa ein Drittel der Urinmenge ausgeschieden ist, Ihre Beckenbodenmuskulatur einen Moment lang zusammen, so daß der Harnfluß gestoppt wird. Entleeren Sie dann den restlichen Harn.

- Wiederholen Sie diese Übung bei jedem Urinieren zwei- bis dreimal. Mit etwas Übung werden Sie bald in der Lage sein, Ihren Harnfluß willentlich komplett anzuhalten – ein Indiz für den verbesserten Muskeltonus.
- Denken Sie daran, daß es schadet, das Wasserlassen längere Zeit zurückzuhalten, weil dadurch die Blase überstrapaziert wird. Gehen Sie sobald wie möglich zur Toilette, wenn Sie einen Harndrang verspüren.

Diese Übungen werden Ihnen nicht nur helfen, Ihre Beckenbodenmuskulatur zu stärken, was eine Regulierung der Menstruation und eine verbesserte Ausscheidung zur Folge hat, sondern Ihnen auch mehr Spaß am Sex bescheren. Sie gewinnen nämlich eine bessere Kontrolle über Ihre Scheidenmuskulatur und können dadurch einen sehr viel intensiveren Orgasmus erleben.

Kapitel 9

Shiatsu für Schwangerschaft und Geburt

Shiatsu und die Schwangerschaft

> Eine Krankheit zu behandeln, nachdem sie aufgetreten ist,
> das ist das unterste Niveau der Gesundheitsfürsorge
> und Behandlung.
>
> *›Nei Ching‹ (Buch des Inneren)*

Eine Schwangerschaft ist eine ganz natürliche Sache und sollte nicht als Krankheit betrachtet werden. Dennoch stellt sie eine große Herausforderung für Ihren Körper und Geist dar. Sich auf die Empfängnis *vorzubereiten*, ist deshalb empfehlenswert, wenn Sie beschlossen haben, daß Sie ein Kind möchten. Bewußte Ernährung, Übungen und Entspannung sollten zu Ihrer Vorbereitung gehören, da der problemlose Verlauf Ihrer Schwangerschaft und Geburt in großem Ausmaß von Ihrem allgemeinen Gesundheitszustand und Ihrem Wohl-Befinden zu diesem Zeitpunkt abhängt.

Die physische und metaphysische Entwicklung eines Fötus

> Im ersten Monat ist es ein Brei
> Im zweiten Monat ist es ein Ball
> Im dritten Monat ist es ein Fötus
> Im vierten Monat ist da Fleisch
> Im fünften Monat sind da Muskeln
> Im sechsten Monat sind da Knochen
> Im siebten Monat wird der Mensch geformt
> Im achten Monat bewegt es sich
> Im neunten Monat wird es ungeduldig
> Im zehnten Monat erblickt es den Tag.
>
> *Huainanzi, 2. Jahrhundert v. Chr.*

Die fernöstliche Philosophie zieht eine Parallele zwischen dem Leben in der Gebärmutter und den 2,8 Milliarden Jahren der Evolution des Lebens auf der Erde, seit es sich in der »Wasser-Phase« entwickelt hat. Diese amphibische Periode wird gleichgesetzt mit den 280 Tagen im Mutterleib, in denen sich der Fötus aus einer einzigen Zelle zu einem vielzelligen Lebewesen entwickelt: »Ein Korn, zehntausend Körner«, wie man in China sagen würde. So gesehen entspricht jeder Tag der Schwangerschaft 10 Millionen Jahren Evolution.

Jeder Tag der Schwangerschaft hilft bei der Entwicklung im physischen und metaphysischen Bereich. Bei der Geburt initiieren die folgenden Energien ein Lebensmuster für die »Landphase«: die Lungen-Energie ist verantwortlich für die selbständige Atmung von Luft statt von Flüssigkeit; der Dreifacherwärmer muß das Leben »entzünden«, um das Kind außerhalb der warmen Wasserwelt zu wärmen; der Herzschützer aktiviert den emotionalen und spirituellen Schutz außerhalb des sicheren Mutterbauchs. Das Gewährleisten einer glücklichen und sicheren Umgebung für den Fötus »als Embryo« und später für den Übertritt in die »Landphase« muß das Grundprinzip der elterlichen Sorge und der Unterstützung durch Shiatsu sein.

Die energetische Verbindung zwischen Mutter und Kind

In Japan hält man *Tai Kyo* (Embryo-Erziehung) für sehr wichtig bei der Entwicklung des Embryos. Im Fernen Osten glaubt man traditionell, daß ein Drittel unserer späteren sozialen, körperlichen und mentalen Fähigkeiten schon durch unsere Erfahrungen im Mutterleib bestimmt wird. Schwangeren Frauen rät man deshalb in Japan, beruhigende Musik zu hören und laute, erschreckende Geräusche zu meiden. Wasser ist ein sehr guter Leiter für Geräusche, daher ist der Fötus in seiner wässrigen Umgebung empfindlich für akustische Reize von außen ebenso wie für Geräusche der inneren mütterlichen Organe. Der Herzschlag der Mutter wirkt sehr beruhigend.

Untersuchungen haben gezeigt, daß sich der Fötus am wohlsten fühlt, wenn sich die Mutter langsam bewegt, zum Beispiel bei gleichmäßigem Gehen oder Krabbeln auf allen vieren. Wahrscheinlich ist das so, weil der Fötus dabei regelrecht geschaukelt wird. Wenn die Mutter sich auf allen vieren befindet, verschafft das dem Fötus ein wenig mehr Platz im Bauch.

Der Fötus ist dauernd Berührungsreizen durch seine Umgebung, das Fruchtwasser und die Haut der Fruchtblase ausgesetzt. Shiatsu und Massage, von außen verabreicht, geben dem Fötus eine ähnliche Erfahrung. Die äußere Berührung sendet energetische Schwingungen nach innen, die dann innere Bewegungen auslösen. So haben Sie eine ausgezeichnete Möglichkeit, Ihrem Baby noch vor der Geburt die richtige Stimulation zu geben.

Frühe Anzeichen einer Schwangerschaft

Vor dem Gebrauch des Mikroskops glaubte man in China, die Empfängnis käme durch die Vermischung der weiblichen »roten« Essenz, dem Menstruationsblut, mit der männlichen »weißen« Essenz, dem Sperma, zustande. Heute wissen wir, daß die Empfängnis im Eileiter innerhalb von 60 Minuten nach der Ejakulation stattfindet. Die Spermien passieren das saure Milieu der Gebärmutter auf dem Weg zu den alkalischen Eileitern. Sobald die Eizelle befruchtet wurde, verändert sich ihre magnetische Anziehung, und sie zieht kein Sperma mehr an. Nach ein bis zwei Tagen reist das befruchtete Ei in die Gebärmutter, um sich dort zur Versorgung mit Blut in der »Blutkammer« einzunisten.

Eine Schwangere kann alle oder einige der folgenden Symptome an sich feststellen: Ausbleiben der Regel, geschwollene Brüste, Übelkeit, Müdigkeit (das ins Blut ausgeschüttete Progesteron wirkt wie ein Beruhigungsmittel), »Aufblühen«, Farbveränderung (Tönung des Gesichts), Veränderungen im Stoffwechsel, Abneigung gegen fette, ölige Speisen (im Zusammenhang mit der Leberfunktion), Lust auf Süßigkeiten (Milzfunktion), häufiger Harndrang, Schwellungen, Gewichtszunahme. Manche Frauen wissen auch intuitiv vom Moment der Empfängnis an, daß sie schwanger sind.

Energetische Veränderungen während der Schwangerschaft

Die »vitalen« Organe der Schwangeren haben vom Augenblick der Empfängnis an für zwei Lebewesen zu sorgen. Aus diesem Grund finden massive Veränderungen in den Zang-Organen der Mutter statt. Das Original- oder Yuan Ki des Fötus, geschaffen im Moment der Polaritätsladung zwischen Eizelle und Spermium, versorgt den Embryo, bis sich die Plazenta entwickelt. Aufgrund der kosmischen »Ladung« der Yin-Yang-Anziehung tritt hier ein Übergewicht von Blut und Ki auf. Das Blut gerinnt, weil es vom Herzen geschickt wird, um den Embryo im Mutterleib zu ernähren. Der Fötus lebt fortan vom Blut der Mutter – das heißt von der Energie, die die Flüssige Essenz Ihrer Milz erschafft, vom Originalen und Erworbenen Ki Ihrer Nieren-Energie und der Zirkulation und dem Erhalt Ihres Herz-Yang sowie dem Ki Ihrer Lungen. Das Blut dient als Nahrung für Ihr Kind. Das »Feuer« der Empfängnis sorgt weiterhin dafür, daß das Blut beide ernährt.

Die Funktion der Milz ist durch die Zunahme von »Feuchtigkeit« gefordert, die herrscht, um das Fruchtwasser zur Ernährung und zum Schutz des Embryos zur Verfügung zu stellen. Die Nieren-Energie tritt in einen Mangelzustand, und das Leber-Ki hält die Durchlässigkeit für den Energiefluß in den Bauch, zur Mutter und zum Kind, aufrecht. Leber-Energie ist im Überschuß vorhanden. Weil die Mutter ihr Yuan Ki, das Nieren-Yin und Nieren-Yang liefert, befindet sich Ihre Nieren-Energie in einem Mangelzustand. All diese Symptome haben nur eine Ursache – die Schwangerschaft – und sind vollkommen normal.

Wie Shiatsu während der Schwangerschaft helfen kann

Im Fernen Osten wird Schwangerschaft als eine spirituelle Übung betrachtet. Man ist der Ansicht, eine Schwangere sollte soviel Zeit wie möglich »im Gebet und in der Kontemplation« verbringen. Man empfiehlt ihr, sich körperlich und emotional nur mit Dingen zu umgeben, die ihr angenehm sind, und sich auf die moralische und mentale Erziehung des Fötus durch spirituelle Übungen zu konzentrieren.

Auch wenn eine Schwangere natürlich nicht permanent heiter und gelassen sein kann, sollte sie doch vermeiden, daß Streß und Ängste ein Ausmaß erreichen, das ihren mentalen Zustand beeinträchtigt und ihr und dem Baby schadet. Shiatsu ist eine wunderbare Möglichkeit, um die positiven, natürlichen Veränderungen, die sich während einer Schwangerschaft ereignen, zu verfolgen. Es steigert das Bewußtsein, sowohl in körperlicher als auch in emotionaler Hinsicht, und bietet eine großartige Möglichkeit, sich auf das ungeborene Baby einzustimmen. Im folgenden geben wir für jeden Abschnitt der Schwangerschaft Empfehlungen für Übungen und die richtige Ernährung, bevor wir uns den häufigsten Schwangerschaftsbeschwerden und hilfreichen Tips zur Selbstbehandlung zuwenden.

Erstes Trimester: 0. bis 12. Woche

Ihre Schwangerschaft läßt sich entsprechend der Entwicklung des Fötus in drei Abschnitte oder Trimester aufteilen. Sie können Ihr Baby nicht in sich wachsen sehen, aber in Ihrem Inneren finden einige unglaubliche Veränderungen statt. Während des ersten Trimesters entwickeln sich alle Systeme des Fötus und viele seiner Organe mehr oder weniger vollständig. Der fernöstlichen Medizin zufolge ist die Niere das erste Organ, das sich entwickelt. Der Fötus wird sogar als eine große Niere betrachtet, aus der später alle anderen Organe hervorgehen und sich individuell entwickeln.

Am Ende des ersten Trimesters arbeiten bereits die Nerven und Muskeln des Fötus und die Reflexe entwickeln sich. Auch wenn Sie jetzt noch keine Bewegungen spüren, kann sich Ihr Baby trotzdem bereits spontan bewegen. Aufgrund all dieser inneren Aktivitäten bei der Entwicklung sollte der Fötus in den ersten drei Monaten der Schwangerschaft vor allem unterstützt und genährt und nicht allzusehr von außen gestört werden. Gestatten Sie sich und Ihrem Körper, sich auf die inneren Veränderungen einzustellen und versuchen Sie, Zeit zum Entspannen zu finden. Bewegung ist aber wichtig: Sie können sich auf die Do-In-Übungen in Kombination mit den Dehnübungen für die Meridiane konzentrieren (siehe Kapitel 7). Walking und Schwimmen sind ebenfalls empfehlenswert. Eine allgemeine sanfte, beruhigende Behandlung durch einen Freund oder Ihren Partner kann auch hilfreich sein, unterlassen Sie jedoch jeglichen tiefen Druck, starke Dehnungen oder starken Druck unterhalb der Gürtellinie (siehe Kontraindikationen S. 182).

Häufige Beschwerden während des ersten Trimesters sind allgemeine Müdigkeit und Erschöpfung, morgendliche Übelkeit und Überempfindlichkeit der Brüste. Siehe S. 183–193 für die entsprechende Behandlung.

Zweites Trimester: 13. bis 27. Woche

Nach den ersten drei Monaten hat sich eine Schwangerschaft in der Regel stabilisiert. Dies ist die Phase des schnellen Wachstums, wenn Sie schon erkennbar schwanger sind. Sie können die Bewegungen des Fötus spüren, und Ihr Baby wird beginnen, wie ein richtiger Mensch auszusehen und sich auch so zu benehmen.

Behandeln Sie bestimmte Beschwerden, wenn sie auftreten, vermeiden Sie jedoch weiterhin starken Druck unterhalb der Gürtellinie und starke Dehnungen. Versuchen Sie das Übungsprogramm beizubehalten, von dem schon die Rede war, und schließen Sie dabei die Übungen auf S. 193–198 ein. Ihre Atmung wird dadurch tiefer, und die Übungen dehnen Ihre Beckenmuskeln und Bänder, stärken Ihre Bauchmuskeln und bereiten Sie allgemein auf die Geburt Ihres Babys vor. Sie können als sinnvolle Vorbereitung auf die Geburt auch einen Yoga-Kurs für Schwangere besuchen.

Die morgendliche Übelkeit ist jetzt hoffentlich vorbei, und Sie können sich und Ihr Baby mit einer ausgewogenen Ernährung stärken. Da der Fötus von Ihrem Blut zehrt, ist es wichtig, daß Sie Lebensmittel zu sich nehmen, die die Produktion von Blut fördern. Frisches Gemüse ist unverzichtbar, besonders dunkelgrünes Blattgemüse. Auch orangefarbene Gemüse, Karotten und Kürbis, sind wertvoll. Die meisten Bohnen und verschiedene Meeresfrüchte stärken Ihr Blut, und auch kleine Mengen tierischen Eiweißes, besonders in Suppen und Brühen, tun Ihnen gut. Versuchen Sie, eher wärmende, gekochte als kalte, rohe Speisen zu essen. Ihre Lebensmittel sollten frisch gekauft und frisch zubereitet werden, um eine gute Ki-Qualität zu gewährleisten, da Ki das Blut bildet.

Drittes Trimester: 28. bis 40. Woche

Während des dritten Trimesters wächst Ihr Baby in die Länge und beginnt auch, ein bißchen Fett anzusetzen. Das Baby ist jetzt viel stärker, und seine Bewegungen im Mutterleib können ziemlich kräftig und deutlich ausfallen. Gegen Ende des dritten Trimesters legt das Baby ca. 28 Gramm pro Tag zu, füllt die Gebärmutter ziemlich aus und begibt sich in die Geburtsposition, mit dem Kopf nach unten ins Becken – daher kommt auch das ständige Gefühl, auf die Toilette zu müssen.

Wegen des zusätzlichen Gewichts des wachsenden Fötus und dem Weichwerden der Beckenregion sind Rückenschmerzen in dieser Phase sehr verbreitet. Um die Schmerzen zu lindern, bitten Sie Ihren Partner, mit seinen Daumen Druck auf Ihre Kreuzbeingegend auszuüben. Sie können dabei eine Seitenlage einnehmen oder sich hinknien (siehe Kapitel 4). Sanftes Reiben dieses Bereichs kann ebenfalls guttun. Das können Sie selbst gegen die Rückenschmerzen tun:

- Legen Sie sich auf den Rücken, ziehen Sie die Knie an die Brust, wobei Sie Platz für Ihren Bauch lassen. Halten Sie Ihre Knie um-

Abb. 9.1
Entspannung des
Zwerchfells

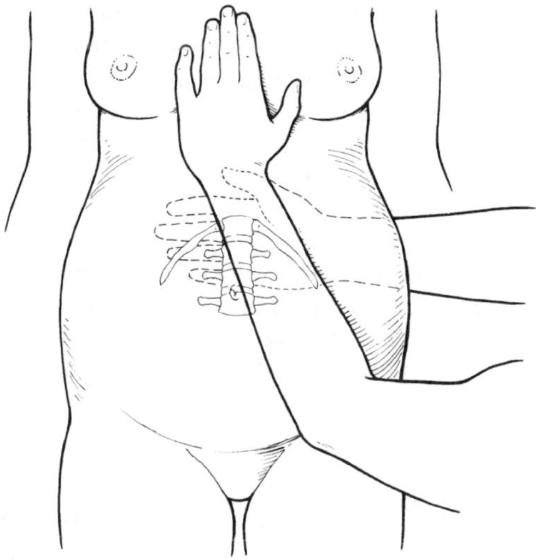

schlungen und spüren Sie, wie sich Ihr Kreuzbein gegen den Boden preßt. Machen Sie langsame, kreisförmige Bewegungen mit Ihren Knien, so daß Ihr Kreuzbein und Ihr unterer Rücken vom Boden massiert werden.

- Schaukeln Sie vor und zurück, während Ihre Hände noch Ihre Knie umfassen. Rollen Sie sich hoch, bis Sie sich in der Hocke befinden: Füße gespreizt und das Gesäß über dem Boden.

Vielleicht verspüren Sie einen Druck gegen die Rippen, während die Gebärmutter sich nach oben ausdehnt und/oder weil der Kopf des Babys sich noch nicht nach unten ins Becken zur endgültigen Geburtslage gesenkt hat. Manche Frauen leiden unter einem solchen Druck auf das Zwerchfell und unter Kurzatmigkeit. Zur Erleichterung können Sie sich mit Kissen in eine halbliegende Position bringen. Als Extrastütze fungiert ein zusammengerolltes Handtuch unter dem oberen Teil Ihres Rückens – das vergrößert die Ausdehnung des Brustkorbs. Probieren Sie auch die folgenden Atemübungen aus:

- Schließen Sie die Augen und lenken Sie Ihr Bewußtsein ganz auf Ihre Atmung. Fühlen Sie, wie der Atem durch Ihre Nase in Ihren Körper strömt und entspannen Sie sich mit jedem Atemzug. Konzentrieren Sie sich auf die Region Ihres Solarplexus und spüren

Sie, wie das Ki Ihres Atems hierherfließt. Nutzen Sie Ihren Atem und Ihr Ki, um diese Region sanft zu entspannen. Lassen Sie sie sich sanft öffnen und ausdehnen. Fühlen Sie, wie Ihre Brust weit wird, während Sie einatmen, und wie der Atem durch das Solarplexus-Gebiet hinunter in Ihren Bauch strömt.

- Lassen Sie sich 10 bis 15 Minuten Zeit für diese Übung. Wenn Sie sich immer noch unwohl fühlen, bitten Sie Ihren Partner, Ihnen bei der Entspannung des Zwerchfells zu helfen. Er legt dazu eine Hand auf Ihren Rücken, auf der Höhe des Solarplexus, und die andere auf das Solarplexus-Gebiet, genau unter Ihrem Brustbein (siehe Abb. 9.1). Sie werden spüren, wie die Spannung schrittweise nachläßt, die Muskeln sich entspannen und Ihnen das Atmen danach leichter fällt.

Was Sie während der Schwangerschaft unterlassen sollten (Kontraindikationen)

Manche der Tsubo oder Akupressurpunkte, die wir bei der Shiatsu-Behandlung bearbeiten, sind während der Schwangerschaft tabu. Alle diese Punkte haben eine eliminierende Wirkung. Wenn man sie stimuliert, hat das die Kontraktion der Gebärmutter, in der sich ja der Fötus befindet, zur Folge. (Da das genau das ist, was Sie während der Geburt erreichen wollen, sind einige dieser Punkte im Abschnitt zur Geburt als Behandlungspunkte aufgeführt.)

Die folgenden Punkte sollten Sie während der Schwangerschaft nicht behandeln, es sei denn, es geht um besondere Probleme.

- »Schulterquelle«, Gb 21
- »Nachbartäler«, Le 4
- »Drei-Meilen-Arm«, Le 10 (nur der gefährdete Punkt)
- »Drei-Yin-Verbindung«, Mi 6
- »Drei-Meilen-Fuß«, Ma 36
- »Großer Durchgang«, Le 3
- »Sprudelnde Quelle«, Ni 1

Selbstbehandlung bei den häufigsten Beschwerden

Anämie

Dieses Syndrom von Blut-Mangel geht mit folgenden Symptomen einher: blasser Teint, bleiche Lippen und Augenlider, blasse Fingernägel, Mangel an Lebenskraft, Atemlosigkeit, Herzklopfen, eine wunde (entzündete) Zunge und Kopfschmerzen. Wenn ein Mangel an Blut herrscht, müssen Sie es tonisieren, um Ihren anämischen Zustand zu verbessern. Am besten erreichen Sie dies durch eine gesunde Ernährung mit viel grünem Gemüse und Vollkornprodukten (siehe die Empfehlungen zum zweiten Trimester, S. 179 f.). Trinken Sie täglich Beifußtee (aus einem chinesischen Lebensmittel- oder einem Kräuterladen) oder *Ume-sho-bancha* – einen Tee aus *Bancha*-Zwei-

Abb. 9.2
Anämie/Verstopfung:
Lage der Behandlungspunkte

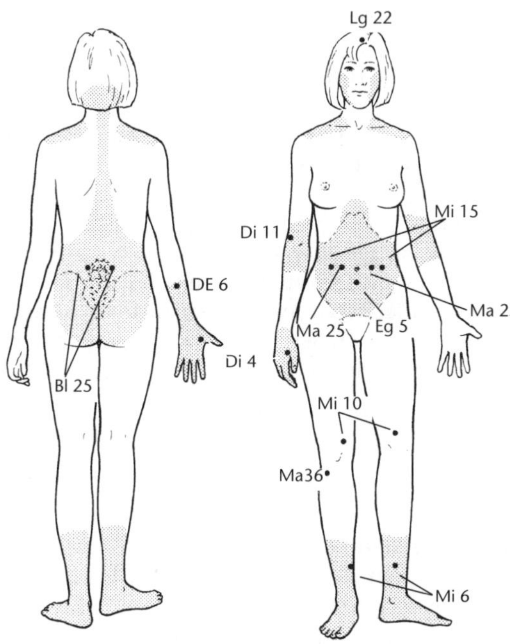

gen mit drei Tropfen Soja-Sauce und einer *Umeboshi*-Pflaume (diese säuerlichen japanischen Pflaumen finden Sie in Geschäften für asiatische Lebensmittel und in manchen Naturkostläden). Algen sind auch sehr gesund, und probieren Sie geröstete *Nori*-Blätter als Nahrungsergänzung (Sie bekommen sie ebenfalls in Spezialgeschäften für asiatische Lebensmittel oder im Naturkostladen). Als Stärkungsmittel sollten Sie sich noch das Kräutertonikum Floradex aus dem Naturkostladen besorgen.

Behandlung
Üben Sie Druck auf die folgenden Tsubo aus: Mi 6 und 10, DE 6 und Lg 22 (siehe Abb. 9.2).

Allgemeiner Hinweis zu allen Abbildungen
Alle Tsubo sind symmetrisch auf dem Körper angeordnet, sofern sie nicht auf der Mittelachse liegen. Schraffierte Zonen zeigen an, wo Sie generell Shiatsu anwenden können.

Empfindlichkeit der Brüste

Vergrößerte, überempfindliche Brüste sind oft eines der ersten Schwangerschaftsanzeichen.

Behandlung
Linderung bringt eine sanfte Massage der Brüste mit kreisförmigen Bewegungen und sanftem Druck an folgenden Punkten, den Sie mit Ihren Handflächen oder Fingern ausüben können: Ma 13 und 16, Ni 22 (siehe Abb. 9.3). Behandeln Sie außerdem den Magen-Meridian an Ihren Beinen, wie auf S. 186 f. unter dem Stichwort Sodbrennen beschrieben.

Steißlage

Ein Baby in Steißlage sitzt aufrecht in der Gebärmutter. Die meisten Babys befinden sich irgendwann im Laufe der Schwangerschaft in dieser Position, aber sie drehen sich schließlich von selbst in die Schädellage mit dem Kopf nach unten.

Abb. 9.3
Empfindlichkeit der Brüste/Antriebsschwäche:
Lage der Behandlungspunkte

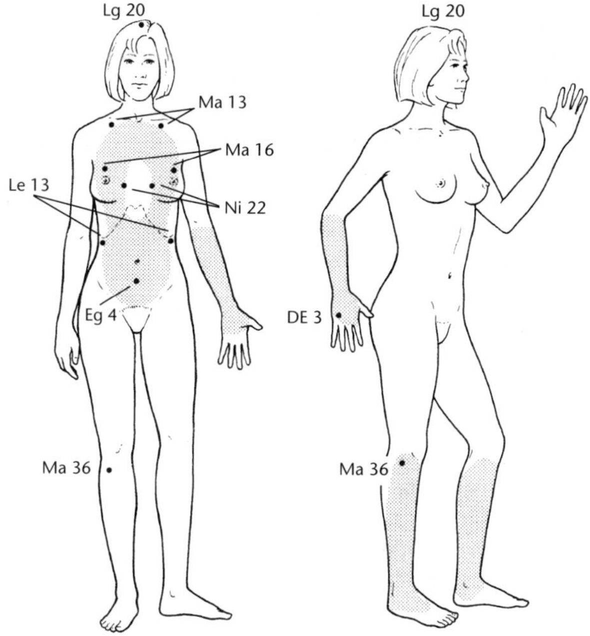

Behandlung
Wenn Sie feststellen, daß Ihr Baby sich nach der 32. Woche immer noch in der Steißlage befindet, versuchen Sie, es mit der folgenden Übung zum Drehen zu bringen:

- Legen Sie sich flach auf den Boden und schieben Sie ein paar Kissen unter Ihre Hüfte. Treten Sie in Verbindung mit Ihrem Baby, indem Sie die Visualisierungstechniken, die in Kapitel 7 beschrieben wurden, anwenden. Stimmen Sie sich auf die Bewegungen Ihres Kindes ein. Stellen Sie sich vor Ihrem inneren Auge vor, wie Ihr Baby sich in die richtige Position dreht.
- Bleiben Sie zwei- bis dreimal täglich für 10 bis 15 Minuten in dieser Haltung, und ermutigen Sie das Baby, sich mit dem Kopf ins Becken zu drehen. Nutzen Sie diese Zeit zugleich, um sich zu entspannen, vielleicht mit etwas sanfter Musik.

Sie können auch den Punkt an der Außenseite Ihres kleinen Zehs (Bl 67) mit einem Finger, Daumen oder Fingernagel stimulieren. Ein

Shiatsu-Therapeut würde es mit Moxibustion an diesem Punkt in den letzten drei Wochen der Schwangerschaft versuchen – einer sehr erfolgreichen Behandlungsmethode. Sie können es auch selbst mit einer Zigarette statt mit einem Räucherkegel probieren, um das Baby zum Drehen zu bewegen, auch wenn die Wirkung hier nicht so stark ist. Halten Sie die brennende Zigarette einen halben Zentimeter von der Haut des Punktes Bl 67 entfernt, bis die Haut sich heiß anfühlt; wiederholen Sie dies sechsmal und zwei- bis dreimal täglich, bis sich das Baby dreht. Auch das Homöopathikum Pulsatilla kann helfen.

Verstopfung

Progesteron verursacht eine Entspannung Ihrer Darmmuskulatur in der Schwangerschaft, was Ihre Verdauung verlangsamt und zur Verstopfung führen kann. Das ist schädlicher, als Sie vielleicht denken, denn es führt dazu, daß sich Giftstoffe verstärkt in Ihrem Körper ausbreiten. Um das zu verhindern, sollten Sie täglich Übungen machen und in Ihrer Ernährung für reichlich Vollkornprodukte, Ballaststoffe, Obst und Gemüse sorgen. (Siehe auch S. 180.)

Behandlung
Eine regelmäßige Shiatsu-Behandlung des ganzen Körpers ist sehr hilfreich. Bitten Sie Ihren Partner, Ihnen eine Kenbiki-Massage des unteren Rückens (wie in Kapitel 3 erklärt) zu geben, und üben Sie Druck auf die folgenden Tsubo aus: Ma 25 und 36, Mi 15, Bl 25, Eg 5, Le 4 und 11 (siehe Abb. 9.2).

Sodbrennen

Die Ursache von Sodbrennen ist der Magen. Das »Ventil« am Mageneingang ist während der Schwangerschaft entspannt und ermöglicht, daß kleine Menge Magensäure in die Speiseröhre gelangen. Das verursacht ein Brennen hinter dem Brustbein. Um Sodbrennen zu verhindern, meiden Sie Speisen, von denen Sie aus Erfahrung wissen, daß sie Sodbrennen auslösen, und legen Sie sich innerhalb der ersten zwei Stunden nach einer Mahlzeit nicht hin. Denken Sie auch daran, immer gut zu kauen und mehrere kleine Mahlzeiten über den Tag verteilt zu essen.

Abb. 9.4
Selbstbehandlung des
Magen-Meridians

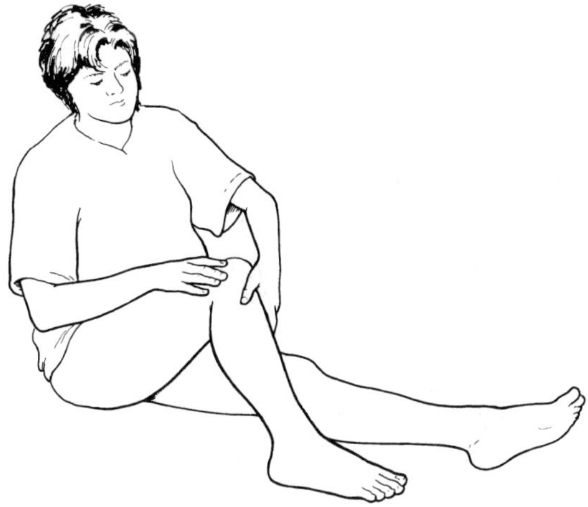

Behandlung
Entspannen Sie Ihr Zwerchfell, wie bereits beschrieben (siehe drittes Trimester, S. 181 f.) und wenden Sie Shiatsu auf der Vorderseite Ihrer Beine entlang des Magen-Meridians an. Setzen Sie sich auf den Boden und ziehen Sie ein Bein zu sich heran. Benutzen Sie Ihren Ellbogen oder Daumen (siehe Abb. 9.4), um von der Hüfte abwärts bis zum Knie Druck auszuüben. Behandeln Sie dabei folgende Punkte: Ma 25, Eg 12 und 14, Di 4 und Bl 21 (siehe Abb. 9.5).

Antriebsschwäche, Müdigkeit

Das ist besonders dann ein Problem, wenn Sie die physische und emotionale Herausforderung ignorieren, die eine Schwangerschaft für Ihren Körper darstellt. Gönnen Sie sich während Ihres Arbeitstags Pausen und Zeiten zum Entspannen. Dabei haben Sie die Möglichkeit, durch Visualisierung und Affirmationen (siehe Kapitel 7) mit Ihrem wachsenden Baby Verbindung aufzunehmen.

Behandlung
Üben Sie Druck auf folgende Punkte aus: Ma 36, Le 13, Eg 4, DE 3 und Lg 20 (siehe Abb. 9.3).

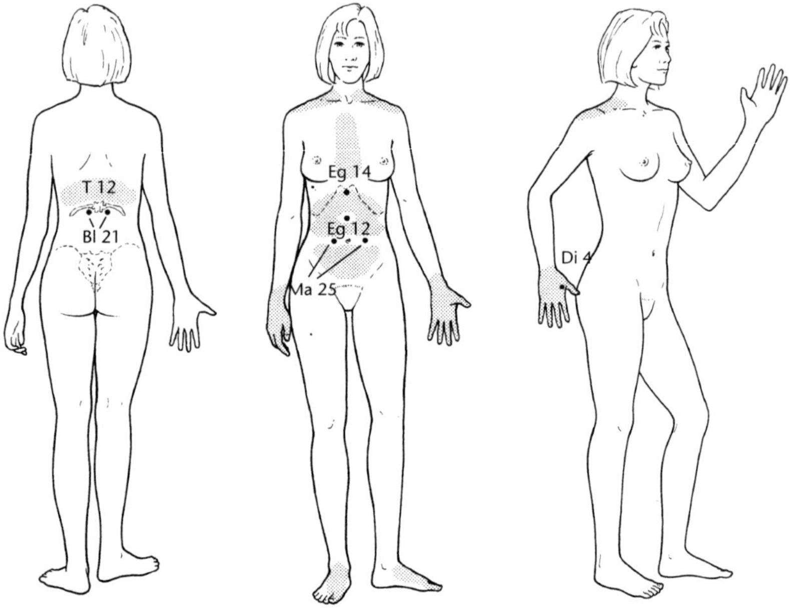

Abb. 9.5
Sodbrennen: Lage der Behandlungspunkte

Morgendliche Übelkeit

Viele Frauen leiden in der Schwangerschaft unter morgendlicher Übelkeit, die von der Hormonumstellung verursacht wird. Es ist noch nicht geklärt, warum manche Frauen davon betroffen sind und andere nicht, sicher ist, daß Ihre Ernährung vor der Empfängnis dabei eine Rolle spielt. Wer wenig Vitamine, Kohlenhydrate und Mineralstoffe zu sich nimmt, neigt auf alle Fälle eher dazu. Müdigkeit kann auch einen negativen Einfluß haben.

Behandlung
In der fernöstlichen Medizin unterscheiden wir drei verschiedene Arten von morgendlicher Übelkeit:

- Rebellierendes verdorbenes, trübes Ki – zu den Symptomen zählen hier Aufstoßen, ein geschwollener Unterleib, Stauungen in der Lunge, Depression und Schluckauf. Reinigen Sie Ihre Magen-

Abb. 9.6
Morgendliche Übelkeit:
Lage der
Behandlungspunkte

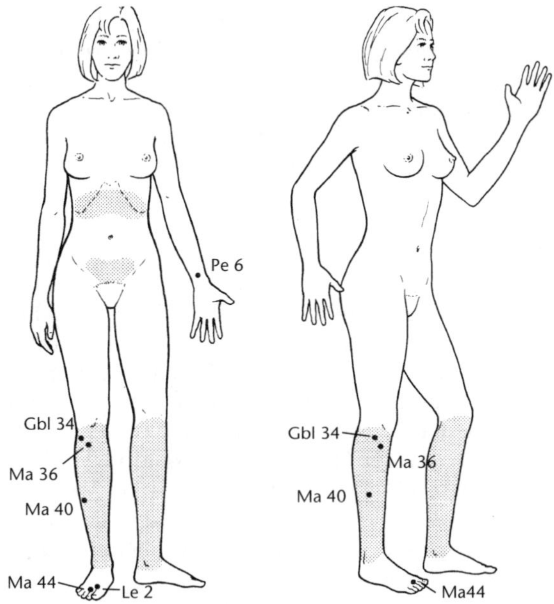

Energie, indem Sie Druck auf die Punkte Pe 6, Ma 36 und 44 (siehe Abb. 9.6) ausüben.

- Schleim und flüssiger Giftstoff – die vitalen Organe leiden unter einem Schock. Schwindel, Erbrechen von wässriger Flüssigkeit, weißer Zungenbelag, Energiemangel und eine allgemeine Kälte gehören hier zu den Symptomen. Behandeln Sie die oben genannten Punkte sowie Ma 40 (siehe Abb. 9.6).
- Steigendes Feuer der Leber – die Nieren-Energie hat sich im Uterus erschöpft, der Leber mangelt es an Yin, und sie trocknet aus, was wiederum dem Magen-Ki schadet. Zu den Symptomen gehören ein bitterer Geschmack, Aufstoßen, Rippenschmerzen, Schmerzen hinter und unter Ihren unteren Rippen und ein schneller Puls. Es gelten die Punkte Pe 6, Ma 36 und 44 sowie Le 2 und Gbl 34 (siehe Abb. 9.6).

Generell sollten Sie trockene Kekse (aus Hafer- oder Reismehl) essen und Tee aus *Bancha*-Zweigen (erhältlich in Geschäften für asiatische Lebensmittel oder Naturkostläden) trinken. Pfefferminz- und Himbeerblättertee sind klassische Naturheilmittel gegen morgendliche Übelkeit. Meiden Sie Koffein und Alkohol und probieren Sie das traditionelle östliche Heilmittel *Umeboshi*, die säuerlichen japanischen Pflaumen, aus. Essen Sie kleine, aber nährstoffreiche Mahlzeiten über den Tag verteilt und kauen Sie gut. Trauben und Papayas werden in der Regel auch gut vertragen.

Ödeme

Viele Frauen leiden gegen Ende der Schwangerschaft unter geschwollenen Händen und Füßen aufgrund von Wassereinlagerungen (eine Folge des Drucks, den die Gebärmutter auf die Blutgefäße ausübt, die das Blut aus der unteren Körperhälfte zum Herzen zurück leiten). Zu den Symptomen gehören das Anschwellen aller Gliedmaßen, des Gesichts, der Augen, der Leisten und der Knöchel, ein Kältegefühl im Bauch, eine gelbliche oder dunkle Verfärbung der Haut, übermäßig viel Schleim in der Brust und in der Nase, ein klebriger Mund sowie eine Aversion gegen kalte und ein Bedürfnis nach warmen Getränken. (Siehe auch S. 235f.)

Nach Ansicht der fernöstlichen Medizin, liegt hier ein Mangelzustand der Milz und eine Stagnation von Blut im Hara vor. Machen Sie sich einen Daikon-Drink: Pressen Sie dazu eine halbe Tasse geriebenen Daikon oder Rettich aus, mischen Sie die Flüssigkeit mit warmem Wasser (ein Teil Daikon auf drei Teile Wasser) und geben Sie ein paar Tropfen Soja-Sauce oder etwas Meersalz dazu. Bringen Sie diese Mischung zum Kochen und lassen Sie sie eine Minute lang ziehen. Einmal täglich maximal drei Tage lang trinken. Das erhöht die Schweißproduktion und regt die Harntätigkeit an und wirkt allgemein entwässernd. Tägliche Übungen, die Sie zum Schwitzen bringen, sind ebenfalls hilfreich. Kontrollieren Sie Ihre Flüssigkeitsaufnahme und trinken Sie nicht aus Gewohnheit, sondern wenn Sie wirklich Durst verspüren.

Behandlung
Ruhen Sie sich täglich mit hochgelegten Beinen aus und machen Sie Do-In-Übungen für Ihre Beine. Üben Sie Druck auf folgende Tsubo aus: Ma 45, Mi 9 und 10, Eg 5 und Bl 20 (siehe Abb. 9.7).

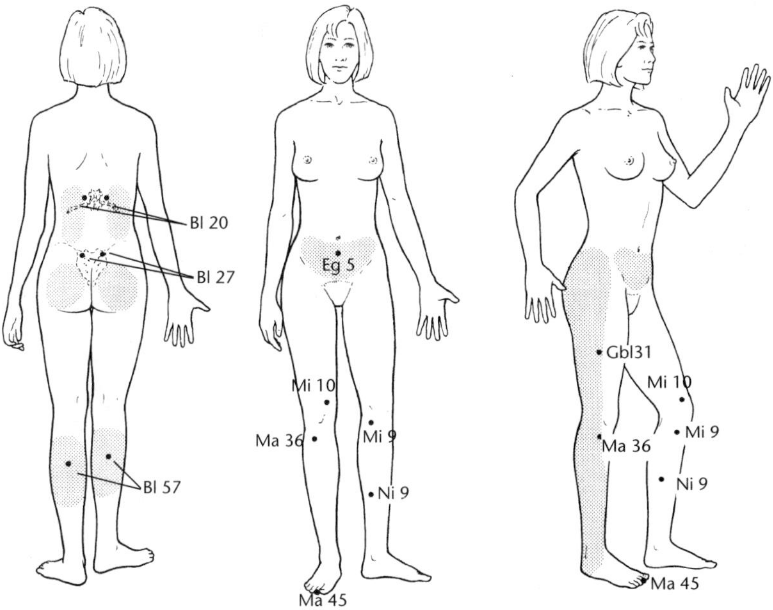

Abb. 9.7
Ödeme, schwere Beine und Krämpfe in den Beinen: Lage der Behandlungspunkte

Schwere Beine und Krämpfe in den Beinen

Dies sind verbreitete Schwangerschaftsbeschwerden, die mit schwacher Durchblutung oder Defiziten in Ihrer Ernährung (zu wenig Kalzium im Blut) zusammenhängen können.

Behandlung
Probieren Sie die folgenden Tips aus:

- Wenden Sie die in Kapitel 7 beschriebenen Do-In-Techniken an, um den Energiefluß in den Bein-Meridianen anzuregen.
- Legen Sie sich mit auf einen Stuhl oder mit Kissen hochgelagerten Beinen auf den Rücken.
- Achten Sie darauf, daß beim Sitzen Ihre Beine höher gelagert sind als Ihre Hüfte.
- Dehnen Sie die Rückseite Ihrer Beine, indem Sie sich eine Armlänge entfernt vor eine Wand stellen, die Hände in Schulterhöhe

Abb. 9.8
Dehnung des Blasen-Meridians
im Stehen

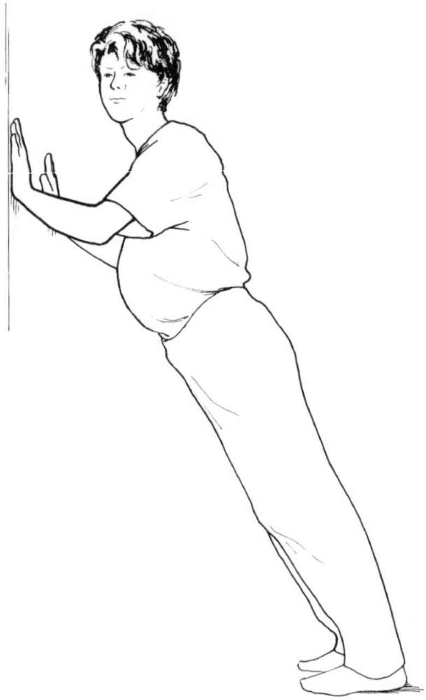

Abb. 9.9
Selbstbehandlung von Bl 54

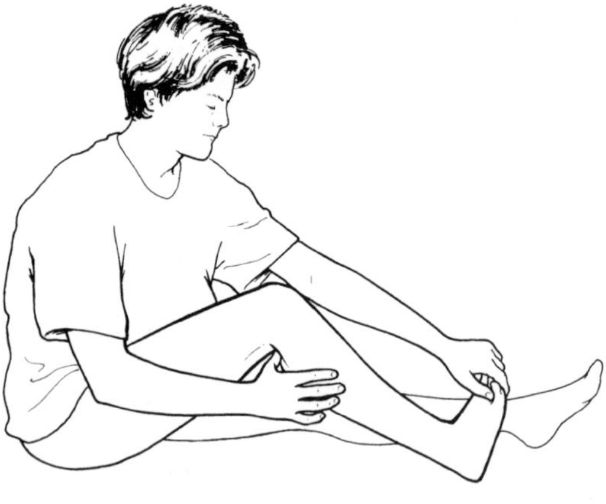

flach an die Wand legen, so daß Ihre Füße genau unter Ihren Hüftgelenken stehen. Beugen Sie die Arme und lehnen Sie sich mit durchgedrückten Knien nach vorne, wobei die Fußsohlen ganz am Boden bleiben sollten. Sie sollten die Dehnung in Ihrer Wadenmuskulatur spüren (siehe Abb. 9.8).

- Setzen Sie sich mit nach vorne ausgestreckten Beinen auf den Boden, drücken Sie den Punkt Bl 54 auf der Rückseite Ihres Knies und ziehen Sie mit der anderen Hand Ihren Fuß nach oben (siehe Abb. 9.9).
- Üben Sie Druck auf die Punkte Gb 31, Bl 27 und 57, Ni 9 und Ma 36 (siehe Abb. 9.7) aus.

Stärkende Übungen während der Schwangerschaft

Ein regelmäßiges Übungsprogramm während der Schwangerschaft nützt Ihren Muskeln, Bändern und Knochen. Die hier empfohlenen besonderen Übungen werden Ihnen helfen, Ihren Körper auf die Geburt vorzubereiten. Sie sind dazu gedacht, tiefes Atmen zu üben, die Muskeln zu kräftigen und die Elastizität der Muskeln und Bänder des Beckens zu steigern. Wenn Sie an körperliche Belastung nicht gewöhnt sind, lassen Sie es langsam mit einigen wenigen Übungen angehen und verlängern Sie die Übungszeit schrittweise, wenn Sie merken, daß Sie kräftiger und mit den verschiedenen Bewegungen schon vertraut geworden sind.

Nach Ansicht der fernöstlichen Medizin ist der Brustkorb mit dem Becken verbunden. Um die Elastizität des Beckens zu erhöhen, werden hier deshalb Übungen zur Dehnung des Brustkorbs empfohlen. Probieren Sie die folgenden beiden Übungen dazu aus:

Der Blasebalg

- Setzen Sie sich mit gegrätschten, angewinkelten Beinen auf den Boden und legen Sie Ihre Fußsohlen aneinander. Richten Sie Ihre Wirbelsäule auf und legen Sie Ihre Handflächen mit nach oben gerichteten Fingern und gespreizten Ellbogen in Brusthöhe aneinander (siehe Abb. 9.10). Atmen Sie tief ein.

Abb. 9.10
Der Blasebalg

- Beim Ausatmen führen Sie Ihre Arme nach außen, wobei Ihre Finger immer noch nach oben zeigen. Dehnen Sie Ihren Brustkorb so stark wie möglich. Beim Einatmen kehren Sie wieder in die Ausgangsposition zurück. Wiederholen Sie die Übung mindestens sechsmal.

Der Schmetterling

- Setzen Sie sich wie zur vorherigen Übung auf den Boden und umfassen Sie mit den Händen Ihre Füße. Ziehen Sie sie so nah wie möglich an Ihren Körper heran, ohne sich zusammenzukrümmen. Wippen Sie mit den Knien sanft auf und ab. Das entspannt den unteren Bauchbereich und verbessert die Beweglichkeit Ihrer Beine.

Rückenschmerzen gehören zu den häufigsten Beschwerden während der Schwangerschaft. Die folgende Übung nimmt die Spannung aus Ihrem Rücken und Ihren Lenden und hilft auch, Giftstoffe aus Ihrem Verdauungstrakt zu befördern.

Abb. 9.11
Der Katzenbuckel

Die Katze

- Gehen Sie in den Vierfüßlerstand, mit schulterbreit gespreizten Knien. Holen Sie tief Luft und wölben Sie Ihren Rücken wie einen Katzenbuckel in Richtung Decke, wobei Sie Ihren Kopf locker hängenlassen (siehe Abb. 9.11).
- Beim Ausatmen entspannen Sie Ihren Rücken und legen den Kopf in den Nacken. Wiederholen Sie diese Übung fünf- bis zehnmal und gehen Sie danach in die Hocke.

Holzhacken

Die folgende Bewegung trainiert die Kreuzbeingegend und die Muskeln, die bei der Geburt strapaziert werden. Ferner wirkt diese Übung auf die Milchdrüsen und tut Ihnen deshalb auch nach der Entbindung gut.

- Gehen Sie mit flach gegen den Boden gepreßten Fußsohlen in die Hocke. Verschränken Sie Ihre Hände und machen Sie eine Bewegung wie beim Holzhacken, wobei Ihre Arme gestreckt bleiben

Abb. 9.12
Holzhacken

sollten. Schauen Sie auf Ihre Hände, während Sie sie über Ihren Kopf heben (siehe Abb. 9.12). Fahren Sie mit der nächsten Übung, »der Pumpe«, fort.

Die Pumpe

- Bleiben Sie in der Hocke, legen Sie Ihre Arme auf die Innenseite Ihrer Beine und umfassen Sie mit den Händen Ihre Fußgewölbe (siehe Abb. 9.13). Atmen Sie ein und strecken Sie beim Ausatmen Ihre Beine, so weit Sie können. Lassen Sie Ihren Kopf dabei nach unten hängen.
- Atmen Sie wieder ein, kehren Sie in die Hocke zurück und heben Sie den Kopf. Wiederholen Sie die Übung fünf- bis zehnmal. Die Pumpe hilft Ihnen, Ihren Rücken zu entspannen, und befreit blockierte Energie in Ihrer Beckenregion.

Abb. 9.13
Die Pumpe

Legen Sie sich für die nächsten beiden Übungen, die zur Stärkung Ihrer Bauchmuskeln und der Koordination Ihres Beckens gedacht sind, auf den Rücken.

- Ziehen Sie Ihre Knie an und spreizen Sie Ihre Beine. Winkeln Sie die Arme an, ballen Sie die Hände zu Fäusten und stellen Sie die Ellbogen rechts und links neben Ihrem Körper auf. Atmen Sie tief ein und drücken Sie beim Ausatmen Ihre Ellbogen gegen den Boden und wölben Sie Ihre Brust in Richtung Decke (siehe Abb. 9.14). Ihre Beine bleiben dabei gespreizt. Kehren Sie beim Einatmen in die Ausgangsposition zurück. Wiederholen Sie die Übung drei- bis viermal.
- Legen Sie sich mit der gleichen Beinhaltung wie bei der vorigen Übung auf den Boden. Legen Sie Ihre Hände vor der Brust aneinander. Ihre Fingerspitzen sollten auf Ihr Kinn zeigen und Ihre Un-

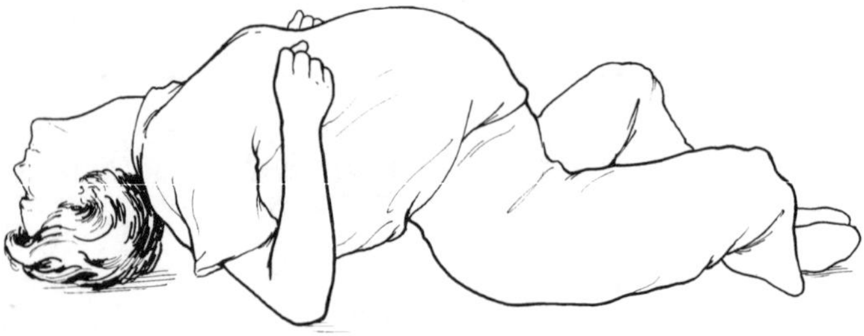

Abb. 9.14
Stärkung der Bauchmuskeln

terarme sich parallel zum Boden befinden. Holen Sie tief Luft und strecken Sie beim Ausatmen die Arme über Ihren Kopf; gleichzeitig strecken Sie auch Ihre Beine (siehe Abb. 9.15). Versuchen Sie, dabei Handflächen und Fußsohlen zusammenzulassen. Kehren Sie mit dem nächsten Atemzug in die Ausgangsposition zurück und wiederholen Sie die ganze Übung drei – bis viermal.

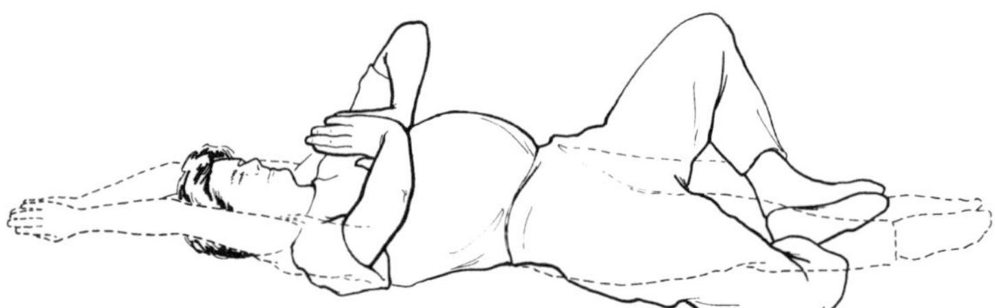

Abb. 9.15
Übung für die Beckenkoordination

Legen Sie sich, gleich nachdem Sie diese Übungsfolge gemacht haben, auf den Rücken, strecken Sie die Arme seitlich neben dem Körper aus und entspannen Sie sich.

Fehlgeburt

Traditionell würde eine Schwangere in Japan die kontraindizierten Punkte, von denen bereits die Rede war, behandeln, um sicherzugehen, daß mit ihrer Schwangerschaft alles in Ordnung ist. Wenn das nicht der Fall wäre, würde der Fötus nach der Stimulation dieser Punkte von selbst abgehen. Wir empfehlen Ihnen dagegen, diese Punkte auf keinen Fall zu drücken, da sie tatsächlich eine Fehlgeburt auslösen können.

In der fernöstlichen Medizin unterscheidet man sechs verschiedene Arten von Fehlgeburten. Sie haben unterschiedliche Symptome und erfordern jeweils eine besondere Behandlung, um eine Fehlgeburt zu verhindern oder die Frau nach einer Fehlgeburt besser auf künftige Schwangerschaften vorzubereiten.

- **Allgemeiner Ki-Mangel** – häufige vaginale Blutungen, Ohnmacht, geschwollener Bauch, Abneigung gegen Kälte und schwacher Appetit. Hier ist eine allgemeine Tonisierung durch Shiatsu nötig.
- **Blut-Mangel** – Verlust des unteren Hara, Schwellung, Schwindel, gelblicher Teint, Aufgedunsenheit, schwacher Puls und Herzklopfen. Bitten Sie Ihren Partner, Ihren Milz-, Herz- und Leber-Meridian (wie in Kapitel 5 beschrieben) zu behandeln, um Ihr Blut zu tonisieren.
- **Nieren-Mangel** – vaginale Blutungen, Rückenschmerzen (vor allem im Lendenwirbelbereich), Wasseransammlungen und häufiger Harndrang. Tonisieren Sie den Nieren- und den Milz-Meridian.
- **Heißes Blut** – menstruationsähnlicher Ausfluß, hellroter oder roter Teint, Hitze im Oberkörper, kalte Füße, rauher und trockener Hals und spärlicher, heißer Urin. Behandeln Sie den Nieren-, den Lungen- und den Milz-Meridian.
- **Stauung des Leber-Ki** – schmerzhafte Bewegungen des Fötus, vaginale Blutungen, Erbrechen oder ein galliger Geschmack im Mund, dicker, fettig-gelber Belag auf der Zunge und schneller Puls. Behandeln Sie den Leber-Meridian und entlasten Sie Ihr Zwerchfell, wie auf S. 187 f. beschrieben. Tonisieren Sie den Nieren- und den Milz-Meridian.
- **Traumatische Verletzung** – hier liegt eine äußere Einwirkung vor, suchen Sie professionelle Hilfe.

Um sich auf zukünftige Schwangerschaften vorzubereiten, ist manchmal eine Ernährungsumstellung nötig (siehe Ernährungsempfehlungen auf S. 180 im Abschnitt »Zweites Trimester« und auf S. 163–165 im Abschnitt »Haben Sie Über- oder Untergewicht?«). Fördern Sie den Energiefluß in Ihrem Meridian-System durch allgemeine Do-In-Übungen und die Übungen zur Dehnung der Meridiane (siehe Kapitel 7). Tonisieren Sie Ihre Beckenregion durch Übungen für den Beckenboden (siehe S. 172–174).

Geburt und Schmerzlinderung

Die Geburt ist Höhepunkt und Abschluß der Schwangerschaft – der Augenblick, auf den alle Ihre Vorbereitungen der letzten neun Monate gerichtet waren. Über die verschiedenen Stadien der Wehen Bescheid zu wissen, wird Ihnen bis zu einem gewissen Grad helfen, mit Ängsten und Befürchtungen fertigzuwerden. Je mehr Informationen Sie haben und je besser Sie den Entbindungsprozeß verstehen, desto größer wird Ihr Selbstvertrauen. Sie werden dann in der Lage sein, verschiedene Übungen und Atemtechniken anzuwenden, um den Schmerz zu lindern und hoffentlich mehr Freude an der Geburt zu haben.

Selbst wenn jede Geburt einzigartig ist und ihren eigenen Zeitplan hat, lassen sich die Wehen in drei genau erkennbare Stadien unterteilen. Wir geben Ihnen eine kurze Erläuterung vom Verlauf der Ereignisse und sagen Ihnen, wie Shiatsu Ihnen in den verschiedenen Stadien helfen kann.

Das erste Wehenstadium (Eröffnungsphase)

Das erste Stadium der Wehen kann ein paar Stunden, einen Tag oder auch länger dauern. Während dieser Zeit öffnet sich der Muttermund vollständig, um Platz für das Durchtreten des Kopfes Ihres Babys zu schaffen. Diese Phase beginnt üblicherweise mit dem Austritt von Schleim oder dem Platzen der Fruchtblase. Ihre Kontraktionen werden schrittweise länger und stärker, mit immer kürzeren Intervallen dazwischen. In dieser Wehenphase befindet sich Ihr Yang in

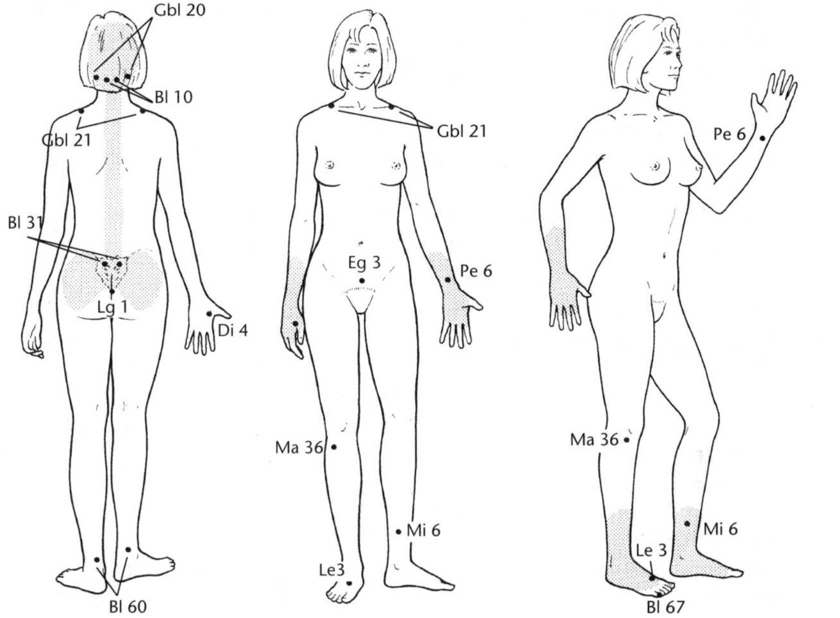

Abb. 9.16
Wehen: Lage der Behandlungspunkte

einem Überflußzustand, was sich in erhöhter Körpertemperatur und Aktivität niederschlägt. Wenn Ihr Muttermund sich zehn Zentimeter weit geöffnet hat, gelangen Sie schrittweise in das nächste Wehenstadium.

Während der Eröffnungsphase ist Entspannung das Wichtigste. Wenn Sie sich entspannen, unterstützen Sie das Yang, indem Sie das Yin stärken: Atmen Sie langsam und lassen Sie Ihren Körper seine Arbeit tun. Dieser Zustand ist zunächst meist noch recht erträglich, und viele Frauen möchten zwischen den Kontraktionen herumgehen oder sich sonstwie bewegen. Wenn der Muttermund sich etwa zur Hälfte geöffnet hat, könnte es etwas anstrengender werden. Jetzt tut es Ihnen wahrscheinlich gut, sich zwischen den Kontraktionen auszuruhen und neue Energie zu sammeln. Wählen Sie eine Position, die Ihnen bequem ist – vielleicht eine Seitenlage mit leicht angewinkelten Knien. Diese Position ermöglicht es auch Ihrem Partner, mit seinen Daumen oder Handflächen Druck auf Ihre Kreuzbeingegend auszuüben. Er sollte in die Einbuchtungen des Kreuzbeins drücken und mit kreisenden Daumen festen Druck ausüben.

Langsame Wehentätigkeit beschleunigen
Wenn die Wehen nur langsam aufeinanderfolgen, können Sie sich folgender Tsubo bedienen, um sie zu beschleunigen: Mi 6, Le 3, Bl 31, Le 4 und Gbl 21 (siehe Abb. 9.16). Allgemeine Do-Ins und die bereits beschriebenen Übungen in der Hocke können ebenfalls helfen.

Das Gefühl, aufgeben zu wollen
Wenn Ihre Energie schwindet und Sie am liebsten aufgeben würden, gibt Ihnen Ginseng-Tee oder ein *Ume-sho-bancha*-Tee (siehe S. 183) neue Kraft. Lassen Sie von Ihrem Partner Ihren Nieren-Meridian bearbeiten und üben Sie Druck auf Ma 36 unter Ihrem Knie aus (siehe Abb. 9.16).

Wenn die Wehen überfällig oder schwach sind
Generell sollte eine Schwangerschaft, wenn keine Gefahr für das Baby besteht, ohne Intervention von außen verlaufen. Jeder zusätzliche Tag stärkt Ihr Kind. Wenn es nötig ist, die Wehentätigkeit anzuregen, probieren Sie es hiermit:

Stimulieren Sie Le 4, Mi 6, Gbl 21 und Bl 67 (siehe Abb. 9.16). Wenn innerhalb der nächsten sechs bis acht Stunden nichts passiert, stimulieren Sie die Punkte nochmals und zusätzlich noch Lg 1. Heißes, scharfes Essen hat auch eine austreibende Wirkung, da es Yang-Qualität besitzt. Essen Sie also zum Beispiel Indisch und machen Sie ein paar allgemeine Do-In-Übungen.

Das zweite Wehenstadium (Austreibungsphase)

Die zweite Wehenphase dauert gewöhnlich ein bis drei Stunden und endet mit der Geburt Ihres Babys. Sie beginnen jetzt eine aktivere Rolle bei der Wehentätigkeit zu spielen und Sie werden das instinktive Gefühl erfahren, pressen zu wollen. In diesem Stadium wird das Baby aus der Gebärmutter heraus durch den Muttermund und den Geburtskanal geschoben und kommt auf die Welt.

Rückenschmerzen lindern
Dieses Stadium ist weniger schmerzvoll, aber es bedeutet anstrengende Arbeit. Bleiben Sie in der Seitenlage, damit Ihr Partner Ihre Schmerzen ein bißchen lindern kann, indem er Ihren unteren Rücken reibt und die Punkte im Kreuzbein- und Lendenbereich drückt.

Schmerzlinderung
Der Wehenschmerz kann unerträglich werden und außerhalb Ihrer Kontrolle geraten, so daß die Versuchung groß ist, die angebotenen Schmerzmittel in Anspruch zu nehmen. Es gibt jedoch bestimmte Tsubo, die Ihnen helfen, wieder Kontrolle über Ihren Schmerz zu gewinnen. Sie können aber auch einen entspannenden Effekt haben und die Kontraktionen verkürzen, so daß Sie sie nur behandeln sollten, wenn der Schmerz sehr extrem ist. Sie zu oft zu stimulieren, kann die Wehenphase verlängern. Ma 36 und Bl 60 sind schmerzlindernde Punkte; auf das Kreuzbein zu drücken, kann den Schmerz ebenfalls erträglicher machen (siehe Abb. 9.16).

In einer halbaufrechten Position oder in der Hocke können Sie die Hilfe der Schwerkraft nutzen, um Ihr Baby auf die Welt zu bringen. Die Kontraktionen sind nicht vom Willen steuerbar, aber Sie unterstützen die Gebärmutter durch gleichzeitiges Pressen. Versuchen Sie, in den Wehenpausen Ihren Beckenboden zu entspannen und tief zu atmen. Eine sanfte Nackenmassage zwischen den Wehen kann Spannungen dort lösen. Sie entspannt auch das Becken. Gbl 20 und Bl 10 sind Punkte, die Sie außerdem drücken können.

Das dritte Wehenstadium (Nachgeburt)

Nachdem Ihr Baby geboren ist, legt die Gebärmutter eine kurze Pause ein und beginnt dann wieder mit Kontraktionen, um die Plazenta auszustoßen. Diese löst sich von der Gebärmutterwand und wird mit der Fruchtblase ausgestoßen. Das ist normalerweise ein schmerzloser Vorgang, und Sie können inzwischen schon das Zusammensein mit Ihrem Baby genießen. Es anzusehen, zu berühren und an die Brust zu legen, fördert die Produktion von Oxytozin (ein Hormon, das die Kontraktionen verstärkt und das Ausstoßen der Plazenta beschleunigt).

Ausstoßen der Plazenta
Wenn es ein Problem mit der Ablösung der Plazenta gibt, lassen Sie Ihren Partner folgende Punkte drücken: Pe 6, Gbl 21, Eg 3, Bl 60, Le 3 und Mi 6 (siehe Abb. 9.16). Sie können auch versuchen, in eine leere Flasche zu blasen.

Nach der Geburt

Gönnen Sie sich eine Pause – Sie haben es verdient!

Gönnen Sie sich selbst ein paar Tage totale Entlastung von allem, außer der Betreuung Ihres Neugeborenen. Nutzen Sie die Gelegenheit, wenn es schläft, zum Ausruhen und Schlafen. Sie brauchen Zeit, um sich von der harten Arbeit der Entbindung zu erholen, außerdem sind diese ersten Tage sehr wichtig für die Bindung zwischen Ihnen und Ihrem Baby. Eine komplette Shiatsu-Behandlung durch Ihren Partner wird eventuelle Muskelschmerzen lindern und Ihnen neue Energie geben.

Noch ein paar Tage nach der Geburt werden Sie ziemlich starke Kontraktionen Ihrer Gebärmutter spüren. Das ist ein gutes Zeichen und der Beweis dafür, daß sie sich wieder auf ihre normale Größe zusammenzieht. Sie werden auch Schleim und Blut ausscheiden; dieser Wochenfluß kann bis zu sechs Wochen nach der Geburt anhalten. Verwenden Sie in den ersten Wochen nach der Entbindung besser Binden als Tampons.

Diese beiden Prozesse werden beschleunigt, wenn Sie stillen. Dadurch wird nämlich die Produktion von Hormonen angeregt, die den Uterus und anderes Gewebe (etwa die Bänder Ihres Beckengürtels und Ihrer Hüftgelenke) sich zusammenziehen lassen. Außerdem ist das Saugen des Babys eine starke Stimulation von Ma 17 (der Brustwarze) und dem Meridian, der mit den Eierstöcken verbunden ist.

Den Milchfluß anregen

Das Stillen ist wichtig für die Beziehung zwischen Mutter und Kind. Es stärkt das Immunsystem Ihres Kindes, vermindert das Allergierisiko und fördert Wachstum und Entwicklung. Erfolgreiches Stillen

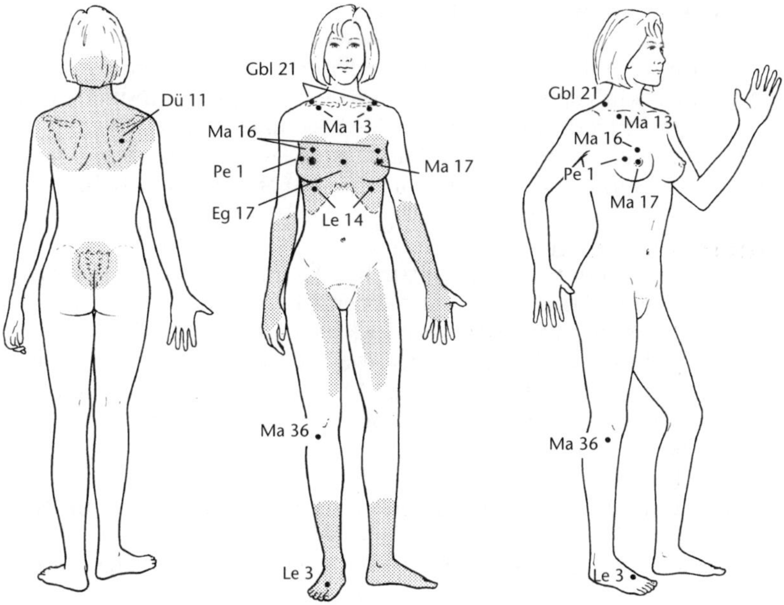

Abb. 9.17
Die Milchbildung anregen/Brustentzündung lindern: Lage der Behandlungspunkte

hängt davon ab, ob Sie genügend Milch produzieren. Die Shiatsu-Behandlung löst alle Spannungen und Sorgen, die Sie vielleicht haben, und hilft dabei, die Brustmuskeln zu entspannen.

Behandlung
Es gibt bestimmte Tsubo, die Sie bei schwachem Milchfluß stimulieren können. Verbinden Sie die Behandlung der folgenden Tsubo mit einer entsprechenden Massage Ihrer Brüste: Mi 18, Le 14, Ma 13, 16 und 17, Pe 1, Dü 11 und Eg 17 (siehe Abb. 9.17).

Das freie Fließen der Milch wird von dem Hormon Oxytozin gesteuert, das wiederum durch das Stillen vermehrt ausgeschüttet wird. Wenn Sie Ihr Baby zum Saugen ermuntern, wird das den Milchfluß anregen und Ihre Milchmenge vergrößern. Nehmen Sie sich genug Zeit zum Stillen, da jeglicher Streß sich negativ auf die Milchbildung auswirkt. Meiden Sie Koffein und trinken Sie statt dessen Kräutertees, zum Beispiel Pfefferminztee.

Brustentzündung (Mastitis)

Dazu kommt es durch eine Infektion der meist wunden Brustwarzen. Ihre Brust wird dabei hart, rot und berührungsempfindlich. Um Wundsein zu verhindern, tragen Sie regelmäßig etwas Ringelblumensalbe oder Vitamin-E-Öl auf und lassen Sie die Brustwarzen nach dem Stillen gut trocknen, bevor Sie Ihren BH wieder anziehen.

Behandlung
Nach dem Verständnis der fernöstlichen Medizin handelt es sich hier um eine »heiße Erkrankung« und einen Überschußzustand. Um die Energie in Ihrem Körper zu vermindern, massieren Sie Ihre Brüste und Achselhöhlen. Behandeln Sie folgende Tsubo: Ma 18 und 36, Gbl 21, Le 3 und 14, Dü 11 und Eg 17 (siehe Abb. 9.17). Halten Sie Ihren unteren Bauchbereich mit einer Wärmflasche warm.

Dammschmerzen und Beschwerden nach einem Dammschnitt

Ein Dammschnitt (Episiotomie) ist ein im Westen ziemlich verbreiteter Eingriff, der vorgenommen wird, um die Beckenbodenmuskeln zu entspannen und ein Einreißen des Damms zu verhindern. Eine halbaufrechte Position in der Austreibungsphase hilft einen Dammschnitt zu verhindern, der zu Wundschmerzen, Schwellungen und einer Menge Schmerzen und Unannehmlichkeiten führen kann. Wenn Sie einen Dammriß hatten oder sich für einen Dammschnitt entschieden haben, geben wir Ihnen hier einige Vorschläge für die anschließende Behandlung.

Behandlung
Legen Sie gleich nach der Geburt für fünf bis zehn Minuten einen Eisbeutel auf Ihren Damm. Baden Sie den Damm danach abwechselnd in heißem und kaltem Wasser. Bäder mit Meersalz (geben Sie eine Handvoll davon ins Badewasser) sind auch sehr gut. Tragen Sie etwas Ringelblumensalbe oder Weizenkeimöl auf, wenn sich die Haut trocken anfühlt und juckt. Das Homöopathikum Arnika fördert das Abheilen.

Postnatale Depression (Wochenbett-Depression)

Dabei handelt es sich um eine körperliche oder psychische Reaktion auf die Entbindung. Die hormonellen Veränderungen nach der Geburt sind manchmal für den traurigen Gemütszustand der Mutter verantwortlich. Die Reaktionen reichen von einer leichten Depression bis zu extremen Gefühlen von Isolation und Angst. Von Ihrem Partner oder einem professionellen Therapeuten Shiatsu zu bekommen ist zusammen mit der freien Äußerung Ihrer Gefühle – ob Ärger, Schmerz, Angst oder Enttäuschung – die beste Möglichkeit, damit umzugehen. »Werde ich eine gute Mutter sein können?« ist keine leichte Frage und erfordert Ermutigung und Unterstützung durch Ihren Partner oder Freunde.

Behandlung
Es gibt keine einfache Form der Selbstbehandlung, außer sich viel Ruhe zu gönnen und sich und das Baby verwöhnen zu lassen. Absolute Ruhe für mindestens vier Wochen wird Ihre Genesung beschleunigen und auch Ihren Milchfluß fördern. Das gibt Ihnen Kraft, für Ihr Kind zu sorgen. Versuchen Sie, Hilfe von Freunden und Verwandten zu bekommen, damit Sie sich diese Ruhe nehmen können. Machen Sie jeden Tag Ganzkörper-Do-Ins und schrubben Sie Ihren Körper, wie in Kapitel 7 beschrieben.

Stärkende Übungen

Sobald wie möglich nach der Geburt sollten Sie mit sanften Übungen beginnen. Die ersten der hier beschriebenen Übungen können Sie sogar schon machen, während Sie noch im Bett liegen.

Übungen zur Stärkung Ihrer Bauchmuskeln

- Legen Sie sich mit angezogenen Beinen auf den Rücken, während Ihre Hände auf Ihrem Bauch liegen. Atmen Sie tief ein und pressen Sie beim Ausatmen Ihren Rücken gegen die Matratze. Sie werden spüren, wie sich Ihre Bauchmuskeln unter Ihren Händen zusammenziehen. Halten Sie die Spannung einen Moment lang und entspannen Sie sich dann. Wiederholen Sie die Übung zehnmal.

- Machen Sie die in Kapitel 8 beschriebenen Beckenbodenübungen. Das hilft Ihnen, sich auf Ihre inneren Organe einzustimmen, bringt Energie in Ihren Beckenraum und stimuliert die Zirkulation dort.
- Legen Sie sich auf den Rücken, ziehen Sie Ihre Knie an die Brust und drücken Sie sie sanft gegen die Brust. Atmen Sie tief ein und ziehen Sie beim Ausatmen Ihre Stirn zu Ihren Knien (siehe Abb. 9.18). Bleiben Sie 10 bis 15 Sekunden in dieser Position und entspannen Sie sich dann wieder. Diese Übung stärkt Ihre Bauchmuskeln und dehnt Ihren Rücken. Wiederholen Sie sie fünf- bis zehnmal.
- Wenn Sie sich dazu in der Lage fühlen, beginnen Sie mit folgender Übung: Legen Sie sich auf den Rücken, ziehen Sie die Knie an und legen Sie Ihre Hände auf Ihre Oberschenkel. Atmen Sie ein und heben Sie beim Ausatmen Ihren Kopf und Ihre Schultern und fassen Sie mit Ihren Händen nach Ihren Knien. Halten Sie diese Position für 10 bis 15 Sekunden und entspannen Sie sich dann. Wiederholen Sie diese Übung, sooft Sie können.

Abb. 9.18
Übung zur Stärkung der Bauchmuskeln

- Auf allen vieren zu krabbeln ist die beste Übung für Ihren Rücken. Krabbeln Sie ein bißchen und machen Sie dann die auf S. 195 beschriebene Katzenbuckel-Übung.
- Legen Sie sich auf den Rücken und strecken Sie Ihren rechten Arm entspannt zur Seite aus. Ziehen Sie Ihr rechtes Bein an und legen Sie den rechten Fuß auf das linke Knie. Atmen Sie ein und bringen Sie beim Ausatmen Ihr rechtes Knie auf die linke Seite. Benutzen Sie dazu Ihre linke Hand (siehe Abb. 9.19). Drehen Sie Ihren Kopf nach rechts und versuchen Sie, Ihre rechte Schulter am Boden zu lassen. Atmen Sie ein und kehren Sie wieder in die Ausgangsposition zurück. Machen Sie die Übung mit dem linken Bein und wiederholen Sie sie dann zweimal zu jeder Seite.

Abb. 9.19
Übung für Becken und Wirbelsäule

Kapitel 10

Selbstbehandlung bei den häufigsten gynäkologischen Beschwerden

Wir haben hier die häufigsten Beschwerden aufgelistet, die sich mit einer Shiatsu-Selbstbehandlung lindern lassen. Detaillierte Informationen darüber, wie der Druck auszuüben ist oder ob sich ein Tsubo oder eine Körperregion in einem Kyo- oder Jitsu-Zustand befindet, entnehmen Sie bitte dem Kapitel 3. Sie werden dann in der Lage sein, zu entscheiden, ob ein Kyo-Tsubo mit geduldigem Druck von 10 bis 15 Sekunden zu tonisieren oder ein Jitsu-Tsubo mit einer stärkeren, stimulierenden, eher bewegungsorientierten Behandlung zu beruhigen ist. Kontrollieren Sie jedes genannte Tsubo darauf, wie es sich anfühlt, und experimentieren Sie; fühlt es sich besser an »es zu halten« oder ist es befriedigender »es zu bewegen«? Vertrauen Sie Ihrer eigenen Intuition.

Es ist immer besser, wenn möglich, den ganzen Meridian zu behandeln und regelmäßig eine Ganzkörperbehandlung zu empfangen, um die besten Ergebnisse zu erzielen. Wo wir Ihnen eine Reihe von Tsubos für die Behandlung nennen, ist es am wirkungsvollsten, diese auch in der hier genannten Reihenfolge zu bearbeiten. Sie werden vielleicht das Gefühl haben, daß manche Tsubo sich »richtig« anfühlen, während andere gar keine unmittelbare Reaktion spüren lassen – konzentrieren Sie sich auf erstere.

Die Energien des Menstruationszyklus

Die Chinesen betrachten den Menstruationszyklus oder »Mondfluß« traditionell als natürliches Abbild des Naturgesetzes der Veränderung. Alles ist ständig in Bewegung, wechselt von Überfluß zu Mangel, von Yang zu Yin. Wie wir bereits berichtet haben, bezeichnen die Chinesen den weiblichen Schoß als »Blutkammer«, wo das Menstruationsblut produziert wird, um die Umgebung der Gebärmutter besser auf die Empfängnis vorzubereiten, falls Sie sich entscheiden sollten, ein Kind zu bekommen. Die Produktion und Ausscheidung des Menstruationsbluts hilft auch, die Qualitätskontrolle des Bluts für den ganzen Körper aufrechtzuerhalten. Während das Blut aufgebaut wird, erreicht es einen Überschußzustand, und – falls keine Empfängnis stattfindet – wird es als Ihr »Himmlisches Wasser« ausgeschieden, während die Blutkammer in einen Mangelzustand gerät. Das ist der Grund für energetische Veränderungen zu diesem Zeitpunkt. Dann beginnt der ganze Prozeß wieder von vorne (siehe Abb. 10.1).

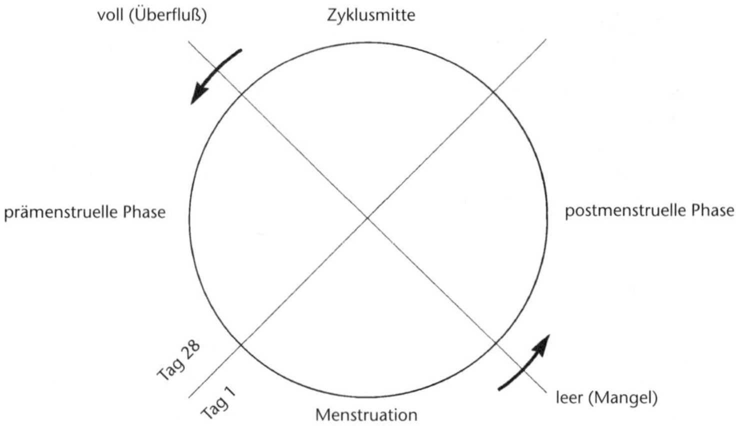

Abb. 10.1
Der Menstruationszyklus mit Überfluß- und Mangelphasen

Wenn alles in Ordnung ist, haben Sie dabei keine Schmerzen, sollten doch Schmerzen oder Unwohlsein auftreten, deutet dies auf ein Ungleichgewicht hin. Denken Sie daran, daß jedes Unwohlsein, das mit Ihrem Fortpflanzungsapparat zusammenhängt, den Zustand Ihres ganzen Organismus widerspiegelt. Betrachten Sie also nicht Ihre Fortpflanzungsorgane als abgeschlossene Einheit, die Sie während Ihrer Menstruation nicht mögen. Versuchen Sie statt dessen, diese Organe als Teil des Ganzen zu sehen, denken Sie an das Wunder, das Ihr Körper darstellt, und welches Potential Sie mit ihm haben.

Hinweis zu allen Abbildungen
Alle Tsubo sind symmetrisch auf dem Körper angeordnet, sofern sie nicht auf der Mittelachse liegen. Schraffierte Zonen zeigen an, wo Sie generell Shiatsu anwenden können.

Geschwollener Bauch

Ein geschwollener Bauch hängt mit dem Flüssigkeitsüberschuß zusammen, der sich in Ihrer Bauchhöhle sammelt und am häufigsten kurz vor der Menstruation auftritt. Hier liegt ein Zustand von stagnierendem Blut und Ki vor, der auf einen Mangel im Unteren Erwärmer hinweist. Deshalb geht damit auch eine Stagnation des Leber-Ki einher. Ödeme können ebenfalls einen geschwollenen Bauch verursachen (siehe S. 190 f. und 235 f.).

Behandlung

Befolgen Sie die Hinweise unter dem Stichwort Ödem und massieren Sie Ihren Bauch sanft; widmen Sie der Aufnehmenden Leitbahn dabei besondere Aufmerksamkeit. Üben Sie Druck auf die folgenden Punkte aus: Le 3 und 6, Mi 12 und 15, Ma 36, Ni 1 und 27, Bl 16,17 und 25 (siehe Abb. 10.2).

Amenorrhö

Mit diesem Begriff bezeichnet man das Ausbleiben der Regel oder eine sehr schwache Blutung. Wir unterscheiden hier zwischen primärer und sekundärer Amenorrhö.

Primäre Amenorrhö liegt vor, wenn bis zum Alter von 16 Jahren die Menstruation noch nicht eingesetzt hat. Der Hauptgrund dafür ist das verspätete Einsetzen der Pubertät, das wiederum mit einer Eß-

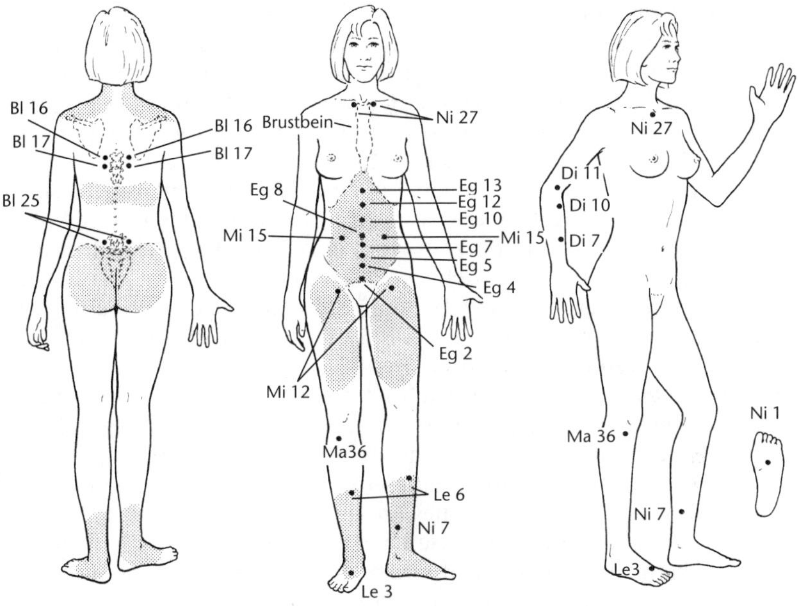

Abb. 10.2
Geschwollener Bauch: Lage der Behandlungspunkte

störung (Bulimie, Magersucht, Übergewicht oder Unterernährung) zusammenhängen kann, die die Hormonproduktion oder das hormonelle Gleichgewicht beeinträchtigt. Wenn Sie sich nicht ausgewogen ernähren, wird Ihre Milz-Energie erschöpft, und die Milz ist eine der Organfunktionen, die an der Produktion des Bluts beteiligt sind. Anders ausgedrückt, um menstruieren zu können, müssen Sie einen Überschuß an Blut produzieren.

Alles, was Sie essen oder trinken, gelangt zuerst in den Magen, den man in der Chinesischen Medizin mit einem Kessel auf dem Herd vergleicht. Während das Essen vom Magen »gekocht« wird, »verrottet und reift« es. Diese Aktivität des Magens bildet die Grundlage, auf der die Milz die »Essenz« aus der Nahrung (auch Korn-Ki oder Nährendes Ki genannt und die Basis für die Produktion von Ki und Blut extrahiert und sie zum Herzen »hinaufschickt«, wo sie mit der »Essenz« aus den Nieren vermischt und in Blut umgewandelt wird. Das Herz pumpt das Blut dann in die übrigen Regionen des Körpers. Wie bereits erwähnt, ist Menstruationsblut überschüssiges Blut, das hinunter in die Gebärmutter geschickt wird. Die Gebärmutter ist eng mit der Leber verbunden, die das Blut »speichert«. Wenn die Leber Blut im entsprechenden Umfang speichert, findet die Menstruation regelmäßig und in normaler Stärke statt.

Andere mögliche Ursachen für eine primäre Amenorrhö sind psychischer Streß und Hochleistungssport. Auch hier wird Ihre Milz-Energie negativ beeinflußt. Wenn die Periode bei einem Mädchen mit 16 oder 17 Jahren noch nicht eingesetzt hat, ist es möglich (wenn auch selten), daß eine angeborene Fehlbildung der Genitalorgane oder eine Störung des endokrinen Systems vorliegt. In diesem Fall sollten Sie ärztlichen Rat einholen.

Sekundäre Amenorrhö bezeichnet das zeitweise oder dauerhafte Ausbleiben der Menstruation bei einer Frau, die bis dahin regelmäßig menstruiert hat. Dies ist eine normale Folge von Schwangerschaft oder Stillen. Auch nachdem eine Frau aufgehört hat, orale Kontrazeptiva einzunehmen, kann die Periode zeitweise ausbleiben. Sie setzt in so einem Fall normalerweise nach sechs bis acht Wochen wieder ein, es kann aber auch ein Jahr oder länger dauern. Sekundäre Amenorrhö kann aber auch aufgrund von hormonellen Veränderungen, die von psychischem Streß, Depressionen, den oben genannten Eßstörungen oder bestimmten Medikamenten ausgelöst wurden, auftreten. Übermäßig viel Sport, zum Beispiel Langstreckenlauf, kann sich ebenfalls negativ auf Ihre Menstruation auswirken.

Behandlung

Ernähren Sie sich ausgewogen. Von Natur aus süße und/oder scharfe Speisen, wie gekochter Reis, Milchreis, Hafer und Hirse, sind ausgezeichnet (»süß« bezieht sich hier nicht auf Industriezucker). Andere wertvolle Lebensmittel sind: kohlenhydratreiche Gemüse wie Kürbis, Karotten, Pastinaken, Süßkartoffeln, Yams-Wurzeln und Rüben sowie scharfe Gemüse und Gewürze wie Zwiebeln, Lauch, Ingwer, Zimt, Knoblauch, Fenchel und Muskat. Alle Speisen sollten gekocht, aber nicht zerkocht sein und gut gekaut werden. Das Kauen zerkleinert die Speisen und regt die Speichelproduktion an, womit die chemische Aufspaltung der Nahrung beginnt.

Stimulieren Sie Ihren Milz-Meridian am Bein und konzentrieren Sie sich auf die folgenden Tsubo: Mi 6, 8, 9 und 10 (siehe Abb. 10.3).

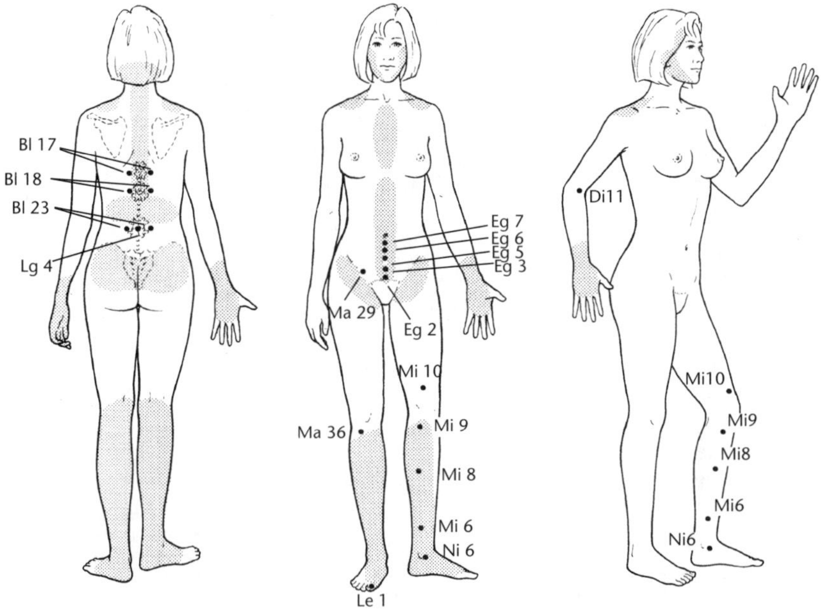

Abb. 10.3
Amenorrhö: Lage der Behandlungspunkte

Das Tsubo unterhalb Ihres Nabels auf der Aufnehmenden Leitbahn empfiehlt sich ebenfalls für die Behandlung von Amenorrhö; üben Sie Druck auf diese Tsubo aus (Eg 2, 3, 5, 6 und 7) oder massieren Sie einfach sanft die Mittellinie von Ihrem Nabel abwärts. Eg1, in der Mitte Ihres Damms (zwischen Anus und Vagina), können Sie mit Ihrer Ferse stimulieren, wenn Sie sich mit gekreuzten Beinen auf den Boden setzen. Stimulieren Sie die Fortpflanzungs-Punkte auf Ihrem Gesäß mit zwei Tennisbällen (siehe Kapitel 3) oder mit Ihren Fäusten. Andere hilfreiche Tsubo sind: Ni 6 und Ma 36, Bl 17, 18 und 23, Le 1 und Lg 4 (siehe Abb. 10.3).

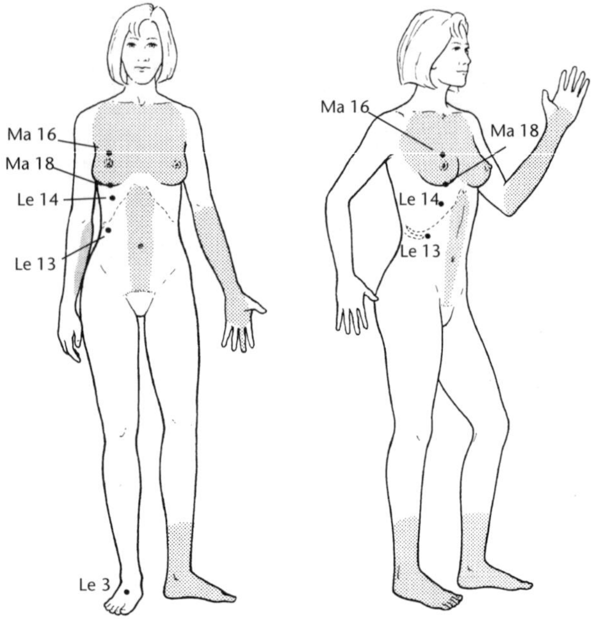

Abb. 10.4
Knoten in der Brust:
Lage der Behandlungspunkte

Knoten in der Brust

Als Knoten bezeichnet man üblicherweise jegliche Verdickungen, Zysten oder Schwellungen, die sich im Brustgewebe ertasten lassen. Es ist sehr wichtig, daß Sie Ihre Brust einmal im Monat selbst untersuchen, um eventuelle Veränderungen in Ihren Brüsten oder aus den Brustwarzen austretende Flüssigkeiten zu entdecken. Wenn Ihnen dabei etwas Besonderes auffällt, suchen Sie sofort Ihren Arzt auf.

Es gibt viele Arten von Knoten in der Brust; etwa 80 Prozent davon sind gutartig, der Rest ist bösartig.

Ihr Arzt wird Ihnen vielleicht eine Mammographie oder eine Biopsie vorschlagen, um herauszufinden, um welche Art von Gewebe es sich handelt. Sobald Sie darüber Bescheid wissen, können Sie entscheiden, was Sie tun und wie Sie behandelt werden wollen.

Behandlung

Da ein Knoten oder eine Schwellung normalerweise ein Zeichen für Stagnation ist, empfehlen wir, daß Sie den Leber-Meridian in Ihren Beinen behandeln und sich auf die Punkte Le 3, 13 und 14 konzentrieren. Massieren Sie Ihre Brüste und Brustwarzen sanft und behandeln Sie die Punkte auf dem Magen-Meridian: Ma 16 und 18. Um die Zirkulation zu verbessern, sollten Sie auch Ihren Herz- und Perikard-Meridian in den Armen nicht außer acht lassen (siehe Abb. 10.4).

Knoten, die weich und nachgiebig sind, bei Berührung nicht wehtun, kommen und gehen mit Ihrer Menstruation. Daß Sie sich nach einer Massage besser anfühlen, hängt mit einer Stagnation des Leber-Ki zusammen. Knoten, die fester und schmerzempfindlicher sind, nicht auf Massage ansprechen und unabhängig von Ihrem Menstruationszyklus sind, werden von einer Stauung des Bluts verursacht. In so einem Fall ist professioneller medizinischer Rat unerläßlich.

Blasenentzündung (Zystitis)

Die meisten Frauen leiden irgendwann einmal in ihrem Leben an einer Blasenentzündung. Sie wird durch eine bakterielle Infektion ausgelöst. Da die weibliche Harnröhre relativ kurz ist, haben es verschiedene Infektionserreger leicht, von der Vagina oder dem Anus in die Blase zu gelangen.

Krankmachende äußere Einflüsse wie »Kälte« oder »Feuchtigkeit« können ebenfalls eine Zystitis auslösen. Kälte dringt von außen in die innere Umgebung ein, und der Körper reagiert darauf, indem er versucht, Ihr inneres »Feuer« zu aktivieren. Zu den Symptomen gehört häufiges, mit Schmerzen oder Brennen verbundenes Wasserlassen. Das brennende Gefühl sagt Ihnen, daß in Ihrem Organismus »Hitze« herrscht. Die beste Vorbeugung ist das Vermeiden von »Kälte« in diesem Bereich; setzen Sie sich also nicht auf kalte Flächen und lassen Sie diesen Teil Ihres Körpers nicht auskühlen oder naß bleiben. Erinnern Sie sich, wie Ihre Mutter Sie immer ermahnt hat, gleich nach dem Schwimmen das nasse Badezeug auszuziehen? Jetzt wissen Sie, warum. Tragen Sie im Winter wärmende Unterwäsche aus Naturmaterialien (Kunstfasern stören Ihren Ki-Fluß).

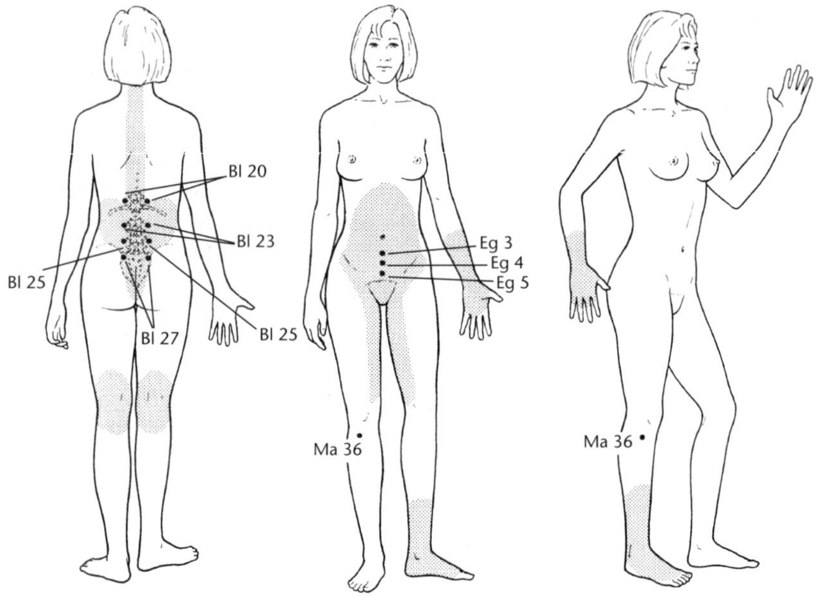

Abb. 10.5
Blasenentzündung: Lage der Behandlungspunkte

Behandlung

Wenn Sie an einer Blasenentzündung leiden, halten Sie Ihren Unterleib mit einer Wärmflasche, die Sie unterhalb des Nabels auflegen, warm. Meersalzbäder sind auch sehr wirkungsvoll. Gegen Brennen oder Jucken können Sie innerlich und äußerlich etwas Naturjoghurt auftragen, um die gereizten Stellen zu kühlen. Dabei handelt es sich um Yin, das das Yang-Feuer löscht. Drücken Sie die folgenden Tsubo: Ma 36, Bl 20, 23, 25 und 27, Eg 3, 4 und 5 (siehe Abb. 10.5).

Dysmenorrhö

Wenn Dysmenorrhö oder Menstruationskrämpfe mit den ersten Blutungen im Teenager-Alter auftreten, spricht man von *primärer Dysmenorrhö*. In diesem frühen Alter brennen die Fortpflanzungshormone geradezu darauf, zum Einsatz zu kommen, und Streß wirkt sich unmittelbar auf die Hormonproduktion aus.

Prostaglandine oder »lokale Hormone« sind sehr wahrscheinlich für Ihre Menstruationskrämpfe verantwortlich. Diese Hormone sorgen für Kontraktionen der Gebärmutter und können sich, wenn sie überstimuliert sind, auf alle Beckenorgane ausbreiten und mutwillig Kontraktionen an verschiedenen Stellen auslösen. Und warum passiert das? Meist als Folge von Streß oder nach einem körperlichen oder seelischen Schock oder Trauma in der frühen Kindheit oder im Erwachsenenalter, das Ihr Energiesystem beeinträchtigt. Sogar traumatische Geburtserlebnisse, wie sehr lange Wehen oder eine rücksichtslose Zangengeburt, können inneren Druck in Ihrem Schädel erzeugen, was wiederum Streß für Ihr endokrines System bedeutet.

Wenn Dysmenorrhö in späteren Jahren auftritt, wird sie *sekundäre Dysmenorrhö* genannt, und es kommen mehrere auslösende Faktoren in Betracht. Streß spielt natürlich nicht nur in der Jugend eine Rolle, sondern kann Sie auch als Erwachsene in Mitleidenschaft ziehen. Auch die Einnahme der »Pille« oder die Verwendung einer Spirale können sich nachteilig auswirken. Ihr Hormonhaushalt wird von Ihrem Nieren-Ki beeinflußt und ist besonders empfindlich für Ängste, die das freie Fließen des Ki stören. Die Gebärmutter und ihre Umgebung werden vom Leber- und Milz-Ki reguliert. Das Leber-Ki ist verantwortlich für die Speicherung und Regulierung von Blut, aber auch für Muskelkontraktionen; das Milz-Ki ist zuständig für die Qualität des »Fleisches« im Uterus. Andere Faktoren, die den Mond-Zyklus beeinflussen könnten, sind das Eindringen von »Kälte« und »Feuchtigkeit« in Ihren Körper. Dabei kann es sich auch um einen Nebeneffekt von Nahrungsmitteln wie Zucker, Koffein oder Milchprodukten handeln, die allesamt eine Stagnation des Ki verursachen.

Natürlich kann es auch sein, daß Sie mit einem krankmachenden äußeren Einfluß zu kämpfen haben. In einer kalten, feuchten, dunklen Wohnung zu wohnen, schwächt Ihre Abwehrenergie (Wei Ki) und Ihr Immunsystem. Wenn Sie keine Gegenmaßnahmen ergreifen, wird sich der Schaden ungehindert ausbreiten. Halten Sie Ihr Becken

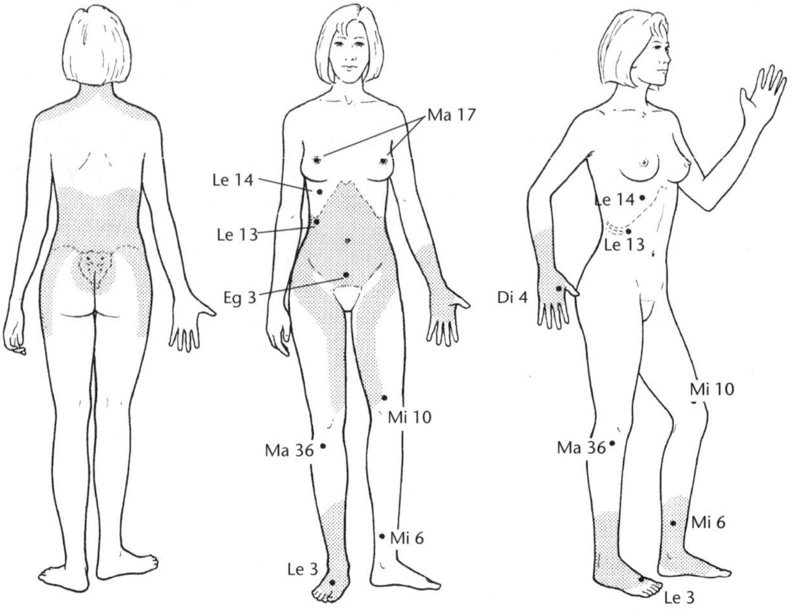

Abb. 10.6
Dysmenorrhö: Lage der Behandlungspunkte

in der kalten Jahreszeit immer mit Kleidung aus Naturfasern warm. Ihre Knöchel (die bei manchen Frauen während oder kurz vor der Menstruation anschwellen) stehen in einer besonderen Verbindung mit Ihrem Fortpflanzungsapparat, so daß es wichtig ist, sie ebenfalls warmzuhalten. Warme Socken und dicke Schuhe helfen hier.

Behandlung

Üben Sie Druck auf die folgenden Tsubo aus: Le 3, Mi 6 und 10, Ma 36 (siehe Abb. 10.6). Sie können sogar eine Edelstahlkugel oder ein ungekochtes Reiskorn auf Mi 6 kleben (siehe Abb. 10.6) und ein bis zwei Tage lang in dem Zeitraum dort belassen, wenn normalerweise die Krämpfe einsetzen. Probieren Sie auch die Behandlung der folgenden Tsubo aus: Eg 3, Le 13 und 14 sowie Di 4 (siehe Abb. 10.6).

Massieren Sie Ihre Brustwarzen, da das die Eierstöcke stimuliert, sowie die Region zwischen Nabel und Schambein.

Verwenden Sie einen Tennisball (wie in Kapitel 3 beschrieben), rollen Sie ihn entlang Ihrer Lendenwirbelsäule, unter Ihrem Gesäß und Kreuzbein und bearbeiten Sie besonders Bl 32 (siehe Abb. 10.7) damit. Wenn Sie stärkeren Druck möchten, verwenden Sie für die Massage von Gesäß und Kreuzbein einen Golfball.

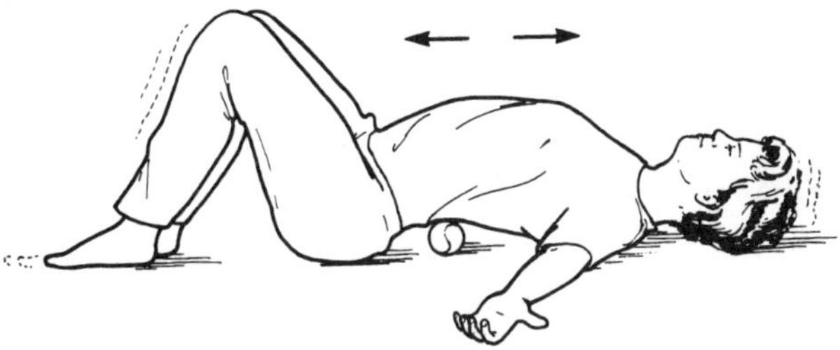

Abb. 10.7
Selbstbehandlung von Kreuzbeingegend und Gesäß

Machen Sie die in Kapitel 8 beschriebenen Beckenbodenübungen. Hitze (Yang) wirkt entspannend auf die krampfartigen Kontraktionen (Yin), so daß eine Wärmflasche auf Ihrem Unterleib hilft, die Symptome von »Kälte« und »Feuchtigkeit« zu vertreiben. Machen Sie die Dehnübungen für die Meridiane und die übrigen Übungen für Milz, Leber und Nieren, wie in Kapitel 7 beschrieben. Vermeiden Sie Stimulanzien wie Kaffee, Zigaretten, Zucker und industriell gefertigte Nahrungsmittel, damit Ihr Energiesystem sich regenerieren kann.

Endometriose

Bei diesem Beschwerdebild wachsen Teile der Gebärmutterschleimhaut (des Endometriums) an abnormalen Stellen außerhalb des Uterus, meist in den Eileitern, den Eierstöcken oder hinter der Gebärmutter. Diese Verwachsungen reagieren weiterhin auf den Menstruationszyklus und hormonelle Veränderungen, so als ob sie

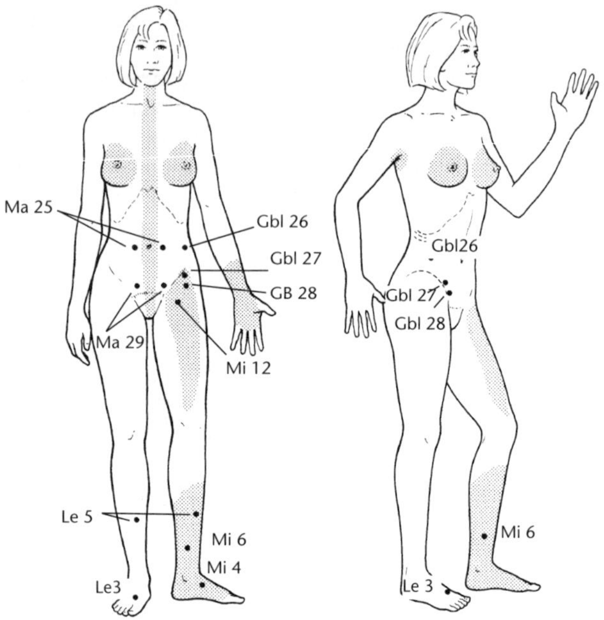

Abb. 10.8
Endometriose:
Lage der Behandlungspunkte

sich noch in der Gebärmutter befinden würden. Zu den häufigsten Symptomen gehören schmerzhafte, starke Regelblutungen, Rücken- und Bauchschmerzen sowie Schmerzen beim Geschlechtsverkehr. In manchen Fällen verläuft die Endometriose jedoch völlig asymptomatisch, d.h., es liegen keinerlei Symptome vor. Warum oder wie eine Endometriose Unfruchtbarkeit verursachen kann, ist der westlichen Medizin noch unklar, obwohl 30 bis 40 Prozent der unfruchtbaren Frauen daran leiden.

Schmerzen beim Geschlechtsverkehr sind ein wichtiges Symptom für stagnierendes Blut – Endometriose ist ein Zustand stagnierenden Bluts. Es gilt hier vier Grundmuster zu beachten[1]: Ki-Stauung und Blut-Stagnation; Blut-Stagnation aufgrund von zuviel »Kälte«; Hitze-Stauung mit Blut-Stagnation; Blut- und Ki-Mangel mit Blut-Stagnation. Da dies ein derart komplexer Zustand ist, empfehlen wir Ihnen professionelle Hilfe durch eine Reihe von Shiatsu-Behandlungen. Hier trotzdem ein paar Anregungen dafür, was Sie selbst zwischen den Behandlungen für sich tun können.

Behandlung

Stimulieren Sie den Leber- und den Milz-Meridian in Ihren Beinen und behandeln Sie die folgenden Tsubo: Le 3 und 5, Gbl 26, 27 und 28, Mi 4, 6 und 12, Ma 25 und 29 (siehe Abb. 10.8). Benutzen Sie einen Tennisball, um die Fortpflanzungs-Punkte auf Ihrem Gesäß zu stimulieren und schrubben Sie Ihren Körper täglich ab, um die Zirkulation und die Bewegung des Bluts anzuregen. Wenden Sie die in Kapitel 7 beschriebenen Visualisierungstechniken an, um die Stagnation zu lösen, und probieren Sie auch ein paar Affirmationen aus.

Fibromyome

Hierbei handelt es sich um gutartige Tumoren an der Muskelwand der Gebärmutter. Die Tumorzellen bestehen aus abnormen, weichen Muskelbündeln und Bindegewebe, das langsam auf der Uterus-Innenseite wächst. Wenn ein Fibromyom an Größe zunimmt, kann es in den Muskel einwachsen und so die Geschlossenheit der Gebärmutter stören. Myome können so klein wie eine Erbse und so groß wie eine Grapefruit sein und einzeln oder in größerer Zahl auftreten. Etwa 20 Prozent der Frauen über dreißig sind davon betroffen. Die Ursache ist in der westlichen Medizin unbekannt, auch wenn einige Studien Hinweise darauf geben, daß Vererbung eine Rolle spielen könnte. Man vermutet auch, daß Fibromyome eine abnorme Reaktion auf das Hormon Östrogen[2] sein könnten, so daß orale Verhütungsmittel und Schwangerschaften ihr Wachstum fördern.

Sehr oft, besonders wenn sie sehr klein sind, lösen Myome keine Symptome aus. Das macht eine Selbstdiagnose schwierig, und Sie könnten eine Ultraschallaufnahme benötigen, um Ihre Vermutung bestätigt zu finden. Zu den häufigsten Symptomen gehören starke Blutungen sowie Zwischenblutungen, Schmerzen während der Menstruation, beim Geschlechtsverkehr und/oder Blutungen danach. Auch Schwellungen des Unterbauchs und Schmerzen im unteren Rückenbereich kommen relativ häufig vor. Da Sie mehr Blut als üblich verlieren, könnten Sie anämisch werden, müde und blaß. Fibromyome, die die Abgeschlossenheit des Uterus stören, können bei häufigen Fehlgeburten und Unfruchtbarkeit eine Rolle spielen.

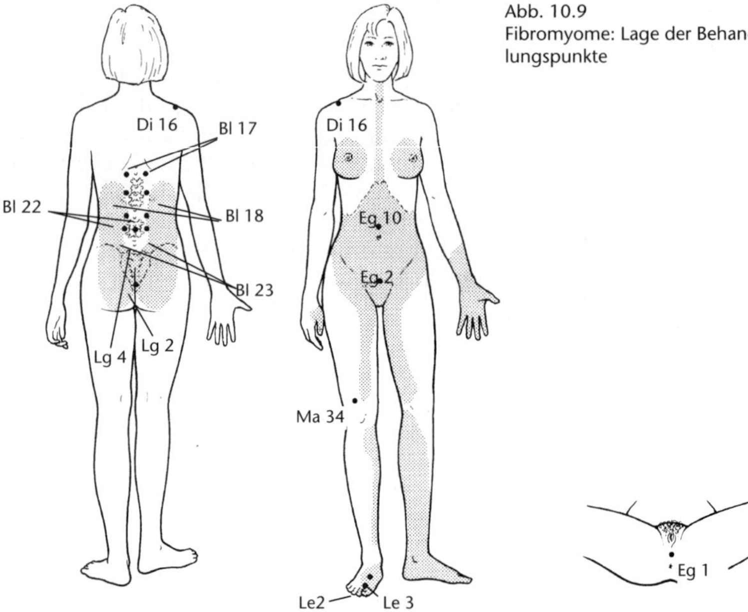

Abb. 10.9
Fibromyome: Lage der Behandlungspunkte

Hier handelt es sich um einen Zustand, in dem Blut und Ki stagnieren, so daß es Ihr Ziel ist, diese Stagnation zu beenden. »Wenn sich das Ki bewegt, folgt das Blut« oder »Wenn das Ki stagniert, erstarrt das Blut« sind fernöstliche Sprichwörter, die die Beziehung zwischen Blut und Ki aufzeigen. Wenn das Ki stagniert, ist es nicht mehr in der Lage, das Blut zu bewegen, denn »das Ki ist der Führer des Bluts«. Der fernöstlichen Medizin zufolge kann dies mit langwierigen emotionalen Problemen wie Ablehnung, Wut und Enttäuschung zusammenhängen.

Behandlung

Drücken Sie die folgenden Tsubo, um die Stauung aufzulösen: Eg 1, 2 und 10, Lg 2 und 4, Le 2 und 3, Bl 17, 18, 22, 23 und 31 bis 34 (in der Kreuzbeingegend), Ma 34 und Di 16 (siehe Abb. 10.9).

Abb. 10.10
Unfruchtbarkeit:
Lage der Behandlungspunkte

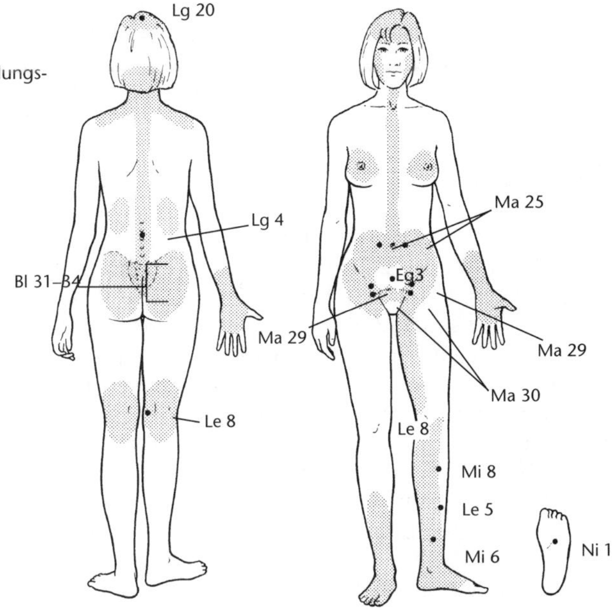

Unfruchtbarkeit

In der fernöstlichen Medizin wird weibliche Unfruchtbarkeit *Bu Yun Zheng* genannt, was soviel bedeutet wie »Zustand des nicht Schwangerseins«. Wie bereits erwähnt, wurde Unfruchtbarkeit nach der Überzeugung behandelt, daß die Empfängnis das Ergebnis der Vermischung von »roter Essenz« (Menstruationsblut) der Frau mit der »weißen Essenz« (Sperma) des Mannes ist. Alles, was zu einem Blut-Mangel oder einer Stagnation des Bluts führt, kann demnach Unfruchtbarkeit auslösen. Es gibt eine Reihe von körperlichen, emotionalen und psychologischen Gründen, die dafür verantwortlich sein können.

Nach Bob Flaws[3] gibt es zwölf verschiedene Ursachen, aus chinesischer Sicht sind die häufigsten eine falschplazierte Gebärmutter, Fettleibigkeit und Untergewicht (siehe Kapitel 7). Unfruchtbarkeit kann aber auch auf Hindernissen im Bauchraum, Gefühlen wie Eifersucht, Wut und Selbstmitleid oder schlechter Zirkulation beruhen. Hierbei handelt es sich um einen so komplexen Zustand, daß es empfehlenswert ist, sich bei einem professionellen Shiatsu-Therapeuten in Behandlung zu begeben. Im folgenden ein paar Vorschläge für die Selbstbehandlung zwischen Ihren Behandlungsterminen.

Behandlung

Nehmen Sie sich die Zeit für regelmäßige Übungen und Entspannung. Ernähren Sie sich ausgewogen und schrubben Sie Ihren Körper täglich (siehe Kapitel 7). Lassen Sie sich von Ihrem Partner hin und wieder eine Ganzkörper-Shiatsu-Behandlung zur Entspannung geben, wobei Sie besonderes Gewicht auf folgende Tsubo legen sollten: Eg 3 und Lg 4 (der Bereich auf Ihrem Rücken in Nabelhöhe gilt als Korridor für das Quellen-Ki, das Nieren-Ki und die »Essenz«), Lg 20, Mi 6 und 8, Le 5 und 8, Ma 25 und 29 (der Name dieses Punktes ist »Umkehr«, was sich auf seinen Einfluß auf den Menstruationszyklus und seine Fähigkeit, das Gewebe und die Lage des Uterus zu normalisieren, bezieht) und Ma 30, Bl 31 bis 34 sowie Ni 1 – sein Name »Sprudelnde Quelle« weist auf die frische, aktive Energie dieses Punktes hin (siehe Abb. 10.10).

Wechseljahrsbeschwerden

Die Menopause tritt normalerweise zwischen dem 45. und 55. Lebensjahr ein. Aufgrund der verringerten Östrogenproduktion hört die monatliche Blutung auf, und Sie bemerken körperliche und seelische Veränderungen. Wenn zwölf Blutungen in Folge ausgeblieben sind, ist die Menopause abgeschlossen. Vorher werden Sie vielleicht eine Zeitlang spärliche und unregelmäßige Blutungen haben.

Zu den möglichen körperlichen Symptomen der Menopause zählen Hitzewallungen und Nachtschweiß, Trockenheit der Scheide, die den Geschlechtsverkehr schwieriger und schmerzhaft machen kann, sowie häufiger Harndrang (als Zeichen des Yin-Mangels). Auf der psychisch-emotionalen Seite können Sie an Konzentrationsschwäche, Überempfindlichkeit und Ängstlichkeit leiden. Veränderungen Ihres Stoffwechsels können in einem späteren Stadium zu Osteoporose führen.

Es ist heute sehr verbreitet, die verschiedenen Wechseljahrsbeschwerden mit Hilfe der Hormonersatztherapie zu behandeln. Leider ruft diese Therapie jedoch selbst Nebenwirkungen hervor; außerdem treten die Symptome manchmal wieder auf, sobald die Behandlung beendet wird. Bis jetzt weiß man noch nicht, wie diese Medikamente am besten angewendet werden, und die Menge des Östrogens, die dabei ins Blut gelangt, ist nur schwer zu kontrollieren.[4] Die orale Einnahme kann manchmal zu Nebenwirkungen wie Übelkeit, Erbrechen, Krämpfen oder Blähungen führen, die Verabreichung als Pflaster zu Blasen oder Hautverfärbungen. Die Einnahme von reinen Östrogenpräparaten erhöht das Risiko von Gebärmutterkrebs um das Zwanzigfache. Deshalb wird vielen Frauen zusätzlich Progesteron verabreicht, um dem Östrogen entgegenzuwirken. Unglücklicherweise hat dies wiederum eigene mögliche Nebenwirkungen: Berührungsempfindlichkeit der Brüste, Krämpfe, Blähungen, Depressionen, Angstzustände und Reizbarkeit. Dies sind aber genau die Symptome, die man mit der Hormonersatztherapie eigentlich bekämpfen will. Progesteron kann außerdem auch das Brustkrebsrisiko erhöhen. Hier sind nur einige der Nebenwirkungen aufgezählt, die Frauen während einer Hormonersatztherapie erfahren und die einen Zustand »Innerer Kälte« hervorrufen können, der zur Stagnation des Bluts führt.

Die vielen verschiedenen Wechseljahrsbeschwerden können allesamt mit Shiatsu behandelt und gelindert werden. Die Menopause ist ein natürlicher Vorgang, und es ist nie zu spät, damit zu beginnen, sich der Selbstbehandlung zuzuwenden. Bleiben Sie bei Ihrem täglichen Übungsprogramm und beherzigen Sie die folgenden Ratschläge.

Behandlung

- Hitzewallungen und Nachtschweiß: Bl 10, 28 und 43, Gbl 20, Eg 3, 4, 12 und 17, Ni 3 und 5 (siehe Abb. 10.11).
- Veränderungen und Trockenheit der Vagina: Verringern Sie Ihren Zuckerkonsum und machen Sie die Beckenbodenübungen aus Kapitel 8. Tragen Sie Weizenkeimöl innen in Ihrer Vagina auf und bearbeiten Sie die folgenden Tsubo: Ni 1, 3 und 11 sowie Bl 66 (siehe Abb. 10.11).
- Angstzustände: Behandeln Sie Ihren Perikard-Meridian auf der Innenseite Ihrer Arme und drücken Sie die Punkte Pe 6 und 7, Ni 27 und Bl 43 (siehe Abb. 10.11).

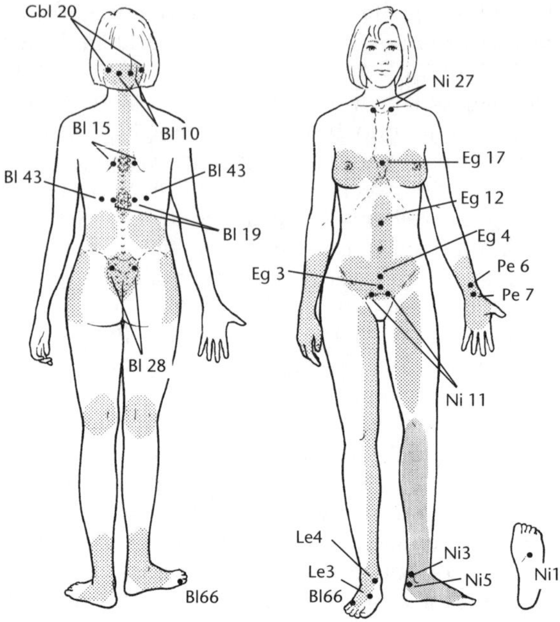

Abb. 10.11
Menopause: Lage der Behandlungspunkte

- Reizbarkeit: Behandeln Sie Ihren Leber- und Gallen-Meridian und machen Sie verschiedene Übungen für die Beweglichkeit Ihrer Hüfte (siehe Kapitel 7), um stagnierende Energie in der Beckenregion zu befreien. Üben Sie Druck auf die folgenden Tsubo aus: Le 3 und 4 sowie Bl 15 (siehe Abb. 10.11).

Unregelmäßige Menstruation

Zunächst sollten Sie sich in diesem Zusammenhang die Frage stellen: »Verläuft mein übriges Leben regelmäßig?« Wenn Ihr Lebensstil sprunghaft und auf stressige Weise aktiv ist, dürfen Sie sich nicht wundern, wenn Ihr Körper entsprechend reagiert. Eine glückliche Frau wird auch einen glücklichen Menstruationszyklus haben. Was stimmt also nicht? Vielleicht ist es Zeit für Reflexion und Verände-

Abb. 10.12
Kurzer Zyklus: Lage der Behandlungspunkte

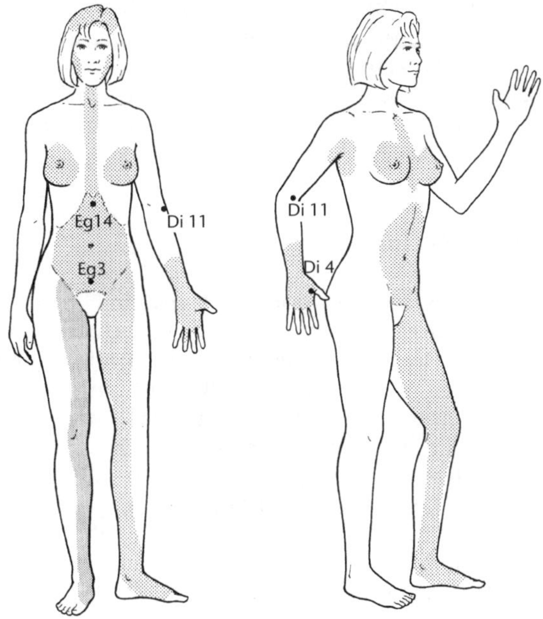

rungen. Positive Gedanken und ein regelmäßiger Lebensstil werden Ihnen helfen, Ihre Periode zu regulieren.

Relevante krankmachende äußere Einflüsse könnten laute, hell erleuchtete Orte mit verrauchter Atmosphäre und vielen ausgelassenen Menschen sein. Machen Sie sich den Besuch solcher Orte nicht zur Gewohnheit. Essen Sie normalerweise einfach, versuchen Sie sich einen gleichmäßigen Schlafrhythmus anzugewöhnen, um Ihr Nieren-Ki wieder aufzuladen (eine Nacht von 2 Uhr bis 10 Uhr morgens ist damit nicht gemeint). Und machen Sie häufig Ihre Übungen. Haben Sie Spaß, ohne sich wie verrückt aufzuführen, bremsen Sie sich selbst und gönnen Sie sich lieber spontane, unverfälschte Freuden statt ständiger hormoneller Aufputschmomente. Geben Sie sich selbst ein paar Monate, und Sie werden sehen, daß sich Ihr Zyklus normalisiert.

Die Einflüsse von Milz und Leber spielen hier eine besondere Rolle: die Milz wegen ihrer Fähigkeit, das Blut und aufwärts strebende Energien zu »halten«, und wegen des Bildes, das Sie von sich selbst haben; die Leber wegen ihrer »Speicher«-Qualitäten, die im Extremfall »Hitze« und Spannung im ganzen Organismus hervorrufen.

Es gibt keine einfache Formel für die Behandlung dieser Beschwerden, da »Unregelmäßigkeit« verschiedene Bedeutungen und Ursachen haben kann. Im folgenden können Sie herausfinden, welcher Typ Sie sind.

Kurzer Zyklus

Ein kurzer Zyklus ist normalerweise ein Hinweis auf »Hitze« in Ihrem Blut und/oder Ki-Erschöpfung. Das Hitze-Syndrom ist eher Yang, weshalb Ihr Unterbauch sich heiß anfühlen kann; weitere Symptome sind dunkler, klumpiger Blutfluß und dunkler Urin. Ihre Zunge kann gerötet und mit einem gelben Belag versehen sein; vielleicht fühlen Sie sich auch aufgrund von Angstzuständen allgemein ruhelos. Neigen Sie zur Hyperaktivität und sind dann von der Hitze, die in Ihren Kopf steigt, erschöpft?

Behandlung
Kühlen Sie das Blut und regulieren Sie das Nieren-Ki wie folgt: Üben Sie Druck auf diese Tsubo aus: Di 4 und 11, Eg 3 und 14 (siehe Abb. 10.12). Verringern Sie Ihren Alkoholkonsum auf ein Minimum, damit der Streß des Leber-Feuers sich abkühlen kann.

Ki-Erschöpfung

Dieser Zustand ist erkennbar an reichlichem Fluß von hellem, rotem Blut und einer allgemeinen Leere im Unterbauch, eventuell Blähungen, allgemeiner Lethargie und Atemlosigkeit. Ihre Zunge kann blaß mit einem hellen, weißen Belag sein.

Behandlung
Machen Sie die allgemeinen Do-In-Übungen und schrubben Sie Ihren Körper täglich mit warmem Wasser (siehe Kapitel 7). Üben Sie außerdem Druck auf die folgenden Tsubo aus: Ni 1, Mi 6, Ma 36, Le 4, Lu 1 sowie Eg 3, 6, 12 und 17 (siehe Abb. 10.13).

Abb. 10.13
Ki-Erschöpfung:
Lage der Behandlungspunkte

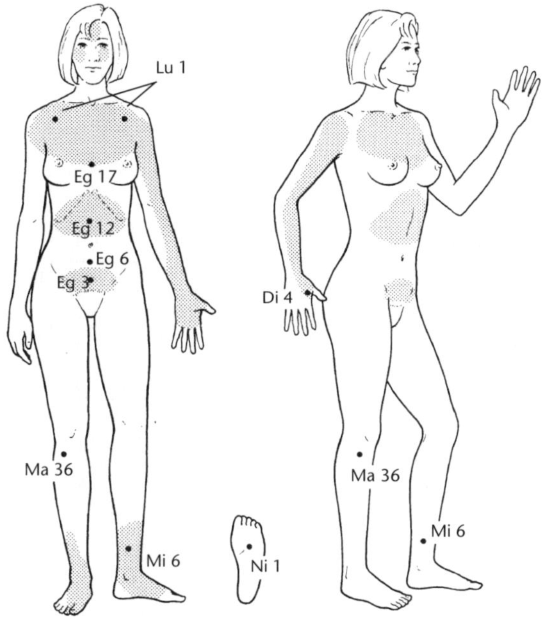

Verspätete Menstruation

Die verspätete Menstruation kann selbst in verschiedenen Formen auftreten und entweder von Blut-Erschöpfung oder einer »Kälte« im Körper, aber auch von einer allgemeinen Trägheit des Ki-Flusses (Ki-Stagnation) verursacht sein. Die Erschöpfung des Bluts wird durch einen spärlichen hellroten Blutfluß, eine blasse Erscheinung, allgemein matte Haut mit schwacher Durchblutung, Schwellung oder Unwohlsein im Unterbauch sowie schlechte Haarqualität deutlich. Die Zunge ist rosafarben, jedoch mit einem leichten pelzigen Belag versehen. Der Puls dürfte schwach sein.

Behandlung
Achten Sie auf Ihre Eßgewohnheiten und bringen Sie viel Abwechslung in Ihren Speiseplan, besonders weißes Fleisch und zwei- bis dreimal wöchentlich Fisch sowie viel frisches Gemüse. Üben Sie Druck auf die Punkte Eg 4, 3 und 6, Mi 6 und Ma 36 aus (siehe Abb. 10.14).

Abb. 10.14
Verspätete Menstruation:
Lage der Behandlungspunkte

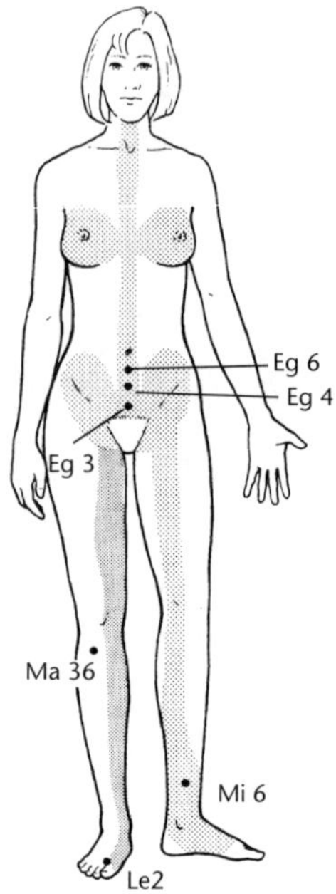

Machen Sie Übungen für eine tiefe Atmung, um den Sauerstoffgehalt Ihres Bluts zu erhöhen und die Funktion Ihres Nervensystems zu verbessern (siehe Kapitel 6). Führen Sie auch täglich das Programm mit den Do-In-Übungen aus. Kneifen Sie das Gewebe zwischen großem und zweitem Zeh jedes Fußes zusammen (Le 2), und massieren Sie den Bereich rund um Ihre Achillessehnen (Nieren- und Blasenpunkte).

Kaltes Blut

Kaltem Blut fehlt der »Funke« der Hitze (Yang), die für einen harmonischen Blutfluß nötig ist. Dieser Zustand kann sich durch eine dunkle, spärliche Blutung, generelle Kälte in Bauch und Gesäß, Spannung und Blähungen im Unterbauch und kalte Extremitäten bemerkbar machen (wahrscheinlich empfinden Sie Wärme auf dem Bauch als angenehm). Ihre Zunge ist vermutlich blaß mit einem dünnen, weißen, pelzigen Belag, Ihr Puls langsam und schwer zu lokalisieren.

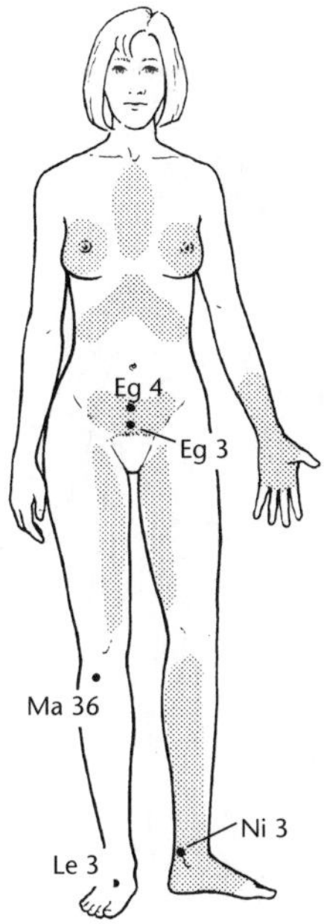

Abb. 10.15
Kaltes Blut:
Lage der Behandlungspunkte

Behandlung
Ein paar allgemein anstrengende Übungen und auch die Do-In-Übungen aus Kapitel 7 dürften Ihnen guttun. Drücken Sie die Punkte Eg 3 und 4, Ma 36, Le 3 und Ni 3 (siehe Abb. 10.15).

Ki-Stagnation

Dies ist ein allgemeiner Zustand, der besondere Aufmerksamkeit erfordert. Bezogen auf Ihren Menstruationszyklus kann er sich folgendermaßen äußern: ein spärlicher, dunkler, teilweise klumpiger Blutfluß, Schwellung von Knöcheln, Bauch und Brüsten sowie allgemeine Kälte in den Extremitäten. Auch eine gewisse Lethargie, Depressionen und Spannungen in Brust oder Zwerchfell sind möglich, da die Muskeln unter Sauerstoffmangel leiden und sich deshalb zusammenziehen. Ihre Zunge kann blaß mit einem dünnen, weißen Belag sein. Ihr Puls fühlt sich wahrscheinlich schnell und gespannt an, wie ein gestraffter Draht.

Abb. 10.16
Ki-Stagnation:
Lage der Behandlungspunkte

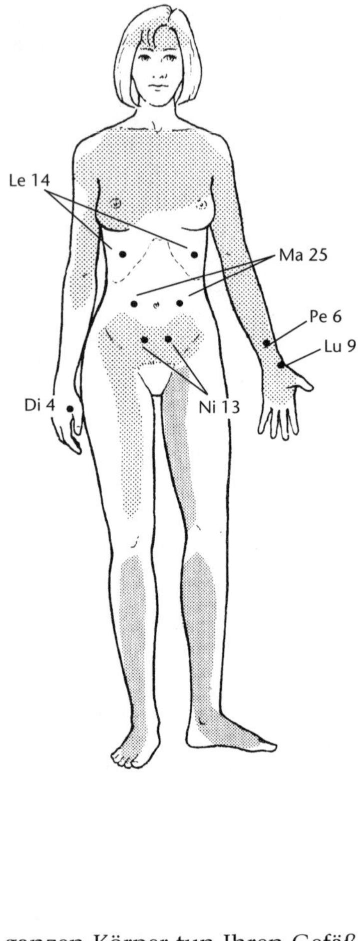

Behandlung
Übungen für den ganzen Körper tun Ihren Gefäßen gut, verbessern Ihr Atempotential und helfen so, das Ki zu stimulieren. Beginnen Sie also mit regelmäßigem Walking, Schwimmen, Aerobic, Joggen, Radfahren, körperlicher Garten- oder Hausarbeit. Achten Sie auch auf Ihre Ernährung. Üben Sie Druck auf folgende Punkte aus: Ma 25, Ni 13, Le 14, Lu 9, Pe 6 und Le 4 (siehe Abb. 10.16).

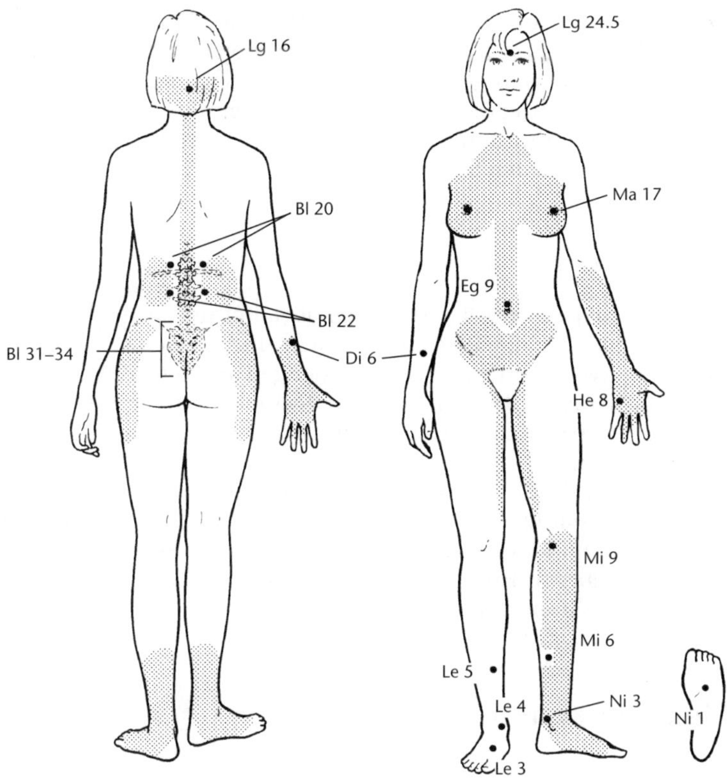

Abb. 10.17
Ödeme/Eierstockzysten: Lage der Behandlungspunkte

Ödeme

Ödeme oder Wasseransammlungen sind ein Zustand, in dem sich Flüssigkeit in oder um Zellen herum sammelt und Schwellungen verschiedener Teile Ihres Körpers verursacht. Zunächst können sich Ödeme nur in einer Gewichtszunahme bemerkbar machen. Wenn die zusätzlich aufgestaute Flüssigkeit über 15 Prozent beträgt, kommt es zu Schwellungen, meist in der unteren Körperhälfte (Knöchel, Beine und Steißbein). Drücken Sie mit einem Finger in den geschwollenen Bereich, bleibt eine Vertiefung zurück, die langsam verschwindet, wenn die Flüssigkeit wieder zurückkehrt. In der Chinesischen Medizin ordnet man diese Symptome einem Mangelzustand der Milz zu. Der Milz-Energie gelingt es nicht, die Flüssigkeit abzutransportieren, weshalb diese sich staut und zugleich die Nierenfunktion behindert, die für die Umwandlung und Ausscheidung der Flüssigkeiten zuständig ist (siehe auch S. 190 f.).

Behandlung

Setzen Sie ein paar entwässernde Gemüse auf Ihren Speiseplan, da das die Ausscheidung des Wassers stimuliert und die Schwellungen auf natürliche Weise verringert. Roher oder gedämpfter Knoblauch und Kohl sind günstig. Brühen Sie einen Teelöffel getrocknete Petersilie mit einer Tasse heißem Wasser auf und trinken Sie davon zwei bis drei Tassen täglich.

Eg 9 reguliert die »Wasserstraßen« und ist deshalb ein wichtiger Behandlungspunkt. Andere nützliche Tsubo sind: Mi 6 und 9, Ni 1 und 3, Le 3, 4 und 5, Bl 22 und 31 bis 34 (die vier Einbuchtungen in Ihrem Kreuzbein); He 8 und Le 6 sind besonders bei Ödemen am Oberkörper hilfreich (siehe Abb. 10.17).

Eierstockzysten

Eine Eierstockzyste ist ein geschlossener Hohlraum oder ein Säckchen, das mit Flüssigkeit oder halbfestem Gewebe gefüllt ist, das sich in den Eierstöcken entwickelt. Eierstockzysten können in jedem Alter auftreten und sind selten krebsig. Wie Fibrome (Geschwulste aus Bindegewebe) rufen auch manche Zysten keinerlei Symptome hervor, während andere eine Schwellung des Unterbauchs (schmerzlos), Probleme beim Wasserlassen oder ein stechendes, brennendes Gefühl beim Urinieren verursachen. Das liegt dann daran, daß die Zyste auf die Blase drückt. Es kann auch zu einem bräunlichen Ausfluß, unregelmäßiger Menstruation oder verstärkter Behaarung kommen. Letzteres liegt daran, daß die Zyste eine kleine Menge des männlichen Geschlechtshormons Testosteron produziert.

Abb. 10.18
Ki-Projektion in die
Eierstöcke

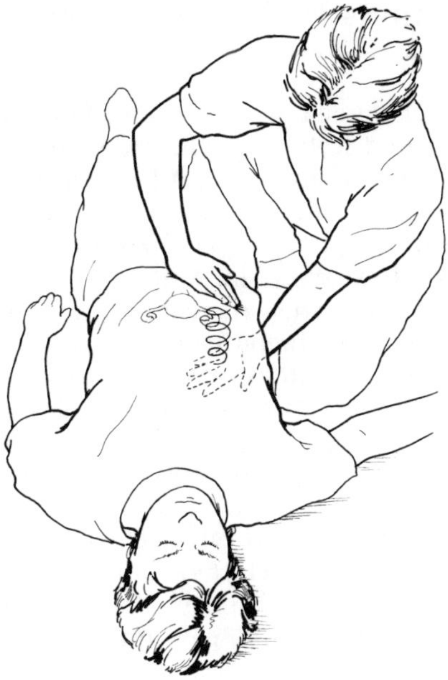

Behandlung

Auch hier geht es wieder um eine Ki-Stagnation. Befolgen Sie die Empfehlungen zu Fibromyomen auf S. 223 f. Behandeln Sie den Milz-Meridian in Ihrem Bein; üben Sie Druck auf Ma 17 aus, massieren Sie Ihre Brustwarzen; üben Sie Druck auf Lg 16 und den Punkt zwischen Ihren Augenbrauen (Lg 24.5) aus; Bl 20 tonisiert Blut und Ki und »macht harte Strukturen weich«[5] (siehe Abb. 10.17).

Lassen Sie Ihren Partner eine Hand auf Ihren Bauch in Höhe Ihrer Eierstöcke legen, die andere Hand in gleicher Höhe auf Ihren Rücken. »Denken« Sie sich zwischen die beiden Hände, stellen Sie eine Verbindung zu den dazwischenliegenden Eierstöcken her und schaffen Sie Wärme um sie herum, um die Zirkulation des Ki zu verbessern (siehe Abb. 10.18).

Prämenstruelles Syndrom (PMS)

Hierbei handelt es sich um eine Kombination verschiedener körperlicher und seelischer Symptome, die bei vielen Frauen ein bis zwei Wochen vor Einsetzen der Menstruation auftreten. Über 90 Prozent aller Frauen sind irgendwann in ihrem Leben davon betroffen.

Lange Zeit hielt man PMS für einen psychischen Zustand, den Frauen benutzten, um Mitleid zu heischen. Inzwischen ist PMS jedoch als Krankheit anerkannt und definiert, und es gibt eine Menge Theorien über ihren Ursprung. Hormonelle Veränderungen während des gesamten Menstruationszyklus spielen dabei sicher eine Rolle, und so ist eine Progesteron-Therapie heute sehr oft Mittel der Wahl, selbst wenn ein Ungleichgewicht zwischen dem Östrogen- und Progesteronspiegel nicht festgestellt wurde.

Eine andere mögliche Ursache von PMS ist ein zu niedriger Blutzuckerspiegel (Hypoglykämie), hervorgerufen durch unausgewogene Ernährung. Zu viel Fett übt Druck auf Ihre Leber aus, zu viel Salz fördert Wasseransammlungen. Wenn das bei Ihnen der Fall ist, sollten Sie versuchen, Ihre Eßgewohnheiten umzustellen. Ein guter Anfang wäre es, mehrere kleinere, über den Tag verteilte Mahlzeiten zu essen. Kaffee und Zucker rauben Ihrem Körper Vitamin B, das dieser für die Gesundheit Ihres Nervensystems und zur Stabilisierung Ihrer Stimmungen und Gefühle benötigt. Tauschen Sie die vielen Tassen Kaffee also gegen Kräutertee und lassen Sie den Zucker möglichst ganz weg. Sie können auch zusätzlich Vitamin B6 einnehmen.

Eine andere mögliche Ursache von PMS ist ein Ungleichgewicht der Prostaglandine, das zu schmerzhaften Krämpfen der Gebärmutter führt. Wenn so ein Ungleichgewicht vorliegt, verlangsamt sich Ihr Kreislauf, Sie frösteln, fühlen sich erschöpft und haben Schmerzen oder ein Taubheitsgefühl in Händen und Füßen.

PMS geht oft auch mit Stimmungsschwankungen einher; zu den häufigsten psychischen Symptomen zählen Reizbarkeit, Anspannung, Ärger, Depression und Müdigkeit. Es beeinträchtigt oft auch das Selbstbewußtsein der Frau – sie fühlt sich minderwertig, leidet unter Konzentrationsschwäche oder hat sich nicht richtig unter Kontrolle. Zu den körperlichen Symptomen gehören Kopfweh, Kreuzschmerzen, Unterleibsschmerzen und eine Überempfindlichkeit der Brüste.

Aus Sicht der Chinesischen Medizin sind die PMS-Symptome Anzeichen einer Stagnation von Blut und Ki. Ki ist der »Anführer« des

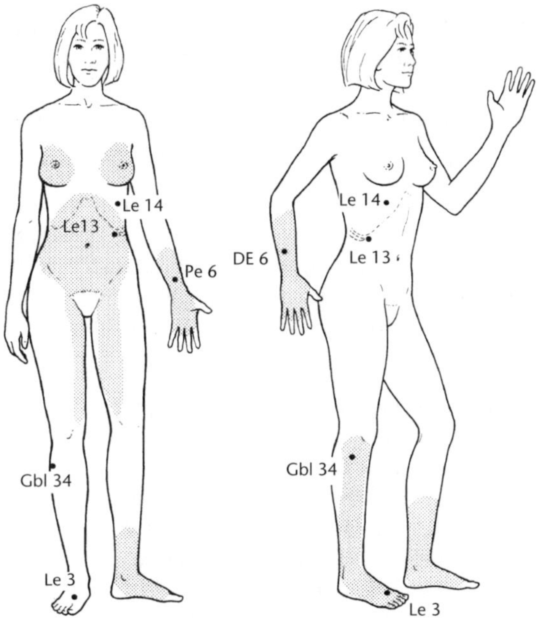

Abb. 10.19
PMS:
Lage der Behandlungspunkte

Bluts – wenn das Ki stagniert, gerinnt das Blut. Der Aufbau von Spannung im Inneren führt zu den genannten Symptomen.

Das Organ, das für einen gleichmäßigen Ki-Fluß zuständig ist, ist die Leber. Ihr Einfluß erstreckt sich über den ganzen Körper, über Ihren Darm ebenso wie über Ihre Gebärmutter. Darüber hinaus hat sie großen Einfluß auf Ihren seelischen Zustand – der gleichmäßige Fluß des Leber-Ki sorgt auch für einen »gleichmäßigen Fluß« Ihrer Emotionen. Wenn Sie also frustriert und wütend sind, ist das ein Zeichen dafür, daß Ihr Leber-Ki stagniert. Wenn die Leber gut funktioniert und Ihr Ki ruhig dahinfließt, wird Ihr Seelenzustand glücklich und entspannt sein, und es wird Ihnen leichtfallen, Ihre Gefühle auszudrücken.

Wie geraten Sie in diesen Zustand und wie können Sie Ihre Leber-Energie stimulieren? Körperliche Aktivität in jeglicher Form ist hilfreich, da das Ki sich sehr leicht in den Gelenken und Sehnen staut. Sie können zwischen ein paar Dehnübungen zur Aktivierung des Leber-Meridians (siehe die Leber-Meridian-Dehnübungen auf S. 150–152) oder Tanzen zur allgemeinen Beseitigung der Stagnation wählen. Die Beine auszuschütteln hilft, Spannungen im Hüftbereich zu lösen (eine der Körperregionen, wo sich Gefühle wie Frust und Wut stauen), die gleiche Wirkung hat Hüftkreisen. Benutzen Sie Ihre Stimme, um sich auf diesem Weg in Kombination mit körperlicher Bewegung auszudrücken; erfinden Sie Geräusche, die Ihre innere Spannung abbauen und Ihr Energiesystem befreien.

Die amerikanischen Indianer glaubten, daß Frauen kurz vor ihrer Menstruation am nachdenklichsten und kreativsten seien; lassen Sie also zu dieser Zeit des Monats den künstlerischen Teil Ihres Selbst zur Geltung kommen und sich entwickeln. Fördern Sie diesen Prozeß durch Visualisierung und/oder Affirmationen (siehe Kapitel 7).

Behandlung
Um die Leber zu stärken und das Ki zu regulieren, drücken Sie folgende Tsubo: Gbl 34, Le 3, 13 und 14, DE 6 und Pe 6 – besonders bei seelischem Ungleichgewicht (siehe Abb. 10.19).

Wenn Sie das Gefühl haben, Ihre PMS-Symptome würden Sie schwach und überempfindlich machen, sollten Sie etwas unternehmen. Übernehmen Sie mehr Verantwortung für sich und hören Sie auf, sich verrückt zu machen, weil Sie nicht Ihrem körperlichen Ideal entsprechen. Lernen Sie, sich so zu lieben, wie Sie sind, und seien Sie nicht so streng mit sich. Wenn Sie zu hart gegen sich selbst sind, wird die Situation nur schlimmer und Sie machen sich noch mehr Streß. Versuchen Sie statt dessen, den Streß in Ihrem Leben in Grenzen zu halten, und beginnen Sie ein Selbstbehandlungs-Programm mit den oben genannten Methoden. Nehmen Sie sich mehr Zeit für sich selbst und Ihren Körper und bitten Sie um Hilfe, wenn Sie diese benötigen.

Gebärmuttersenkung und -vorfall

Aufgrund extremer Dehnung der Bänder, die die Gebärmutter an ihrem Platz halten, senkt sich diese manchmal aus ihrer normalen Position in die Vagina hinunter. Ein Gebärmuttervorfall kommt am häufigsten bei Frauen mittleren Alters vor, die schon ein Kind geboren haben. Eine Geburt kann eine große Belastung für die entsprechenden Bänder bedeuten. Ein verbreitetes Symptom ist das Gefühl, daß etwas in Ihrer Beckenregion nach unten zieht. Bei einem schwe-

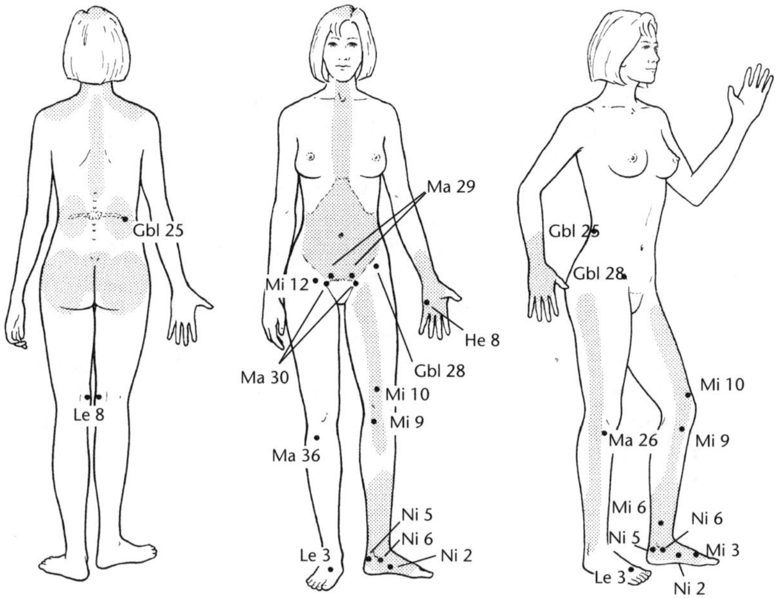

Abb. 10.20
Gebärmuttervorfall/Soor: Lage der Behandlungspunkte

ren Vorfall wird der Uterus von außen sichtbar. Regelmäßige Beckenbodenübungen (siehe Kapitel 8) sind eine ausgezeichnete Vorbeugungsmaßnahme gegen einen Vorfall, besonders nach einer Geburt.

Behandlung

Tsubo, die »das Ki heben«, sind: Mi 6, Gbl 25 und 28, Ma 29, 30 und 36 (siehe Abb. 10.20). Da die Leber-Energie Ihren Muskelapparat unterstützt, ist es auch sinnvoll, den Leber-Meridian zu stimulieren und dabei Le 3 und 8 besondere Aufmerksamkeit zu schenken. Andere hilfreiche Tsubo sind Ni 2, 5 und 6 sowie He 8 (siehe Abb. 10.20).

Soor

Hier handelt es sich um eine von dem Pilz *Candida albicans* hervorgerufene Infektion. Normalerweise befindet sich dieser Pilz im Mund und in der Vagina; sein Wachstum wird jedoch durch natürliche Bakterien im Gleichgewicht gehalten. Wenn aus irgendwelchen Gründen die natürliche Widerstandskraft Ihres Körpers gegen Infektionen geschwächt ist – durch Streß, Erschöpfung oder Antibiotika zum Beispiel –, das Wachstum des Pilzes angeregt und Sie können Soor bekommen. Die häufigsten Symptome sind ein dicker, weißlicher Ausfluß zusammen mit Jucken und Reizung der Scheidenregion. Sie können auch Probleme beim Wasserlassen haben. Möglicherweise tritt jedoch keines der genannten Symptome auf. Soor kann auch den Mund befallen und cremige, gelbliche Flecken und starkes Wundgefühl hervorrufen.

Behandlung

Dies ist ein Zustand stagnierenden Bluts mit zu schwacher Durchblutung von Becken und Genitalien. Da die Milz das Immunsystem unterstützt und Lymphe transportiert, müssen Sie den Milz-Meridian in Ihren Beinen tonisieren und behandeln. Konzentrieren Sie sich

Abb. 10.21
Sitzbad

auf Mi 3, 6, 9, 10 und 12 (siehe Abb. 10.20). Auch Meersalzbäder sind empfehlenswert, ebenso die innerliche und äußerliche Anwendung von Naturjoghurt. Er wirkt reinigend und kühlt die gereizten Stellen.

Als Alternative können Sie auch die Blätter von Daikon, Rettich oder Rüben trocknen, bis sie braun sind und knistern. Bringen Sie drei bis vier Liter Wasser zum Kochen und geben Sie die getrockneten Blätter hinein. Lassen Sie sie 30 bis 40 Minuten bei schwacher Hitze ziehen, bis das Wasser eine bräunliche Farbe angenommen hat. Geben Sie eine Handvoll Meersalz hinein und machen Sie ein Sitzbad damit. Am besten ist dafür eine kleine Wanne oder die Badewanne geeignet. Seihen Sie die Brühe dort hinein ab. Geben Sie soviel warmes Wasser dazu, daß Sie bis zum Nabel im Wasser sitzen (siehe Abb. 10.21). Hüllen Sie den Rest Ihres Körpers in Handtücher. Nehmen Sie dieses Sitzbad so heiß wie möglich und bleiben Sie etwa 15 Minuten darin – füllen Sie heißes Wasser nach, wenn das Bad abkühlt. Sollte Ihnen schwindlig oder schlecht werden, verlassen Sie das Wasser sofort – es ist dann zu heiß gewesen. Nehmen Sie sieben bis zehn Tage lang jeden Abend vor dem Schlafengehen so ein Sitzbad. In Japan nennt man das ein *Hiba-Yu*-Bad, und es wird häufig genutzt, um die Gesundheit der Fortpflanzungsorgane zu stärken, weil es den Blut-Fluß verbessert.

Ein anderes Heilmittel, das ebenfalls den Blut-Fluß in den Genitalien anregt, ist ein Tampon, der in eine Mischung aus warmem Wasser und Ingwersaft getaucht wird. Ingwersaft gewinnen Sie aus frisch geriebener Ingwerwurzel, im Verhältnis drei zu eins mit warmem Wasser gemischt. Führen Sie den Tampon wie gewöhnlich ein und wechseln Sie ihn regelmäßig. Das kann zu Beginn etwas prickeln, hört jedoch nach wenigen Minuten auf.

Krampfadern

Um das Blut zum Herzen zurückzutransportieren, verfügen die Venen in Ihren Beinen über ein Klappensystem in eine Richtung. Wenn diese Ventile aus welchen Gründen auch immer nicht mehr richtig funktionieren, steigt der Blutdruck in den Venen und die Ableitung funktioniert nicht richtig. Die Folge sind vergrößerte oder verschlungene Venen. Sie treten oft auf den Waden oder an den Innenseiten der Beine hervor. Langes Stehen oder Übergewicht können die Ursache sein (deshalb leiden auch Schwangere manchmal an Krampf-

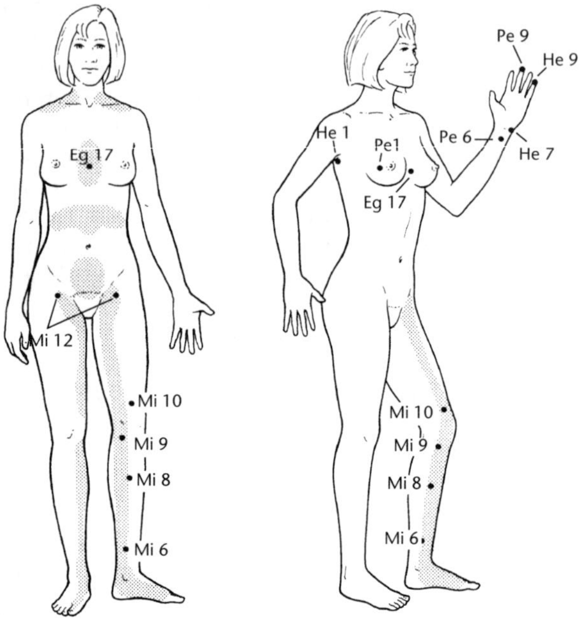

Abb. 10.22 Krampfadern: Lage der Behandlungspunkte

adern). Die hormonellen Veränderungen während der Schwangerschaft haben ebenfalls einen beträchtlichen Einfluß auf die Bildung von Krampfadern.

Üben Sie niemals Druck direkt auf die Krampfadern aus, da das Schmerzen verursacht und im schlimmsten Fall einen Blutpfropfen löst, der bis zum Herzen wandern und dort viel Schaden anrichten kann. Statt dessen raten wir Ihnen, die Tsubo um die Venen herum zu behandeln und solche, die die Durchblutung anregen. Regelmäßige Bewegung, wie Walking oder Schwimmen, und tägliches Auf-dem-Rücken-Liegen mit an der Wand hochgelegten Beinen für 15 Minuten sorgen für eine gesunde Durchblutung.

Behandlung

Behandeln Sie den Herz- und den Perikard-Meridian unter besonderer Beachtung der folgenden Tsubo: He 1 (in der Mitte Ihrer Achselhöhle), He 7 und 9, Pe 1, 6 und 9 sowie Eg 17. Wenn Sie den Milz-Meridian in Ihren Beinen behandeln, hat das ebenfalls eine positive Wirkung, da eine der Milzfunktionen darin besteht, das Blut in den Blutgefäßen zu halten: Mi 6, 8, 9, 10 und 12 (siehe Abb. 10.22).

Kapitel 11

Selbstbehandlung bei allgemeinen Beschwerden

Sicher stimmen Sie uns zu, daß eine Frau sich heutzutage, was ihre Gesundheit angeht, nicht nur mit gynäkologischen Beschwerden befassen muß. Da Sie vermutlich gelegentlich unter dem einen oder anderen allgemeinen gesundheitlichen Problem leiden, finden Sie hier entsprechende Hinweise für die Selbstbehandlung.

Rücken-, Nacken- und Schulterprobleme

Schmerzen im unteren Rücken

Das ist vermutlich heutzutage eine der häufigsten Beschwerden. Der menschliche Körper ist nicht für eine sitzende Lebensweise, die die meisten von uns pflegen, konstruiert. Um einen gesunden Rücken zu behalten, müssen Sie sich bewegen und ihn trainieren. Sitzen am Arbeitsplatz, im Auto, im Bus – das schafft keine starke, gesunde Wirbelsäule. Weil wir aufrecht, auf zwei statt vier Beinen gehen, lastet ein besonders schweres Gewicht auf unserem unteren Rücken. Deshalb sind die Wirbel in diesem Bereich zwar größer, um den Druck besser zu verkraften, aber wir müssen unseren Rücken auch mit unseren Muskeln unterstützen – kräftige Rücken- und Bauchmuskeln geben dem Knochengerüst den nötigen Halt. Die einzige Möglichkeit, diese Muskeln zu kräftigen, ist, sie auf verschiedene Arten zu trainieren. Regelmäßige Bewegung und eine richtige Haltung (siehe Kapitel 3) helfen, Rückenschmerzen zu verhindern.

Bei Beschwerden neigt man leicht dazu, seine Haltung so anzupassen, daß die Schmerzen nachlassen. Dies führt jedoch zu negativen Veränderungen Ihrer Körperstruktur und später zu Schmerzen in anderen Bereichen des Organismus. Bei starken Schmerzen sollten Sie einen qualifizierten Shiatsu-Therapeuten konsultieren und sich einer längeren Behandlung unterziehen. Bei schwächeren Schmerzen sollten Sie die unten gegebenen Hinweise beachten. Die Übungen können Sie auch zwischen den Behandlungen bei starken Schmerzen machen.

Behandlung

Meersalzbäder (eine Handvoll Meersalz in ein heißes Bad) verschaffen Erleichterung, weil das heiße Wasser hilft, die Muskeln zu entspannen.

Verwenden Sie, wie in Kapitel 3 beschrieben, Tennisbälle, um den unteren Teil Ihres Rückens zu bearbeiten und die Spannung durch Gegendruck abzubauen. Ebensogut können Sie Ihren Partner bitten, den gesamten Blasen-Meridian, wie in Kapitel 4 beschrieben, zu behandeln, wobei er sich auf folgende Punkte im Kreuzbeinbereich konzentrieren sollte: Bl 31 bis 34, 22, 23, 25, 27 und 28.

Legen Sie sich auf den Bauch und stützen Sie Ihre Hüfte mit einem Kissen ab, um Ihren unteren Rücken stärker zu beugen (rund, nicht gekrümmt). Die Unterstützung durch das Kissen wird die Lücken zwischen den einzelnen Lendenwirbeln öffnen und für eine bessere Durchblutung und einen freien Energiefluß sorgen (siehe Abb. 11.1).

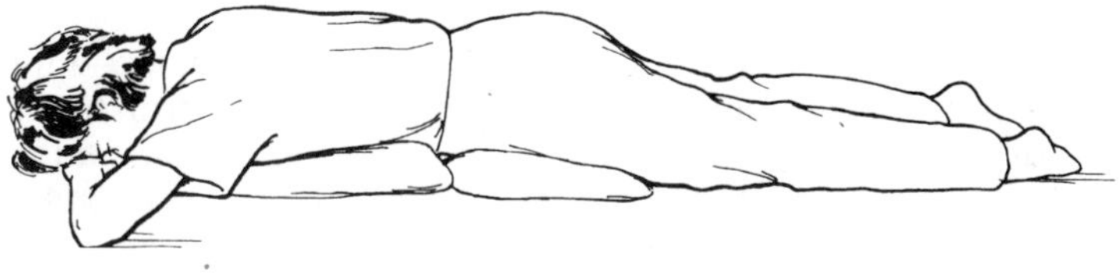

Abb. 11.1
Mit Hilfe von Kissen gebeugte Wirbelsäule

Andere nützliche Tsubo sind: Bl 50, 54 und 57, Lg 4 und 1, Gbl 21 und 30 (siehe Abb. 11.2). Gbl 30 können Sie behandeln, indem Sie sich auf den Boden legen und den Punkt mit einer Faust oder einem Tennisball bearbeiten.

Abb. 11.2
Schmerzen im unteren Rücken:
Lage der Behandlungspunkte

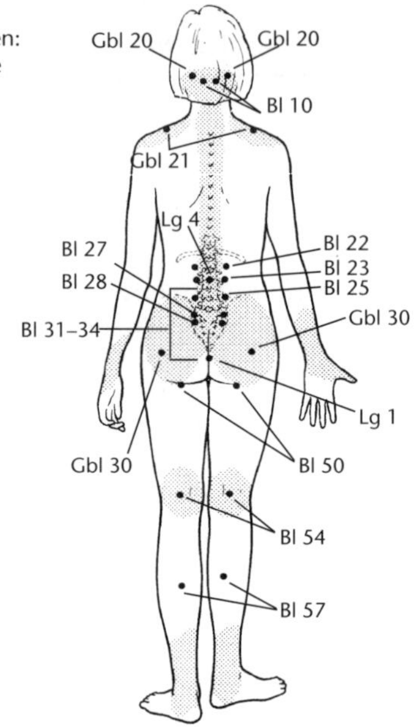

Entspannungshaltung

- Eine gute Entspannungshaltung hilft, Schmerzen im unteren Rückenbereich zu lindern, und korrigiert auch Fehlstrukturen Ihrer Wirbelsäule, während Sie mit erhöhten Beinen auf dem Rücken liegen (siehe Abb. 11.3). Diese Haltung entspannt Ihre Lendenwirbelsäule und streckt das gesamte Rückgrat. Drücken Sie Ihre Lendenwirbelsäule sanft gegen den Boden, um Ihre Wirbelsäule »abzuflachen«.

Bitte beachten Sie bei allen Abbildungen
Alle Tsubo sind symmetrisch auf dem Körper angeordnet, sofern sie nicht auf der Mittelachse liegen. Die schraffierten Flächen zeigen an, wo eine allgemeine Shiatsu-Behandlung möglich ist.

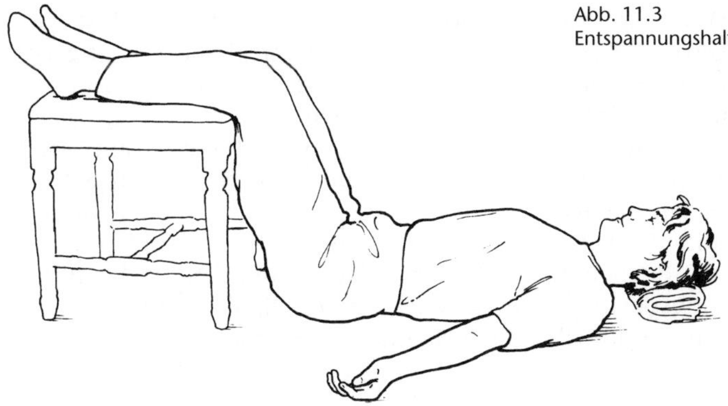

Abb. 11.3
Entspannungshaltung

- Schließen Sie die Augen, verlangsamen Sie Ihre Atmung und stellen Sie sich vor, wie Energie einer Welle gleich Ihre ganze Wirbelsäule hinunter bis zum Kreuzbein rollt. Begeben Sie sich zwei- bis dreimal täglich jeweils für 10 bis 15 Minuten in diese Position.

Kreuzbein-Massage und Rückendrehung

- Ziehen Sie nach der oben beschriebenen Übung Ihre Knie an die Brust und vorsichtig zu sich heran. Spannen Sie dabei Ihre Bauchmuskeln an, drücken Sie die Lendenwirbelsäule gegen den Boden und machen Sie kreisende Bewegungen mit Ihren Knien.

Abb. 11.4
Rückendrehung

Das massiert Ihr Kreuzbein und seine Gelenke und löst Spannungen in diesem Bereich. Setzen Sie Ihre Füße mit angezogenen Knien auf den Boden. Atmen Sie tief ein und entspannen Sie sich mit seitwärts ausgebreiteten Armen.

- Beim Ausatmen lassen Sie beide Knie nach rechts fallen, während Sie Ihren Kopf nach links drehen, wobei Ihre rechte Schulter am Boden bleiben sollte (siehe Abb. 11.4). Das verursacht eine Drehung in Ihrem unteren Rücken und hilft so, Spannungen in diesem Bereich zu lösen. Atmen Sie ein und kehren Sie in die Ausgangsposition zurück. Wiederholen Sie die Übung zur anderen Seite und noch jeweils dreimal zu jeder Seite.

Die Welle

- Stehen Sie mit schulterbreit gespreizten Beinen und leicht gebeugten Knien. Legen Sie Ihre Hände unmittelbar über Ihre Knie und strecken Sie Ihren Rücken (siehe Abb. 11.5). Schwingen Sie nach hinten und schauen Sie zur Decke hinauf.

Abb. 11.5
Die Welle

- Beugen Sie die Arme und bringen Sie langsam Ihren Oberkörper nach unten Richtung Boden – gehen Sie dabei tiefer in die Hocke. Lassen Sie Ihren Blick oben an der Decke, solange es geht. An diesem Punkt lassen Sie Ihren Kopf locker nach vorne fallen und wölben Ihren Rücken.
- Ziehen Sie Ihre Bauchmuskeln zusammen und rollen Sie Ihre Wirbelsäule am Kreuzbein beginnend auf, bis Sie beim Kopf angelangt sind. Heben Sie den Kopf und strecken Sie Ihre Wirbelsäule. Begeben Sie sich gleich wieder in die Dehnung und wiederholen Sie den gesamten Bewegungsablauf etwa zehnmal – stellen Sie sich dabei eine Welle vor, die über Ihren Rücken rollt, vom Steißbein bis zum Kopf.

Diese Übung bearbeitet sanft Ihre ganze Wirbelsäule, löst Spannungen und verbessert den gesamten Energiefluß. Während Sie die Übung machen, werden Sie vielleicht merken, daß sich manche Bereiche unangenehmer anfühlen als andere. Wenn dem so ist, sollten Sie diesen Regionen besondere Aufmerksamkeit widmen und Ihre Atmung benutzen, um den Schmerz zu lindern.

Rotation

- Bleiben Sie in derselben Haltung wie zuvor: Füße schulterbreit, Hände auf den Beinen, gleich oberhalb der Knie, und gestreckter Rücken. Atmen Sie ein und lassen Sie beim Ausatmen Ihre linke Schulter zwischen Ihre Beine fallen (siehe Abb. 11.6). Halten Sie die Ellbogen leicht gespannt und schauen Sie über Ihre rechte Schulter hinweg an die Decke hinauf. Spüren Sie die Drehung in Ihrer Wirbelsäule.
- Holen Sie erneut tief Luft, kehren Sie in die Ausgangsposition zurück und lassen Sie beim Ausatmen die rechte Schulter fallen. Wiederholen Sie die Übung drei- bis viermal mit jeder Schulter. Schließen Sie die Übung ab, indem Sie wieder in die Ausgangsposition zurückkehren. Entspannen Sie Ihren Oberkörper nach vorne. Bringen Sie Ihre Füße etwas näher zusammen und rollen Sie Ihre Wirbelsäule langsam nach oben, bis Sie aufrecht stehen.

Nach allen Übungen ist es immer gut, sich zum Abschluß noch mal in Entspannungshaltung (siehe S. 248 f.) auf den Boden zu legen. Zu-

Abb. 11.6
Rotation

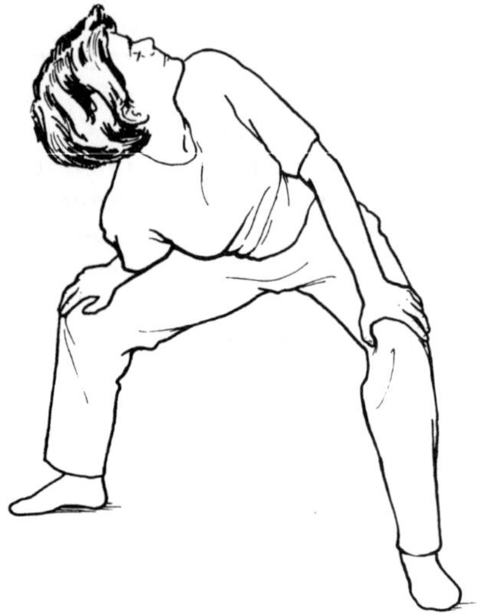

sätzlich zu den hier gezeigten Übungen sollten Sie auch Ihre Bauchmuskeln stärken. Siehe dazu in Kapitel 9 unter »Kräftigende Übungen«.

Schmerzen im oberen Rücken

Der obere Rücken schmerzt häufig bei psychischem Streß. Eine zusammengesunkene Haltung weist oft auf Traurigkeit oder Depression hin – Sie fühlen sich nicht in der Lage, sich aufrecht zu halten, und Ihre Schultern sinken nach vorne. Der Atem wird flach und Ihr Energiepegel sinkt. Körperliche Probleme wie Erkältungen, Stauungen in der Brust, Asthma oder Herzbeschwerden können ebenfalls Schmerzen im oberen Rückenbereich auslösen.

Wenn Ihre Haltung zusammengesunken ist, müssen Sie Übungen machen, die Ihre Brust »öffnen« und Ihnen wieder mehr Raum zum Atmen geben. Die eben beschriebenen Übungen Welle, Massage des Kreuzbeins, Rückendrehung und die Rotation sind sehr hilfreich. Fahren Sie mit folgenden Übungen fort.

Übung zum Öffnen der Brust

- Stehen Sie mit leicht gegrätschten Beinen und heben Sie die Arme seitlich bis in Schulterhöhe. Winkeln Sie die Ellbogen an und ballen Sie die Hände zu lockeren Fäusten. Atmen Sie tief ein und führen Sie Ihre Hände so weit wie möglich nach hinten, während Sie Ihre Brust nach vorne schieben. Beim Ausatmen führen Sie Ihre Arme nach vorne vor Ihre Brust.
- Kreuzen Sie Ihre Arme und lassen Sie Ihren Kopf locker nach vorne fallen. Drücken Sie den Bereich zwischen Ihren Schulterblättern nach hinten, so daß sich Ihr Rücken wölbt (siehe Abb. 11.7).

Abb. 11.7
Übung zum Öffnen der Brust

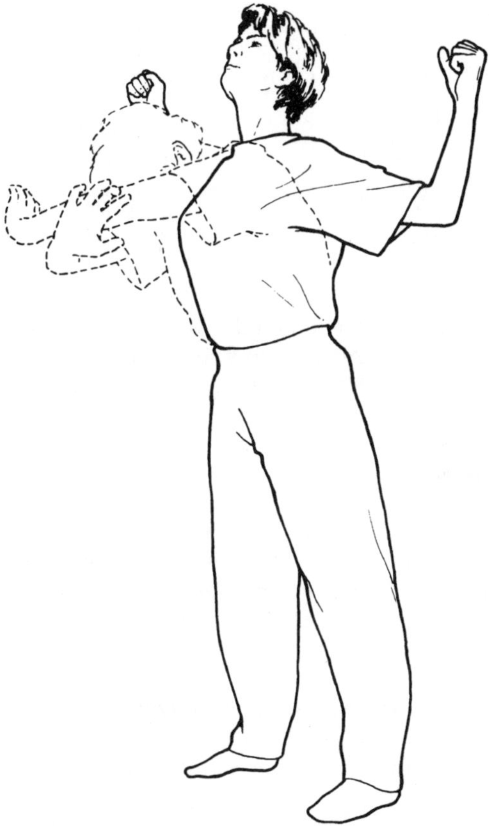

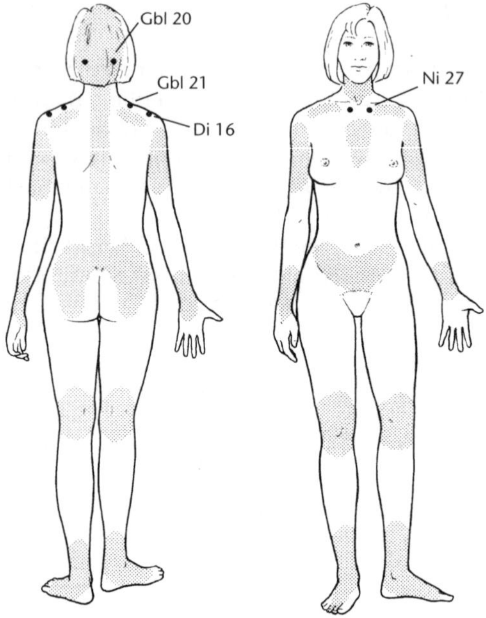

Abb. 11.8
Schmerzen im oberen Rückenbereich: Lage der Behandlungspunkte

Spüren Sie, wie sich die Muskeln zwischen Ihren Schulterblättern strecken. Atmen Sie vollkommen aus und wieder tief ein. Wiederholen Sie die Übung vier- bis fünfmal.

Behandlung

Bearbeiten Sie den Blasen-Meridian mit einem Tennisball (siehe Kapitel 3) und bitten Sie Ihren Partner, Druck auf die Blasenpunkte zwischen Ihren Schulterblättern auszuüben. Weitere nützliche Tsubo sind: Gbl 20 und 21 (siehe Abb. 11.8).

Nacken- und Schulterschmerzen

Verspannungen in den Schultern und im Nacken sind ein anderes häufiges Streßsymptom. Allgemeine Sorgen, emotionale Probleme und Streß zu Hause oder im Beruf summieren sich, und Sie fühlen die

Abb. 11.9
Hals und Schultern:
Lage der Behandlungs-
punkte

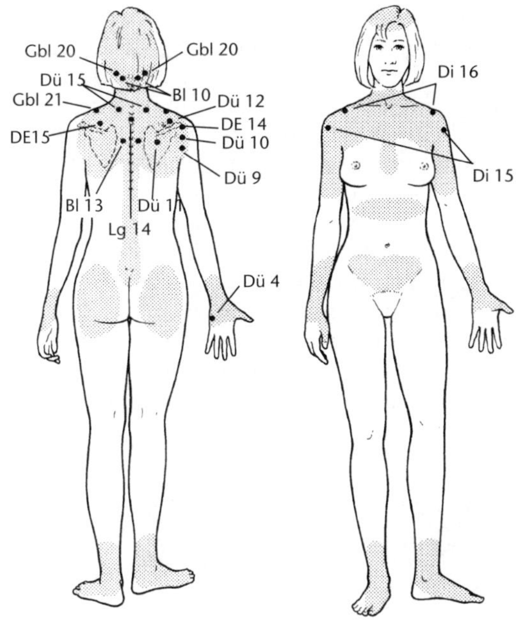

Last auf Ihren Schultern schwerer und schwerer werden, was zu Verspannungen und Schmerzen führt. Natürlich könnte auch eine Einwirkung von außen oder eine Verletzung das Unwohlsein auslösen oder einer der krankmachenden äußeren Einflüsse, wie zum Beispiel häufiger »Wind«.

Behandlung

Klopfen Sie Ihre Schultern sanft mit einer lockeren Faust und lassen Sie sich von Ihrem Partner vorsichtig den Schultergürtel massieren und zusammendrücken. Druck auf die folgenden Tsubo kann den Schmerz lindern: Gbl 20 und 21, Bl 10 und 13, Dü 4, 9, 10, 11, 12 und 15, DE 14 und 15, Di 15 und 16, Lg 14 (siehe Abb. 11.9).

Machen Sie ein paar allgemeine Do-In-Übungen für den Oberkörper, Brust und Arme, wie in Kapitel 7 beschrieben. Bearbeiten Sie den Dünndarm-Meridian mit Ihren Daumen. Eine gute Methode, um die Spannung in Nacken und Schultern zu lösen, ist, diese zu bewegen. Atmen Sie ein und heben Sie Ihre Schultern, so weit Sie können, in Richtung Ihrer Ohren. Halten Sie die Luft kurz an und lassen Sie Ihre Schultern oben; spüren Sie, wie sich eine Spannung in diesem Bereich aufbaut. Lassen Sie beim Ausatmen locker und die Schultern fallen. Spüren Sie den Unterschied? Wiederholen Sie die Übung ein paarmal und lassen Sie Ihre Schultern kreisen. Die Übung zum Öffnen der Brust auf S. 253 f. ist auch sehr hilfreich.

Weil Shiatsu auf den energetischen Beziehungen verschiedener Regionen des Körpers untereinander beruht, lassen sich diese Beziehungen auch für die Diagnose und Behandlung verschiedener Beschwerden nutzen. Der Nacken (die Halswirbelsäule) korrespondiert mit dem »Nacken« der Daumen und großen Zehen – tun Sie also Ihrem Nacken etwas Gutes und massieren Sie Ihre Daumen und großen Zehen. Das funktioniert tatsächlich!

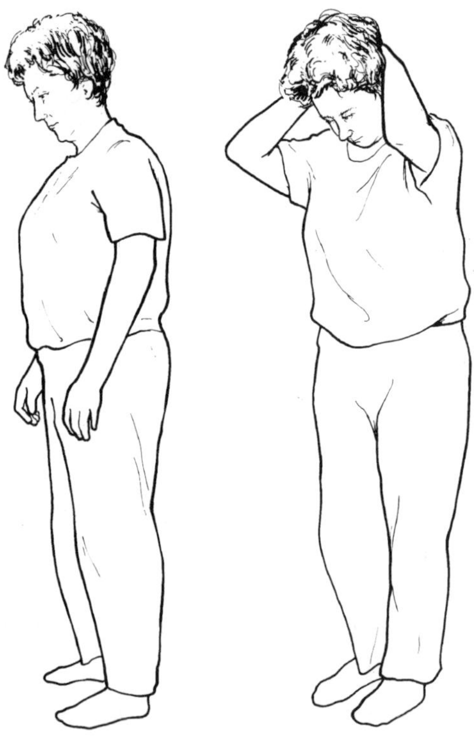

Abb. 11.10
Dehnübung für den Nacken

Abb. 11.11
Seitliche Dehnung für den Hals

Hals- und Nackenübungen

- Strecken Sie Ihren Rücken und heben Sie den Kopf. Stellen Sie sich vor, jemand würde Sie an einem Faden von der Mitte Ihres Kopfes aus nach oben ziehen. Drücken Sie langsam Ihr Kinn auf die Brust und dehnen Sie Ihren Nacken. Verschränken Sie Ihre Hände am Hinterkopf. Lassen Sie Ihre Ellbogen fallen und lassen Sie Ihre Nackenmuskeln vom Gewicht Ihrer Arme dehnen. Ziehen Sie nicht und wenden Sie keine Kraft auf. Seien Sie ganz vorsichtig mit sich selbst und spüren Sie, wie sich der Bereich schrittweise öffnet. Entspannen Sie Ihre Arme an den Seiten Ihres Körpers und heben Sie langsam wieder den Kopf (siehe Abb. 11.10).
- Schauen Sie geradeaus und nähern Sie sich mit Ihrem linken Ohr Ihrer linken Schulter. Das wird die rechte Seite Ihres Halses dehnen. Um die Dehnung zu verstärken, legen Sie die linke Hand auf Ihr rechtes Ohr und lassen Ihren Hals vom Gewicht Ihres Arms weiter dehnen (siehe Abb. 11.11). Sie können auch die rechte Handfläche gegen den Boden drücken, um den Dehneffekt zu ver-

Abb. 11.12
Den Hals entlangstreichen

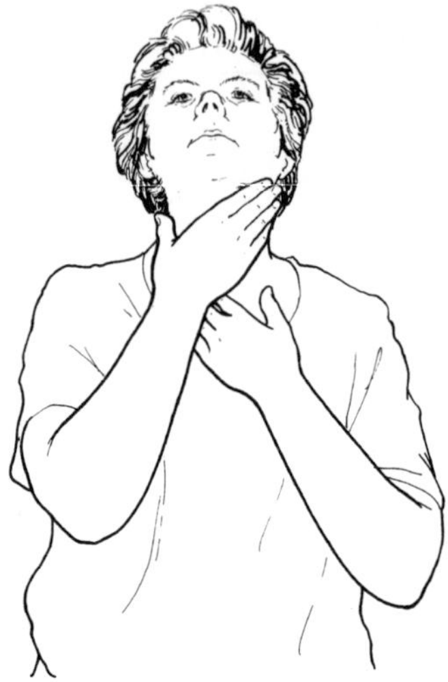

stärken. Auch hier dürfen Sie keine Kraft ausüben, da sonst ein Muskel gezerrt werden könnte, was noch mehr Schmerzen verursachen würde. Entspannen Sie Ihre Arme und heben Sie langsam den Kopf wieder. Wiederholen Sie die Dehnung zur anderen Seite.

- Heben Sie Ihr Kinn in Richtung Decke und lassen Sie Ihren Kopf vorsichtig in den Nacken sinken, um die Vorderseite Ihres Halses zu dehnen. Es ist wichtig, dabei den Rücken gerade und aufrecht zu halten. Legen Sie Ihre Hände an Ihren Hals und streichen Sie sanft daran herab, um die Spannung in diesem Bereich zu lösen (siehe Abb. 11.12). Heben Sie langsam wieder den Kopf.
- Drehen Sie Ihren Kopf langsam von rechts nach links. Wiederholen Sie die Bewegung ein paarmal und lassen Sie Ihren Kopf dann auf Ihre rechte Schulter fallen. Aus dieser Position beschreiben Sie mit Ihrem Kopf einen Halbkreis. Senken Sie Ihr Kinn auf die Brust und rollen Sie Ihren Kopf dann langsam nach links (Ohr in Richtung Schulter) und dann wieder zurück auf die rechte Seite (siehe Abb. 11.13). Wiederholen Sie die gesamte Übung zweimal.

Abb. 11.13
Kopfrollen nach beiden Seiten

Abb. 11.14
»Rollen« der Wirbelsäule

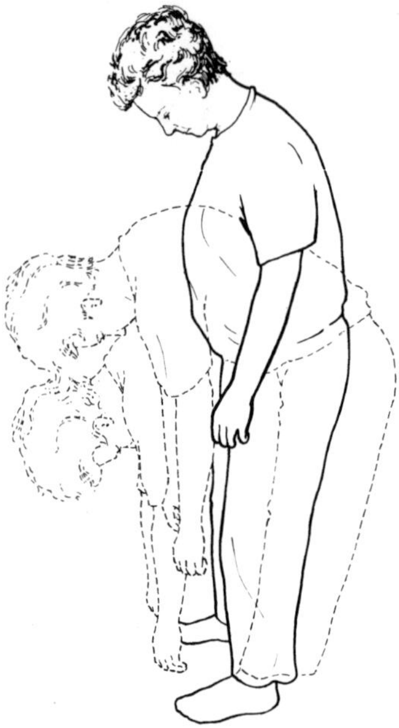

- Beenden Sie Ihre Übungen, indem Sie Ihr Kinn auf Ihre Brust fallen lassen und langsam Ihre Wirbelsäule nach vorne »hinabrollen« lassen. Entspannen Sie Ihre Arme und bringen Sie Ihren Oberkörper schrittweise in Richtung Boden. Halten Sie Ihre Knie leicht gebeugt, während Sie sich langsam wieder nach oben »rollen« (siehe Abb. 11.14).

Verstopfung

Um Verstopfungen zu vermeiden, sollten Sie sich ballaststoffreich, vollwertig und von viel frischem Obst und Gemüse ernähren. Kauen Sie gut (etwa 50mal pro Mundvoll), so daß die Nahrung Ihren Magen bereits in flüssiger Form erreicht. Versuchen Sie auch, eher zwischen den Mahlzeiten als zum Essen zu trinken. Sorgen Sie für viel körperliche Bewegung und geben Sie sich die folgende Anpuku-Massage, um Ihre Verdauung anzuregen:

Setzen Sie sich auf den Boden oder auf einen Stuhl und legen Sie Ihre Finger auf den Bereich unter Ihrem Solarplexus. Lehnen Sie sich in der Taille nach vorn und pressen Sie Ihre Finger auf und unter die Rippen, während Sie ausatmen (siehe Abb. 11.15). Wenn Sie vollständig ausgeatmet haben, entspannen Sie sich und richten sich wieder auf. Bewegen Sie Ihre Hände leicht nach links und wiederholen Sie Atmen, Vornüberbeugen und Fingerdruck links unterhalb Ihres Brustkorbs. Atmen Sie tief aus und richten Sie sich wieder auf. Bewegen Sie Ihre Hände auf der linken Bauchseite weiter nach unten in die Gegend zwischen Rippen und Hüfte. Wiederholen Sie die Bewegungen und legen Sie Ihre Hand dann an Ihren Hüftknochen und wiederholen Sie die Bewegungen auch hier. Fahren Sie fort, indem Sie Ihre Hände im Uhrzeigersinn über Ihren ganzen Bauch wandern lassen, bis Sie wieder am Ausgangspunkt angelangt sind. Diese Übung massiert sanft Ihren Dickdarm und unterstützt die Peristaltik (siehe auch S. 79 f.).

Abb. 11.15
Anpuku-Massage

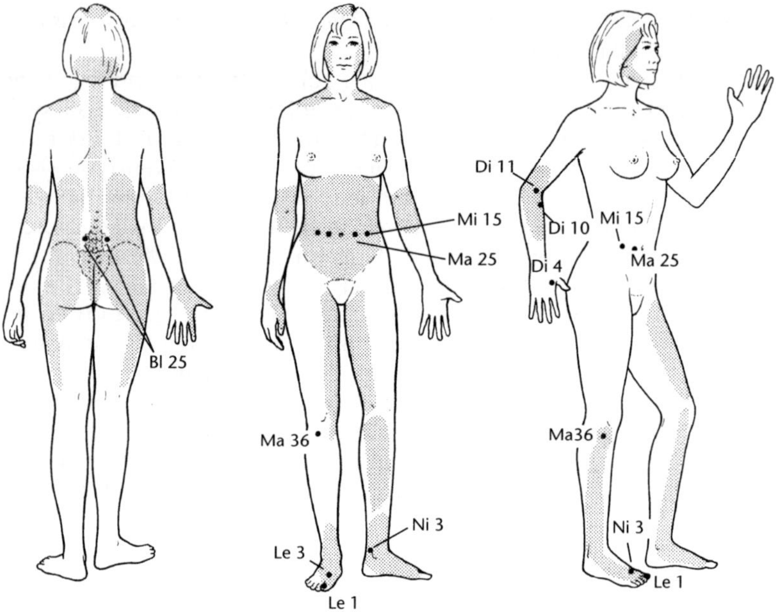

Abb. 11.16
Verstopfung: Lage der Behandlungspunkte

Behandlung

Behandeln Sie den Dickdarm-Meridian in Ihren Armen und üben Sie Druck auf die folgenden Tsubo aus: Di 4, 10 und 11, Ma 25 und 36, Mi 15, Ni 3, Le 1 und 3 sowie Bl 25 (siehe Abb. 11.16).

Wenn Sie das Gefühl haben, Ihre Darmtätigkeit anregen zu müssen, probieren Sie folgendes Hausmittel aus: Mischen Sie zwei Eßlöffel geriebenen Rettich mit einem Eßlöffel Soja-Sauce. Zwei- bis dreimal täglich einnehmen, beim ersten Mal auf nüchternen Magen.

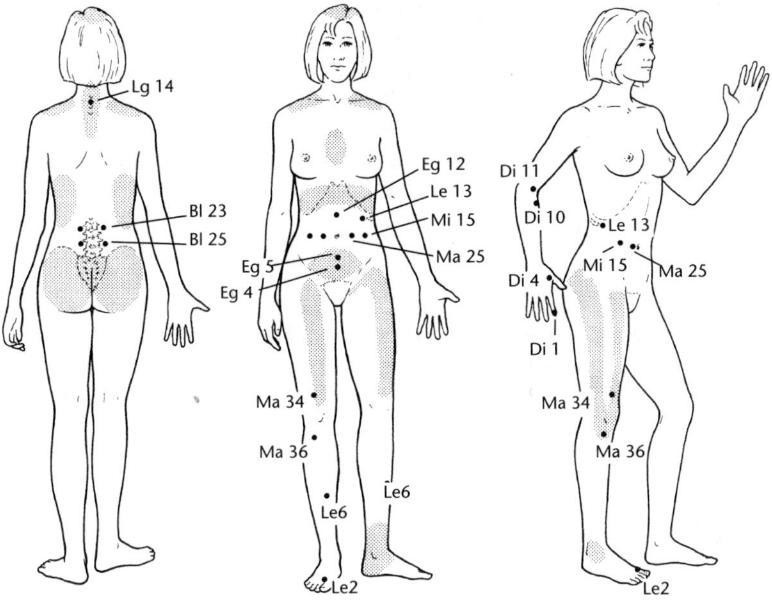

Abb. 11.17
Durchfall: Lage der Behandlungspunkte

Durchfall (Diarrhö)

Man sagt, daß die drei Anzeichen guter Gesundheit Freude am Essen, Freude am Schlafen und Freude an der Verdauung sind. Zu häufiger Stuhlgang oder weicher Stuhl zeigen an, daß etwas nicht in Ordnung ist. Akuter Durchfall aufgrund einer Lebensmittelvergiftung, einer Infektion oder eines zu üppigen Essens ist meist nur von kurzer Dauer und kein Grund zur Sorge. Man kann ihn als positive Reaktion des Körpers verstehen, der alle Giftstoffe aus dem Körper schaffen will. Wenn Durchfall jedoch über einen längeren Zeitraum anhält oder sehr stark ist, besteht die Gefahr der Dehydrierung, die ein chemisches Ungleichgewicht auslösen und zu Erschöpfung führen kann. Langanhaltendem Durchfall sollten Sie deshalb mehr Aufmerksamkeit widmen und einen Arzt, einen Shiatsu-Therapeuten oder einen anderen Spezialisten für alternative Medizin aufsuchen.

Es gibt zwar Tsubo, die Sie bei Durchfall bearbeiten können, wir empfehlen Ihnen jedoch unbedingt, diese Behandlung mit einer inneren Anwendung (auf homöopathischer oder Heilkräuterbasis) zu kombinieren. Wenn der Durchfall von zu viel kalten Nahrungsmitteln – zum Beispiel Eis, Salaten, rohem Obst, Obstsäften und allgemein zu viel Flüssigkeit – kommt, trinken Sie etwas Ingwertee (kochen Sie dafür drei bis fünf Gramm Ingwer aus).

Behandlung

Behandeln Sie den Dickdarm-Meridian in Ihren Armen und üben Sie Druck auf die folgenden Tsubo aus: Di 1, 4, 10 und 11, Ma 25, 34 und 36, Eg 4, 5 und 12, Bl 23 und 25, Le 2, 6 und 13, Mi 15 und Lg 14 (siehe Abb. 11.17).

Kopfschmerzen

Kopfschmerzen können verschiedene Ursachen haben und lassen sich nach K. Serizawa[1] in drei Kategorien einordnen:

- Unregelmäßigkeiten in den Blutgefäßen – Schmerzen wie Migräne, pochende Schmerzen und Blitze vor Ihren Augen bei Ausdehnung der Blutgefäße in Ihrem Kopf
- Muskelverspannungen – durch zuviel Streß, schlechte Haltung oder äußere Verletzung
- Psychische Ursachen und Depressionen

In jedem der genannten Fälle ist zunächst eine komplette Shiatsu-Behandlung (wie in Kapitel 4 beschrieben) das Beste. Das wird Sie entspannen, und die Energie-Zirkulation in Ihrem Körper verbessern, so daß Sie sich ausgeglichener fühlen. Kopfschmerzen gehen oft mit Verspannungen des Nackens und der Schultern einher, schlagen Sie deshalb in diesem Kapitel unter den entsprechenden Stichwörtern nach.

Zusätzlich zur Ganzkörperbehandlung sollten Sie folgenden Tsubo Ihre Aufmerksamkeit widmen: Lg 16, 19, 20 und 24 (siehe Abb. 11.18). Massieren Sie selbst sanft diese Punkte. Führen Sie mit Ihren Fingerkuppen sanfte kreisende Bewegungen entlang der Scheitellinie

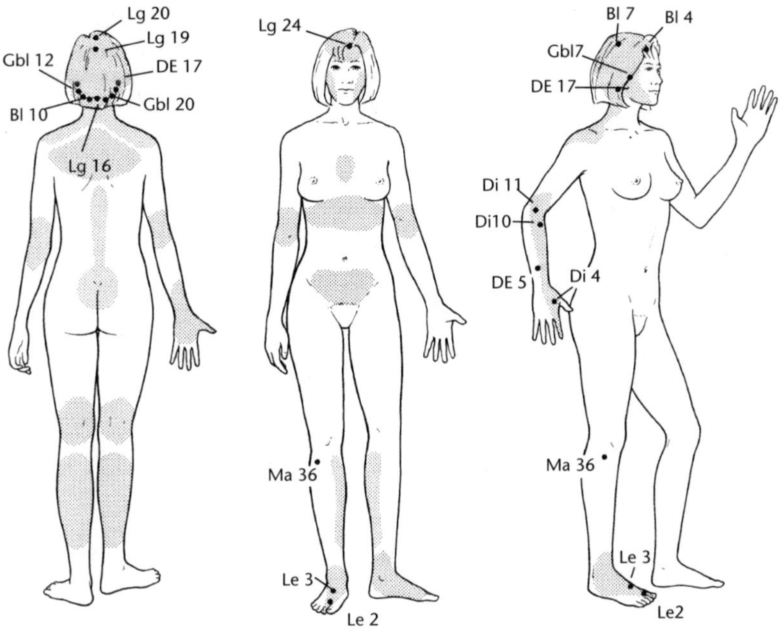

Abb. 11.18
Kopfschmerzen: Lage der Behandlungspunkte

Ihres Kopfes aus. Nachdem Sie das Lenkergefäß so behandelt haben, lassen Sie Ihre Finger zur Seite wandern und bearbeiten den Blasen-Meridian an Ihrem Kopf auf die gleiche Weise, wobei Sie sich auf die Punkte Bl 4, 7 und 10 konzentrieren sollten. Widmen Sie sich anschließend dem Gallenblasen-Meridian bei Ihren Ohren. Fahren Sie mit den kreisenden Bewegungen fort und behandeln Sie die Punkte Gbl 7, 12 und 20 (siehe Abb. 11.18).

Gbl 21, oben auf Ihrer Schulter, löst Spannungen des ganzen Körpers und wird von DE 5 und 17, Di 4, 10 und 11 unterstützt. Wenn Sie das Gefühl haben, all Ihre Energie hätte sich in Ihrem Oberkörper gesammelt und Sie müßten sie nach unten transportieren, üben Sie Druck auf Ma 36, Le 2 und 3 aus (siehe Abb. 11.18).

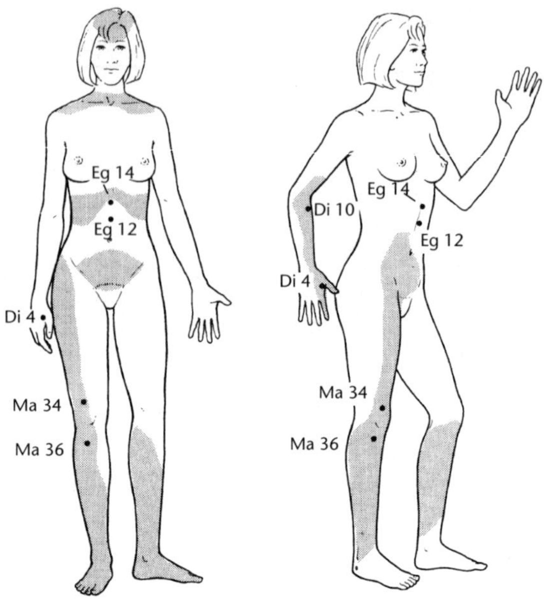

Abb. 11.19
Magenverstimmung:
Lage der Behandlungspunkte

Magenverstimmung

Dieses Unwohlsein im Oberbauch wird von Streß, zu viel, zu schnellem, zu fettem oder zu stark gewürztem Essen ausgelöst, das schwer verdaulich ist. Das führt zu Symptomen wie Sodbrennen, Bauchschmerzen, Blähungen oder Übelkeit (Hinweise zur Behandlung dieser Beschwerden finden Sie unter den jeweiligen Stichwörtern). Auch wenn eine Shiatsu-Behandlung Ihnen helfen kann, sind regelmäßige Bewegung und vernünftige Eßgewohnheiten von fundamentaler Bedeutung, um dieses Problem effektiv anzugehen.

Behandlung

Essen Sie kleinere Mahlzeiten und vermeiden Sie Junk-Food sowie sehr schwere, stark gewürzte Speisen. Behandeln Sie außerdem fol-

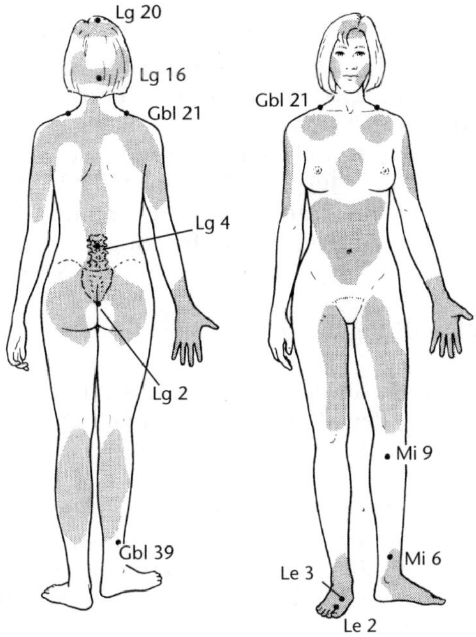

Abb. 11.20 Muskelschmerzen und Steifheit: Lage der Behandlungspunkte

gende Tsubo: Di 4 und 10, Ma 34 und 36, Eg 12 und 14 (siehe Abb. 11.19). Machen Sie die auf S. 260–262 beschriebene Anpuku-Massage des Bauchs.

Muskelschmerzen und Steifheit

Dieser verbreitete Zustand kann von der bei uns üblichen trägen Lebensweise, dem sogenannten Müdigkeitssyndrom, kommen: Mangelernährung, die Ihre Muskeln nicht richtig versorgt (Ungleichgewicht der Milz); Bewegungsmangel, so daß der »Funke« für das »Feuer« der Muskeln fehlt (Ungleichgewicht der Leber); zuviel geistige Anstrengung, die Ihrem Körper die Aufmerksamkeit entzieht (Ungleichgewicht der Milz); Überanstrengung, die die Muskelfasern streßt (Yang-Überschuß); Überarbeitung, die zur Erschöpfung des Ki führt und »Wind« eindringen läßt.

»Wind« gelangt in die Leber und löst eine Muskelverspannung aus, die oft aktiv ist, d.h. sich von einem Ort zum anderen bewegt. Hier handelt es sich eher um ein Yang-Problem, das mit Do-In-Übungen und Selbstmassage zu behandeln ist. Wenn die Steifheit bereits chronisch ist, vielleicht aufgrund einer alten Verletzung, sorgen Stagnation des Bluts und Ki-Mangel dafür, daß ein Körperbereich kalt und steif wird. Dann ist eine Behandlung des ganzen Organismus sowie des betroffenen Bereichs nötig.

Behandlung

Behandeln Sie den Leber-Meridian (um das Ki in Bewegung zu bringen) und den Milz-Meridian (um die Qualität des Fleischs zu regulieren). Schenken Sie auch den folgenden Tsubo Beachtung: Lg 20, 16, 4 und 2, Le 2 und 3, Mi 6 und 9, Gbl 21 und 39 (siehe Abb. 11.20). Drücken Sie außerdem die Tsubo, die in dem schmerzenden Bereich liegen – und deren Behandlung Ihnen Erleichterung verschafft. Achten Sie auf eine ausgewogene Ernährung mit viel grünem Blattgemüse und wenig tierischen Produkten, die zu einer Stagnation des Leber-Ki führen können.

Anhang

Quellenhinweise

Kapitel 1

1 Shunryu Suzuki: Zen Mind, Beginner's Mind. John Weatherhill Inc., New York/Tokyo 1987.
2 The Yellow Emperor's Classic of Internal Medicine – Simple Questions. People's Health Publishing House, Beijing 1979, S. 4 ff. (zum ersten Mal um 100 v. Chr. veröffentlicht!).

Kapitel 6

1 Shaun de Warren: The Health Handbook. Pearls to Inspire Healing. Wellspring Publications, London 1990.
2 Shaun de Warren, ebd.
3 Shaun de Warren, ebd.
4 Zitiert nach: Susan Hayward: You Have a Purpose, Begin It Now. In-Tune Books, NSW Australia 1990.
5 Susan Hayward, ebd.
6 Susan Hayward, ebd.
7 Shaun de Warren, a.a.O.
8 Shong Shu: Practical Chinese Medicine. Beijing Publishing House, Beijing (verfaßt zwischen 659 und 627 v. Chr.).
9 Dianne Connelly: Traditional Acupuncture: The Law of the Five Elements. The Centre for Traditional Acupuncture, Inc., Maryland USA 1975, S. 11.

Kapitel 7

1 Ray Ridolfi: The Shiatsu-Do Handbook, 4. Aufl. British School of Shiatsu-Do Publications, London 1995.
2 Betty Edwards: Drawing on the Right Side of the Brain. J. P. Tarcher Inc. 1979.
3 What Doctors Don't Tell You. The Wallace Press and Bryan Hubbard, Bd. 6, Nr. 5, August 1995.

Kapitel 10

1 Bob Flaws: Endometriosis and Infertility and Traditional Chinese Medicine. A Laywoman's Guide. Blue Poppy Press, Boulder USA 1989.
2 The British Medical Association: Complete Family Health Encyclopaedia. Dorling Kindersley, London 1990, S. 447.
3 Bob Flaws, a.a.O.
4 What Doctors Don't Tell You, a.a.O., Bd. 4, Nr. 10.
5 Arnie Lade: Acupuncture Points. Images and Functions. Eastland Press Inc., Washington USA 1989.

Kapitel 11

1 Katsusuke Serizawa: Tsubo. Vital Points for Oriental Therapy. Japan Publications, New York/Tokyo 1976.

Glossar der häufigsten Begriffe

Außerordentliche Gefäße: Neben den zwölf traditionellen Meridianen gibt es diese Energiekanäle, die eine Steuerungsfunktion über die zwölf ordentlichen Meridiane ausüben.

Beruhigung: Dazu gehören Bewegung und streichende, klopfende, stimulierende und starke Dehntechniken, um stagnierendes Ki und Blut zu zerstreuen und in Mangelgebiete zu transportieren.

Blut: eine Fundamentale Substanz (siehe unten), aus dem Ki der Lungen, der Milz, des Herzens und der Nieren gebildet.

Essenz: Meist im Zusammenhang als Nieren-Essenz oder Milz-Essenz verwendet, bezeichnet Essenz eine gereinigte oder destillierte flüssige Substanz, die aus einer dichteren Materie gewonnen wurde.

Flüssigkeiten: Körperflüssigkeiten wie Schweiß, Speichel, Magensäfte und Urin, aber nicht Blut.

Fundamentale Substanzen: Die Grundlagen oder Bausteine für die Produktion und Speicherung von Energie in allen organischen Lebewesen. Die Fundamentalen Substanzen sind: Ki, Blut, Jing, Flüssigkeiten und Shen.

Hara: Der Bauch, also die Region zwischen Rippen, Hüften und Schambein. In Japan hält man das Hara traditionell für das vitale Zentrum. Es stellt die Verkörperung des echten Lebenszentrums dar.

Information: Die Kommunikation zwischen den einzelnen Körpersystemen, die es ermöglicht, als integriertes Ganzes zu funktionieren. »Informationspotential« bezeichnet die Reserven, auf die wir zurückgreifen können, um die körperlichen und seelischen Bedürfnisse des Körpers zu stillen. Wir schöpfen dieses Potential oft nicht effizient aus, weshalb wir emotional, intellektuell und spirituell nicht erreichen, was wir erreichen könnten, und darüber krank werden können. Ein Kernsatz unserer Form von Shiatsu ist: »Befreien Sie Ihr Potential!«

Jing: Dies ist die Grundsubstanz, die jede Form organischen Lebens zum Entwickeln und Reifen braucht. Sie wird in den Nieren gespeichert. Sie ist eine Kombination aus prä- und posthimmlischer Essenz.

Jitsu: Ausdruck, der die feststellbaren energetischen und körperlichen Manifestationen von Energie-(Ki) Bewegungen beschreibt. Jitsu bedeutet Energiefülle oder Vitalität (Überschuß).

Ki (Qi): Dieser Begriff bezeichnet die Energie oder Lebenskraft. Es ist die Basis der Entwicklung aller Phänomene von prämolekularen über physische bis hin zu esoterischen Erscheinungen.

Kyo: Ausdruck, der die feststellbaren energetischen und körperlichen Manifestationen von Energie(Ki)- Bewegungen beschreibt. Kyo bedeutet Leere von Energie oder Vitalität (Mangel).

Luft-Ki: Ausdruck für die Aufnahme von Sauerstoff.

Mangel: Ein Ausdruck, der den Zustand der Ki-Erschöpfung beschreibt und sich auch auf einen Mangel des normalen Körper-Ki beziehen kann.

Meridiane (Kanäle, Leitbahnen): Dies sind die Kanäle oder Pfade, auf denen das Ki in alle Körpergewebe fließt.

Nährendes Ki (Gu Ki): Dies ist das Ki, das aus Essen und Trinken gewonnen wird.

Posthimmlische Essenz: Die Essenz, die nach der Geburt von Magen und Milz aus Nahrung und Flüssigkeiten gewonnen wird.

Prähimmlische Essenz: Diese wird zum Zeitpunkt der Empfängnis gebildet. Diese Essenz, die den Fötus während der Schwangerschaft ernährt, entscheidet über die individuelle Konstitution, Stärke und Vitalität.

Shen: Ein Ausdruck, der den Geist oder das Wohl-Sein eines Menschen beschreibt. Das Shen wohnt im Herzen.

Somatisches Nervensystem: Der willentlich gesteuerte Teil des Nervensystems, der bewußte Bewegungen der Muskeln veranlaßt.

Tonisierung: Das Sammeln oder Zusammenziehen von Energie in einer Region, der es an Ki und Blut mangelt, und das Haltetechniken erfordert sowie geduldiges Warten auf das Umschalten. Das läßt sich auch mit sanften Dehnübungen erreichen, die die Steifheit lindern und die Beweglichkeit bei dieser Form von Leere und Stagnation verbessern.

Tsubo: Die Druckpunkte auf dem Meridian, die eine besonders starke elektromagnetische Ladung aufweisen.

Überschuß: Ein Ausdruck, der den Zustand von zuviel Ki beschreibt. Er kann sich aber auch auf ein Übermaß an krankmachenden Einflüssen, wie zum Beispiel »Hitze«, beziehen.

Vegetatives Nervensystem: Der nicht willentlich oder bewußt gesteuerte Teil des Nervensystems.

Yang: Ein Ausdruck, der eine bestimmte Form energetischer Naturphänomene wie Feuer, Sonne, Sonnenlicht, maskulin beschreibt (siehe S. 23–26).

Yin: Ein Ausdruck, der eine bestimmte Form energetischer Naturphänomene wie Wasser, Mond, Schatten, feminin beschreibt (siehe S. 23–26).

Wei Ki: Die Abwehrkraft des Körpers, die von der Lunge kontrolliert wird.